A QUESTÃO DE CHIPRE

IMPLICAÇÕES PARA A UNIÃO EUROPEIA
E A ADESÃO DA TURQUIA

JOSÉ PEDRO TEIXEIRA FERNANDES

A QUESTÃO DE CHIPRE

IMPLICAÇÕES PARA A UNIÃO EUROPEIA
E A ADESÃO DA TURQUIA

A QUESTÃO DE CHIPRE
IMPLICAÇÕES PARA A UNIÃO EUROPEIA E A ADESÃO DA TURQUIA

AUTOR

JOSÉ PEDRO TEIXEIRA FERNANDES

EDITOR

EDIÇÕES ALMEDINA. SA
Av. Fernão Magalhães, n.º 584, 5.º Andar
3000-174 Coimbra
Tel.: 239 851 904
Fax: 239 851 901
www.almedina.net
editora@almedina.net

PRÉ-IMPRESSÃO | IMPRESSÃO | ACABAMENTO

G.C. – GRÁFICA DE COIMBRA, LDA.
Palheira – Assafarge
3001-453 Coimbra
producao@graficadecoimbra.pt

Outubro, 2008

DEPÓSITO LEGAL

282966/08

Os dados e as opiniões inseridos na presente publicação
são da exclusiva responsabilidade do(s) seu(s) autor(es).

Toda a reprodução desta obra, por fotocópia ou outro qualquer
processo, sem prévia autorização escrita do Editor, é ilícita
e passível de procedimento judicial contra o infractor.

Biblioteca Nacional de Portugal – Catalogação na Publicação

FERNANDES, José Pedro Teixeira

A questão de Chipre : implicações para a União Europeia e a
a adesão da Turquia
ISBN 978-972-40-3589-5

CDU 323
       341
       339

Índice de conteúdos

INTRODUÇÃO 11

1. Da Antiguidade heleno-romana ao domínio de Veneza 17

2. Sob um império islâmico: *dhimmis* no *devlet-i al-i Osman* 39

3. Sob um império ocidental: *Britannia rules* 75

4. Entre a soberania limitada e a divisão da ilha 119

5. As tentativas de reunificação e a integração europeia de Chipre 155

CONCLUSÃO 193

POSTFÁCIO 205

ANEXOS

ANEXO 1. As disposições relativas a Chipre do Tratado de Lausana de 24 de Julho de 1923 213

ANEXO 2. O Tratado de Estabelecimento de 16 de Agosto de 1960 215

ANEXO 3. O Tratado de Garantia de 16 de Agosto de 1960 219

ANEXO 4. O Tratado de Aliança de 16 de Agosto de 1960 221

ANEXO 5. A Proposta de Emenda da Constituição de Makarios de 30 de Novembro de 1963 225

ANEXO 6. O Acordo de Alto Nível entre Makarios e Denktaş de 12 de Fevereiro de 1977 227

ANEXO 7. O Acordo de Alto Nível entre Kyprianou e Denktaş de 19 de Maio de 1979 229

ANEXO 8. A Resolução n.º 367 do Conselho de Segurança das Nações Unidas, adoptada a 12 de Março de 1975 231

ANEXO 9. A Resolução n.º 541 do Conselho de Segurança das Nações Unidas, adoptada a 18 de Novembro de 1983 233

ANEXO 10. O Plano Annan V na versão de 30 de Março de 2004 (Acordo Fundador da República Unida de Chipre) 235

BIBLIOGRAFIA 245

Índice de quadros

QUADRO 1
A perspectiva multiculturalista sobre o passado cipriota 57

QUADRO 2
A formação e expansão territorial da Grécia moderna 89

QUADRO 3
Chipre sob o Império Otomano e a administração britânica 91

QUADRO 4
A formação e expansão territorial da República da Turquia 106

QUADRO 5
Estimativas de vítimas e deslocados devido à invasão militar turca de 1974 153

QUADRO 6
A eleição para a Câmara dos Representantes (Parlamento)
de 21 de Maio de 2006 166

QUADRO 7
Estimativas da população cipriota turca na «KKTC» 174

QUADRO 8
A evolução do corpo eleitoral da «KKTC» segundo o governo de Chipre 176

QUADRO 9
A força militar turca na «KKTC» em termos comparativos 180

Lista de siglas e acrónimos

ANAP   *Anavatan Partisi*/Partido da Pátria

AKEL   *Anorthotikon Komma Ergazemenou Laou*/Partido Progressista do Povo Trabalhador

AKP   *Adalet ve Kalkinma Partisi*/Partido da Justiça e do Desenvolvimento

CENTO   *Central Treaty Organisation*/Organização do Tratado Central

CHP   *Cumhuriyet Halk Partisi*/Partido Republicano do Povo

CIA   *Central Intelligence Agency*/Agência Central de Informação

CNRS   *Centre National de la Recherche Scientifique*/Centro Nacional da Investigação Científica

CTP   *Cumhuriyetçi Türk Partisi*/Partido Republicano Turco

DITIB   *Diyanet İşleri Türk-Islam Birligi*/Associação Turco-Islâmica para os Assuntos Religiosos

DP   *Demokrat Partisi*/Partido Democrático

DYP   *Dogru Yol Partisi*/Partido da Justa Via

EOKA   *Ethniki Organosis Kyprion Agoniston*/Organização Nacional dos Combatentes Cipriotas

FRETILIN Frente Revolucionária de Timor-Leste Independente

KATAC   *Kıbrıs Adası Türk Azınlıklar Kurumu*/Associação da Minoria Turca de Chipre

KKTC   *Kuzey Kibris Türk Cumhuriyeti*/República Turca de Chipre do Norte

NATO   *North Atlantic Treaty Organisation*/Organização do Tratado do Atlântico Norte

MGK	*Milli Güvenlik Kurulu*/Conselho Nacional de Segurança
MHP	*Milliyetci Hareket Partisi*/Partido da Acção Nacionalista
OCI	Organização da Conferência Islâmica
ONG	Organização Não Governamental
PEO	Federação do Trabalho Pancipriota
PIB	Produto Interno Bruto
SdN	Sociedade das Nações
TKP	*Toplumcu Kurtulus Partisi*/Partido Populista/Comunitário de Libertação
TMT	*Türk Mukavement Teskilati*/Movimento de Defesa Turco
UBP	*Ulusal Birlik Partisi*/Partido da Unidade Nacional
UE	União Europeia
UNFICYP	*United Nations Peacekeeping Force in Cyprus*/Força de Manutenção de Paz das Nações Unidas em Chipre

Introdução

> O problema de Chipre consiste não em uma mas em quatro questões relacionadas. A mais importante destas é a relação entre os cipriotas gregos e os cipriotas turcos, a qual configura a questão mais difícil: podem dois grupos nacionais amplamente separados encontrar uma coexistência pacífica envolvendo duas línguas, duas religiões e duas interpretações da história?
>
> CHRISTOPHER HITCHENS (1984 [1997], p. 158)

Situada no extremo oriental do mar Mediterrâneo, próxima da Turquia, da Síria e do Líbano, a ilha de Chipre (*Kypros* em grego e *Kibris* em turco) é o território da actual União Europeia (UE) geograficamente mais afastado de Portugal. A distância geográfica parece acompanhar de perto a distância histórica e o (des)conhecimento da actual realidade política, social, económica e cultural do país. Visto a partir deste extremo ocidental da Europa, Chipre normalmente só tem alguma visibilidade nos *media* quando as negociações de adesão da Turquia à União Europeia colidem com o problema da reunificação da ilha e as posições do governo cipriota. Todavia, várias dúvidas ocorrem: como é que se chegou a esta situação estranha e quase incompreensível para a actual *island of peace* europeia? Porque é que a ilha foi dividida, de uma maneira que faz lembrar a Alemanha durante a Guerra Fria? Qual a razão pela qual este novo Estado-membro da União Europeia entrou truncado *de facto* em mais de 1/3 do seu território e em cerca de 1/5 da sua população? Porque falhou, em 2004, o plano das Nações Unidas no seu objectivo de reunificar as duas partes da ilha? Será possível que, no quadro da União Europeia, e num horizonte temporal razoavelmente próximo, se possa alcançar este objectivo e dispensar definitivamente os serviços da mais antiga força de manutenção de paz das Nações Unidas ainda a actuar no terreno (a UNFICYP)?

Embora estes sejam problemas do presente, o estudo do actual conflito de Chipre acaba por nos reconduzir, de uma ou de outra forma, a um olhar sobre vários aspectos do passado como a Antiguidade Clássica greco--romana, o nascimento e expansão do Cristianismo, o reencontro traumático dos dois ramos desavindos da Cristandade sob as cruzadas, as relações problemáticas e de rivalidade com um Islão árabe (e turco) triunfante e a expansão colonial do Ocidente europeu. Mas, talvez mais do que sobre qualquer outro aspecto histórico, a ter de reflectir novamente sobre aquilo a que a historiografia europeia costumava chamar a «questão do Oriente»[1] e sobre os Estados que surgiram sob as cinzas do Império Otomano. Vale a pena ter em mente que esta questão diplomática, mais ou menos obscura para o europeu e ocidental médio, ocupou não só as chancelarias europeias durante cerca de um século e meio, como foi marcada por várias crises graves[2] que colocaram as tradicionais potências (Rússia, Grã-Bretanha, França e Áustria e mais tarde também a Alemanha e a Itália unificadas) em situações de conflito político e militar. E que as principais áreas de instabilidade e conflitualidade actual na periferia interna ou externa da União Europeia têm em comum o facto de serem todas de territórios ex-otomanos (Chipre, Bósnia, Kosovo, Palestina/Israel, Líbano, Iraque...). Até há algum tempo atrás a «questão do Oriente» foi vista como fazendo parte de um passado já bastante longínquo e sem qualquer interesse significativo para a

---

[1] A questão do Oriente esteve directamente ligada ao que normalmente é apresentado como tendo sido o processo de decadência do «homem doente da Europa» (a expressão foi celebrizada pelo czar russo Nicolau I nas vésperas da guerra da Crimeia, de 1853-1856, referindo-se ao Império Otomano). Os seus marcos convencionais são o tratado Tratado de Küçük-Kaijnardja, celebrado em 1774 entre a Rússia e o Império Otomano, após a derrota militar deste último pelos exércitos do czar, e o Tratado de Lausana de 1923, que regulou a dissolução do multissecular Império Otomano e a emergência da República da Turquia.

[2] Para uma panorâmica das sucessivas crises que marcaram a questão do Oriente ver o trabalho de A. L. Macfie, *The Eastern Question 1774-1923* (1989).

compreensão dos conflitos do presente, pelo que foi amplamente esquecida pelos políticos e pela opinião pública europeia e ocidental e vista como um assunto de mera curiosidade histórica e académica. Os trágicos acontecimentos ocorridos no ex-território otomano de Chipre, no Verão de 1974, que levaram à partição *de facto* da ilha, não alteraram a percepção de que esse era um capítulo de um passado longínquo, encerrado e sem sequelas no presente. Pelo contrário, na época, os acontecimentos foram generalizadamente vistos como (mais) um episódio da clássica disputa ideológica soviético-americana pela primazia à escala mundial, através de actores locais interpostos (uma «guerra por procuração»), sem qualquer ligação especial com um passado pré-ideológico. Só com o final da Guerra-Fria, nos anos 1989-1991, e com os sangrentos acontecimentos que ocorreram nos Balcãs, se começou lentamente a alterar esta percepção, assistindo-se a um maior interesse por este passado na procura de explicações para os «incompreensíveis» conflitos que marcaram o fim da ex-Jugoslávia. Mais recentemente, a já referida integração de Chipre na União Europeia e o facto da Turquia ser também um país candidato à União, com negociações de adesão abertas em 2005, trouxeram algum interesse adicional. Todavia, a questão de Chipre continua a ser vista (na nossa opinião erradamente, pela razões que vamos mostrar ao longo deste trabalho), como um assunto de importância menor para a política europeia e internacional.

Face à necessidade de contextualizarmos historicamente o problema objecto de estudo, vamos, nesta análise, dar alguma primazia aos aspectos histórico-diplomáticos, articulados com a realidade sociológico-política, que nos parecem ser a base mais sólida para um trabalho com as características do que nos propomos efectuar. Naturalmente que um estudo deste género – o qual se encontra no cruzamento da História com a Ciência Política e as Relações Internacionais –, levanta dificuldades de tipo metodológico e epistemológico a qualquer investigador, especialmente em Portugal, pela escassíssima produção científica existente sobre as questões históricas, políticas e de relações internacionais do Mediterrâneo Oriental (um área bastante longe dos tradicionais interesses portugueses, como as relações euro-atlânticas e os países lusófonos), e pelo frágil conhecimento dos seus povos e culturas. Em termos metodológicos, surge o problema de praticamente não existirem fontes documentais, ou mesmo fontes secundárias (livros e artigos científicos), em língua portuguesa. Há também a dificuldade do acesso às fontes em língua grega (clássica e actual) e turca (oto-mana e actual). Essa dificuldade, que não é menor, pode ser ultrapassada, pelo menos em parte, pelo recurso a trabalhos anteriores de investigação científica, bem como pelo recurso à informação oficial publicada em língua inglesa pelo governo de Chipre (e da Grécia e Turquia, bem como natu-ralmente do Reino Unido). Em termos epistemológicos, levanta-se aqui, e com especial intensidade, o problema da equidistância face às partes envolvidas no conflito, pois há naturais sentimentos de empatia ou repulsa face às atitudes adoptadas pelos diversos protagonistas envolvidos (que, como veremos ao longo do livro, vão muito para além dos próprios cipriotas). A diversificação das fontes e a confrontação de perspectivas foi a maneira que encontrámos para tentar reduzir, o mais possível, as distorções e enviesamento de perspectiva de uma investigação sobre um problema particularmente intricado como este.

Ainda sobre o problema epistemológico, é inevitável reconhecer-se que o substrato cultural e a visão do mundo do investigador, bem como a influência, consciente ou inconsciente, das ideologias do presente sobre a interpretação do passado – nacionalismo e multiculturalismo –, não são um mero *fait-divers*. Até há algum tempo atrás, a dificuldade típica com que se confrontava quem quisesse analisar com alguma imparcialidade um problema como o de Chipre consistia no clássico problema de manter equidistância face às historiografias nacionalistas de cipriotas gregos (e da Grécia) e de cipriotas turcos (e da Turquia), e dos respectivos simpatizantes. Hoje, para além desta dificuldade que continua a persistir, surgiu uma nova (o que complica ainda mais a questão), que é a dos trabalhos, normalmente de perfil académico, imbuídos de uma ideologia pós-moderna[3] de tipo

---

[3] Tal como a universidade moderna, criada sob o modelo que Whilhelm von Humboldt instituiu em Berlim, na Alemanha do século XIX, tinha como missão principal ser repositório da cultura nacional (ou seja, estava imbuída de uma ideologia nacionalista), hoje é a universidade pós-moderna que está imbuída de uma ideologia e fervor multiculturalista (não assumida explicitamente para o grande público, que a julga ainda devotada à cultura nacional, à promoção da Razão e produção de Ciência, tal como no modelo Iluminista). Se, no passado, podíamos encontrar alguns dos mais fervorosos adeptos e prosélitos da cultura nacional nos departamentos de História e de Literatura, hoje, são os departamentos de Antropologia, Sociologia, Estudos Culturais e de Literatura (Pós--Colonial), que estão na linha da frente do zelo missionário.

Introdução

multiculturalista[4] e que já começam a constituir um acervo considerável. Estes geram, frequentemente, uma ilusória ideia de equidistância face aos actores do conflito e de um carácter progressista da solução avançada para o mesmo – tipicamente um multiculturalismo pós-nacional apresentado como inovador face aos nacionalismos retrógrados. Todavia, como teremos oportunidade de mostrar ao longo do trabalho, sob esta capa atractiva esconde-se, não invulgarmente, um superficial e distorcido conhecimento do passado não ocidental (por exemplo, ignorando a opressão exercida até uma fase avançada do século XIX pelo sistema de dominação «multi-cultural» dos *millet/dhimmi*, o qual marca ainda hoje a memória colectiva dos povos submetidos ao poder imperial e colonial otomano em todo o Sudeste europeu).

Assim, para abordarmos este difícil problema das actuais relações europeias e internacionais e tentarmos responder, com alguma consistência e profundidade, às interrogações que formulamos anteriormente, optamos por enquadrar o conflito de Chipre numa visão histórica e política abrangente. Isto levou-nos a considerar também diversos acontecimentos ocorridos na Grécia, no Império Otomano/Turquia e no Império Britânico/ /Grã-Bretanha/Reino Unido, como relevantes para o rumo dos acontecimentos em Chipre e a procurar enquadrá-los no ambiente político internacional da era colonial, da Guerra Fria e do actual período do pós-Guerra

---

[4] Esta ideologia tem as suas raízes na segunda metade do século passado e baseia-se, em termos ontológicos e epistemológicos, uma atitude de *soupçon* (desconfiança), face ao que chama as «grandes narrativas» da cultura ocidental – o nacionalismo é uma delas – denunciando o perigo de visões essencialistas e a necessidade da sua desconstrução (como se estivéssemos perante uma narrativa literária). Ou seja, no caso aqui em análise, sustenta que a Nação (e consequentemente o Estado-Nação) não é uma realidade primordial ou «essencial», mas uma mera construção social (uma «comunidade imaginada», na expressão celebrizada por Benedict Anderson). Para além do mais, e segundo esta mesma visão ideológica, a construção social da Nação e os movimentos nacionalistas a que esta deu origem, estão na génese das maiores tragédias do século XX. Assim, impõe-se a criação de entidades políticas (e de identidades nacionais) pós-nacionais que a superem. Como facilmente se compreende, estamos perante mais uma proposta ideológica com o seu próprio esquema de acção política e não perante uma solução neutral, nem propriamente uma «terceira via» ou meio termo face aos nacionalismos em disputa (como procura se apresentar), pelo que também necessita de uma vigilante crítica e equidistância.

Fria. Para o efeito, estruturamos a nossa abordagem em cinco capítulos. Num primeiro é passado em revista, ainda que de uma forma necessariamente sintética, o passado mais longínquo, no qual abrangemos o longo período histórico que vai da Antiguidade Clássica até à governação veneziana da ilha, terminada na segunda metade do século XVI com a conquista otomana de 1571. No segundo capítulo, a análise vai incidir sobre o longo período de dominação otomana e de pertença da ilha ao *devlet-i al-i Osman* (o Estado e a casa de Osman), o qual se prolongou no tempo até ao último quartel do século XIX (1878), quando deu lugar aos britânicos, e nas profundas marcas que este deixou na sociedade e na política cipriota. O terceiro capítulo analisa o relativamente curto período da administração colonial britânica (82 anos), com um especial ênfase na forma como foi gerido o processo de descolonização e independência na década de 50 do século XX, e tratadas as pretensões contraditórias dos cristãos ortodoxos/ /cipriotas gregos de autodeterminação/*enosis* (união com a Grécia) e dos muçulmanos/cipriotas turcos de manutenção do *statu quo* ou de *taksim* (partição) da ilha. O quarto capítulo tem por objecto o curto e conturbado espaço temporal que decorreu entre a independência de 1960 e a partição da ilha em 1974, como resultado da intervenção militar directa da Turquia no conflito cipriota e da permanência das suas tropas no Norte do território, à margem das resoluções da Assembleia Geral e Conselho de Segurança das Nações Unidas. Num quinto e último capítulo a abordagem incidirá sobre as diversas tentativas de reunificação, até agora infrutíferas, com especial destaque para a mais recente destas – o plano do ex-Secretário Geral das Nações Unidas, Kofi Annan. São discutidas as razões do seu fracasso, bem como as implicações e oportunidades que decorrem da integração europeia da República de Chipre, nomeadamente a possibilidade de ser encontrada um solução que satisfaça as ambições das população cipriota grega e turca e os interesses das Potências Garantes (Grécia, Turquia e Reino Unido). Finalmente, são analisadas a consequências que podem advir para a União Europeia e o processo de negociações de adesão da Turquia actualmente em curso, se não for encontrada um solução satisfatória para o conflito cipriota no decurso dos próximos anos.

1. *Da Antiguidade heleno-romana ao domínio de Veneza*

> Chipre tornou-se parte da província da Cilícia (romana desde 103 a.C.), que foi governada por um procônsul. Porcius Marcus Cato foi o seu primeiro governador. Sob Octávio (chamado Augusto desde 27 a.C.), a ilha tornou-se primeiro uma província imperial (31 a.C.) e depois, nove anos mais tarde, uma província senatorial governada novamente por um pro-consul. A capital foi desta forma transferida da antiga cidade de Salamis para Pafos, o centro da adoração de Afrodite [...] A conversão do procônsul Sergius Paulus à Cristandade em Pafos, no ano 46 d.C., marcou o início da nova religião na administração romana. Este foi um evento importante acompanhado por mudanças radicais na vida dos cipriotas e, claro, de outros. A história da ilha, tão profundamente afectada pela nova religião, passou a ser dominada daí para frente pelo Cristianismo.
>
> STAVROS PANTELI (2000, p. 15-16)

A matriz cultural clássica e a génese cristã

É um facto relativamente bem conhecido do europeu médio, pela importância que a cultura greco-latina teve na formação da actual cultura europeia e ocidental, a ligação de Chipre ao mundo helénico no período da

Antiguidade Clássica. Conforme explica o historiador francês, Alain Blondy (1998, p. 20), «desde o século XVIII a. C. Chipre estava em contacto com Creta, que conhecia então a rica civilização minóica. Nessa mesma altura ocorreu um fluxo de populações entre as duas ilhas: colonos de Creta instalaram-se em Chipre, existindo, simultaneamente, movimentos migratórios de sentido contrário». Por volta de 1230 a. C., uma segunda vaga, vinda do Peloponeso, instalou-se na ilha. «Cerca do ano 1100 a. C. uma nova vaga mais numerosa e sem dúvida mais conquistadora invadiu Chipre. Eram aqueus do Peloponeso (sobretudo arcádios), expulsos da Grécia, pelos avanços dos Dórios. 'Chefes de guerra' de regresso da guerra de Tróia fundaram então cidades que eram mais reinos, defendendo a sua economia e a sua independência, do que cidades comerciais. Desta forma, Teukros, irmão de Ajax, fundou Salamina, Praxandros de Esparta fundou Lapéthos (Lapithos), Kifeas fundou Keryneia (Kyrénia) e Agapenor, rei de Tegeu, fundou Pafos [...] Os aqueus impuseram na ilha a língua grega, a sua religião e os seus costumes. Assim, a montanha mais alta da ilha foi rebaptizada com o nome de 'Olimpo'. Este 'gesto' colonizador da epopeia dos aqueus não se limitou à toponímia; os cultos da pátria helénica foram também transpostos: Zeus, Atena, Agraulos, ninfa da chuva e filha de Kekrops, etc. Até então integrada no Médio Oriente, Chipre virou-se para o Egeu» (*idem*: 22). Conforme explica ainda Alain Blondy (*ibidem*: 23), foi por volta do século IX a. C. que se difundiu no «mundo mediterrânico, graças ao comércio dos aqueus, o culto da grande deusa de Chipre que se tornou mais tarde a Afrodite grega, nascida da espuma (*aphros*), nas margens de Pafos».

Depois de um relativamente curto período histórico de independência (entre 650 a 570 a. C.), marcado, apesar de tudo, por um certo brilhantismo cultural e por uma fusão de influências religiosas oriundas do Médio Oriente (sobretudo do Líbano, da Mesopotâmia e do Egipto) e do mundo helénico, seguiram-se períodos de dominação egípcia (570 a 525 a. C.) e persa (que correspondeu, grosso modo, ao século V a. C.). Posteriormente à dominação egípcia e persa a ilha reforçou as suas ligações culturais e políticas ao mundo helénico, que resultou das conquistas de Alexandre o Grande, feitas no século IV a. C. Por exemplo, foi durante essa época que

Da Antiguidade heleno-romana ao domínio de Veneza

nasceu em Kition (Citium no nome latino), o fundador do estoicismo[1] – Zenão de Cítio.

Já mais próximo da era cristã, no ano 58 a. C., Chipre foi conquistada e integrada no Império Romano (no século I a. C. a ilha foi também local de refúgio da rainha do Egipto, Cleópatra). Sob o governo dos romanos, nos primeiros tempos, a sua administração ficou ligada à Cilícia (hoje situada na actual Turquia, correspondendo, grosso modo, às províncias de Mersin, Adana e Osmaniye), cuja capital era Tarso, cidade onde nasceu o Apóstolo São Paulo. Mais tarde Chipre foi separada da Cilícia, tornando-se uma nova província romana, primeiro governada por um legado para depois se tornar numa província senatorial. Nessa altura a nova cidade, Pafos, substituiu Salamina como capital, aplicando então Roma «a política que reservava às províncias pacíficas: templos, teatros, aquedutos, termas, estádios e vilas embelezaram as principais cidades, a começar pela sua capital». A época foi também caracterizada pela paz e a prosperidade na ilha, tendo as suas produções sido «exportadas para os quatro cantos do mundo» mediterrânico (*ibidem*, p. 39). Um outro aspecto importante deste período foi a difusão e implantação do Cristianismo em Chipre que, segundo a própria Bíblia, terá sido o primeiro país governado por um cristão (*ibidem*, p. 39-40):

> No ano 45 após J. C., dois judeus, um de Cilícia e o outro de Chipre chegaram a Salamina vindos de Antioquia. O primeiro era Saulo de Tarso, quer dizer o Apóstolo Paulo. O segundo era um levita de Salamina, José dito Barnabé (em grego vernacular *Varnavas*, aquele que sabe consolar. Paulo, Barnabé e mais alguns dirigiam a comunidade judaico-cristã de Antioquia. A perseguição subsequente à lapidação de Santo Estêvão levou à dispersão da comunidade e os dois primeiros escolheram no ano 45 da nossa era dirigir-se a Chipre. Acompanhados de um outro discípulo, João, chamado Marcos, deci-

---

[1] O nome «estoicismo» vem do grego *stoa poikilê*, um pórtico da Ágora de Atenas onde os estóicos se reuniam e ensinavam. Esta escola filosófica da Antiguidade Clássica preconizava, sobretudo, uma atitude de indiferença à dor de ânimo resultante dos males e agruras da vida. Assim, a palavra «estoicismo» acabou por entrar na linguagem corrente como designação do aspecto moral desta filosofia (hoje normalmente tende a significar uma capacidade de suportar a dor, normalmente associada ao cumprimento de deveres, bem como de suportar as contrariedades da vida, ou seja uma atitude de coragem face às dificuldades da existência).

diram anunciar a palavra apenas aos judeus, ensinando primeiro nas sinagogas de Salamina e depois atravessando a ilha até à capital, Pafos. Aí estes foram convidados pelo procônsul Lucius Sergius Paulus, que tinha na sua *entourage* um mágico judeu, Elimas, chamado Bar-Jesus. Tendo o procônsul desejado ouvir o que Paulo e Barnabé tinham a anunciar, Elimas procurou afastar a sua atenção. Paulo exasperou-se e anatemizou Elimas que perdeu de imediato a vista; «então, vendo o que se tinha passado, converteu-se imediatamente à fé» (Actos dos Apóstolos 13, 12). Chipre tornou-se assim, segundo os Actos dos Apóstolos, o primeiro país governado por um cristão.

A expansão do Cristianismo na generalidade dos territórios do Império Romano acelerou-se a partir de 313, na sequência do édito de Milão que passou a permitir a liberdade de culto. A partir desta altura assistiu-se a uma progressiva conversão das elites do império à nova religião[2]. Em 325 ocorreu também o primeiro concílio ecuménico em Niceia (na actual Turquia), convocado pelo imperador Constantino, no qual esteve presente também uma importante representação da igreja cipriota. Neste período formativo do Cristianismo, Chipre dependia do Patriarcado de Antioquia, na Síria. Esta subordinação foi objecto de contestação pelo clérigo cipriota que, desde os primórdios, se empenhou na construção de uma igreja autocéfala (autónoma). Estes esforços acabaram por ser bem sucedidos. Já durante aquilo a que a historiografia tradicional europeia chama a Idade Média, em 692, no *Concilium in Trullo* (que decorreu em Constantinopla), foi confirmada a autocefalia da Igreja cipriota, terminando assim as controvérsias sobre a sua autonomia. A este propósito importa notar que a luta pela autocefalia da Igreja em Chipre foi não só uma questão religiosa como uma questão de relevância política: O imperador bizantino Zenon «concedeu privilégios extraordinários ao arcebispo, privilégios hoje ainda em vigor: recebeu o ceptro imperial de ouro e prata como sinal distintivo, pode assinar o seu nome em tinta vermelha e andar com uma chapa, como só aos Basileus era permitido. Estes privilégios fizeram do arcebispo bem mais do que um

---

[2] Sobre a ascensão do Cristianismo durante o Império Romano ver o livro de Rodney Stark, *The Rise of Christianity. How the Obscure, marginal Jesus Movement Became de Dominant Force in the Western World in a few Centuries* (1996).

simples dignitário religioso. Este transformou-se, aos olhos de todo o Chipre, no *etnarca*, o que lhe conferia, para além da sua jurisdição religiosa, uma jurisdição civil sobre toda a ilha» (Alain Blondy, *ibidem*, p. 44).

O Cristianismo bizantino face à expansão do Islão árabe

Tal como a generalidade dos territórios do Império Bizantino mais próximos da península arábica, a ilha foi também um alvo da fulgurante expansão árabe-islâmica do século VII e seguintes. O primeiro ataque, efectuado em 632, foi sobretudo uma incursão de alcance limitado. Sob o califado de Umar (634-644), a Síria foi tomada por Muawiya Ben Abu Sufian, tendo este, posteriormente, organizado a primeira grande força naval árabe que invadiu e conquistou Chipre durante o califado de Uthman, em 649[3]. Nos relatos de alguns cronistas árabes da época, esta força naval, de grande dimensão, teria sido composta por uma frota que atingiria cerca de 1.700 barcos. Por sua vez, Ahmed Etman (1997, pp. 178-211), professor de Estudos Gregos e Latinos na Universidade do Cairo, no Egipto, afirma que, entre meados do século VII e meados do século X, ou seja, após a invasão e ocupação árabe da ilha, foi concluído um tratado entre os árabes e o Império Bizantino instituíndo uma espécie de reino conjunto árabe-*rum* (bizantino), que criou um «condomínio» sobre Chipre, através do qual os habitantes ficaram obrigados a pagar impostos aos dois impérios e a manter uma situação de neutralidade nos conflitos entre ambos. Em relação a este contexto histórico, Ahmed Etman fala também numa «posição não alinhada e neutral de Chipre» (*idem*, p. 200), numa «co-existência pacífica entre os *rum* e o povo do oriente» (*ibidem*, p. 203), afirmando que as «autoridades islâmicas estavam agradadas com a presença dos cristãos sobre a sua

---

[3] Foi durante esta invasão e conquista árabe de 649 que Om Haram (segunda a lenda, e consoante as versões, terá sido tia ou ama de Maomé durante a sua infância) caiu de uma mula e morreu, quando se deslocava na ilha com a força invasora árabe da qual fazia parte o seu segundo marido, Ubada bin al-Samit. Naquele que é apontado como sendo o local da sua morte e do seu túmulo, foi erigida tardiamente (entre finais do século XVIII e inícios do século XIX) uma mesquita – a Hala Sultan Tekke – por iniciativa do governador otomano de Chipre na época, Mehmet Emin Efendi.

protecção» e que «os cristãos se comportavam como concidadãos» dos muçulmanos árabes:

> No início do século VIII, os cipriotas não estavam armados devido à paz que prevalecia e à existência de amizade entre os *rum* e o povo do oriente o que levou o califa Omar (715-720) a eliminar o aumento do tributo ou imposto que tinha sido lançado pelo califa Abd El-Malik. Desta forma, a co-existência pacífica entre os *rum* e o povo do oriente tinha-se tornado profundamente enraizada. Cada parte vivia em enclaves separados ou cantões. Ibn Hauqal referiu também a presença de dois corpos administrativos diferentes, civil e militar, cada um com as suas próprias leis. Este também disse, implicitamente, que as autoridades islâmicas estavam agradadas com a presença de cristãos sob a sua protecção. De facto, os cristãos comportavam-se como seus concidadãos. Ibn Hauqal também afirmou que a ilha estava dividida em duas partes, metade para os bizantinos e metade para os árabes.

Uma versão diferente sobre este período histórico é apresentada por Alain Blondy, afirmando este historiador que, em 683, os árabes foram derrotados e expulsos de Chipre pelo imperador bizantino Constantino IV. Todavia, no século seguinte, estes voltaram a prosseguir com diversos raides e pilhagens na ilha[4]. «Em 743, o califa Walid III invadiu-a e levou consigo uma grande parte da população para a escravatura na Síria. Em 773 o governador bizantino da ilha foi levado pela frota muçulmana e, nos anos seguintes, o próprio califa Harun al-Rashid conduziu duas expedições que devastaram a ilha. A primeira em 790, mas sobretudo a segunda, em 806, no decurso da qual um grande número de igrejas foram queimadas ou destruídas e 16.000 cipriotas levados como escravos, incluindo o próprio arcebispo» (*ibidem*, pp. 45-46), teve um impacto devastador para a segurança e prosperidade da ilha. Este longo período de insegurança, raides e pilhagens só terminou na segunda metade do século X (965), quando o imperador bizantino Nicéforo II (Nicephoros Phocas) reconquistou vários territórios perdidos no Sul do seu império (e expulsou a pirataria árabe de Chipre), estabilizando a sua fronteira com os árabes e o seu controlo sobre

---

[4] Para um relato sobre as pilhagens e massacres que terão sido cometidos sobre a população da ilha, segundo os cronistas cristãos da época (descritos sobretudo nas crónicas de Miguel o sírio), ver Andrew Bostom (2005, p. 594).

Da Antiguidade heleno-romana ao domínio de Veneza

a parte Norte do Mediterrâneo oriental. Desta forma, foi nas décadas subsequentes, que corresponderam ao reinado de Basílio II (965-1025), que se verificou o maior esplendor cultural do período bizantino da ilha.

O Cristianismo bizantino face às cruzadas da Igreja latina

Após a separação entre as duas partes do Império Romano – a latina (ocidental) e a grega (oriental) – e o colapso da primeira no final do século V, o reencontro entre o Ocidente e o Oriente ocorreu bastantes séculos mais tarde, em finais do século XII, e num contexto histórico conturbado (que ainda hoje é traumático e objecto de controvérsias históricas): as cruzadas[5]. Este foi um período em que o Papa, em notória contradição com os

---

[5] A causa imediata da Primeira Cruzada (1096-1099) foi o apelo do imperador bizantino, Alexius I, dirigido ao Papa Urbano II, para o envio de uma força militar que o ajudasse a resistir aos avanços muçulmanos sobre os territórios do seu império. Todavia, a força enviada foi não só de maior dimensão do que os bizantinos estavam a espera (cerca de 30.000 homens), como tinha os seus próprios objectivos, que iam para além da defesa do Império Bizantino: a reconquista de Jerusalém anteriormente tomada pelos turcos seljúcidas (1076), que passaram a impedir, ou, pelo menos, a dificultar bastante as peregrinações cristãs (nesse contexto, a primeira cruzada foi provavelmente percebida pela grande maioria dos seus participantes como uma espécie de «peregrinação armada»; isto, naturalmente, não significa que não houvesse motivações mais mundanas dos seus participantes, como a perspectiva de ganhos territoriais e de enriquecimento pelo habitual saque de guerra – o Oriente tinha também uma imagem de riqueza e opulência). Quanto ao circunstancialismo histórico em que as cruzadas ocorreram, é necessário recordar que anteriormente, no início do XI (em 1009), sob o comando do califa fatimida (xiita) Al-Hakim bi-Amr Allah, o sepulcro original de Cristo – tradicionalmente o lugar mais sagrado do Cristianismo – tinha sido completamente destruído (mais tarde o seu sucessor permitiu aos bizantinos a sua reconstrução e o reatar das peregrinações, embora de forma limitada). Outro facto relevante para a compreensão das cruzadas foram as rivalidades entre o Cristianismo latino e o Cristianismo Oriental, latentes desde os primeiros tempos do Cristianismo, mas que se agudizaram durante esse mesmo século, tendo levado ao cisma entre os cristãos do Oriente e os cristãos do Ocidente, em 1054. O culminar destas rivalidades entre os dois grandes ramos da Cristandade ocorreu durante a Quarta Cruzada (1202-1204). Esta foi habilmente desviada do seu objectivo original pela República de Veneza, sob a acção do doge Dândolo, tendo os participantes acabado por saquear a cidade de Constantinopla (e massacrar grande parte dos seus habitantes), tomando o poder aos bizantinos e fundando o Reino Latino de Constantinopla, o que acentuou, ainda mais, a clivagem e antagonismo entre os cristãos do Oriente e os do Ocidente.

Evangelhos – «Dai, pois, a César o que é de César e a Deus o que é de Deus» (Mateus, 22: 22) –, procurou assumir as funções de líder espiritual e temporal máximo da Cristandade Ocidental, ultrapassando a dualidade de poderes das sociedades cristãs medievais (não deixando a César o que é de César). No caso do Cristianismo latino este é um bom exemplo (o outro é a Inquisição), em como a religião e os Textos Sagrados podem ser usados, ou melhor, apropriados para fins políticos que não se encontram neles previstos. Paradoxalmente, numa perspectiva comparativa com o Islão e a sua tradição religioso-política, verifica-se, também, que foi, quando esta deturpação de leitura da Bíblia prevaleceu, que o Cristianismo (latino) mais se aproximou da tradição holística do Islão e do exemplo de Maomé (Profeta e estadista), bem como dos califas[6] que lhe sucederam como «comandante dos crentes» (*amir ul-muuminin*), ou seja de ter uma *única* liderança religioso-política. Assim, os sucessivos apelos papais aos *milites Christi* (soldados de Cristo) e bulas[7] com benefícios aos que integrassem as cruzadas, são uma espécie de «imagem no espelho» do que, num contexto islâmico, foram as diversas *fatwas* (opiniões legais) sobre a (pequena) *jihad*[8] (uma espécie de *bellum justum*) e outros textos de teólogos-juristas medievais (sobretudo comentários ao Corão e aos *ahadith* – as acções e ditos de Maomé) exortando os muçulmanos à participação na mesma[9] e prometendo recompensas aos que nela participassem com a sua vida e bens.

---

[6] Como veremos mais à frente no caso dos califado otomano a partir do século XVI, os califas dependiam, entre outros requisitos, de sucessos militares que lhe permitissem ter legitimidade e credibilidade no seio do Islão.

[7] A bula, ou bula pontifícia, refere-se não ao conteúdo (ou à solenidade) de um determinado documento pontifício mas à sua forma externa. Este era lacrado com uma pequena bola (*bulla* em latim) de cera ou metal (usualmente chumbo). No caso das cruzadas, o chamamento à Terceira Cruzada foi feito em 1187 através bula *Audita tremendi*, do Papa Gregório VIII. Esta bula foi precedida de outras, como por exemplo, a *Militia Dei*, do Papa Eugénio III (em 1145), que concedia diversos privilégios à Ordem dos Templários.

[8] Sobre o conceito de *jihad* ver, entre outros, o texto introdutório do livro de Rudolph Peters, *Jihad in Classical and Modern Islam* (1996 [2005], p. 1-7).

[9] Note-se que o objectivo primeiro da *jihad* – uma obrigação colectiva de todos os muçulmanos, ou seja, da *umma* islâmica –, era a defesa ou instauração do Estado islâmico (a *dar al-Islam*), e não a conversão forçada (em teoria proibida pelo Corão), embora esta também se verificasse não invulgarmente. As estratégias de conquista e dominação dos povos subjugados pela *jihad* vitoriosa eram mais hábeis e, sobretudo, mais realistas dada sua

Da Antiguidade heleno-romana ao domínio de Veneza 25

Como mostra Rudolph Peters (1996 [2005], p. 19-25), pela reprodução de «passagens sobre a *jihad* e o martírio» do livro *Al-Muwatta* («O caminho tranquilizador») do teólogo-jurista muçulmano Malik ibn Anas[10], as «exortações à *jihad*» já eram correntes no mundo islâmico dessa época, sendo parte integrante da tradição religioso-jurídico-política do Islão, desde o seu período formativo, nos séculos VII a IX, d. C.

Esta estranha e, à primeira vista, surpreendente influência do Islão sobre o Cristianismo latino (e consequentemente sobre o Ocidente), foi objecto de uma invulgar reflexão histórica (e filosófico-teológica), feita por Jacques Ellul[11], num trabalho pela primeira vez publicado em 1984 sob o título *La Subversion du Christianisme*/A Subversão do Cristianismo. Tal como este começou por se interrogar, num capítulo especificamente sobre «A influência do Islão» no Cristianismo, como é que se pode conceber que as influências do Islão sobre o Ocidente tenham ocorrido no campo intelectual, económico e tecnológico, sem afectarem importantes domínios das sociedades cristãs medievais, como a lei e a teologia, que teriam ficado imunes a essa influência? «Como podemos imaginar que tenha havido uma bem conhecida e admitida influência na Filosofia[12] que não tenha tido

---

inferioridade numérica (uma minoria árabe-islâmica em pouco tempo passou a dominar um grande maioria de não muçulmanos). Assim, os não muçulmanos que ficaram desta forma sujeitos à *dhimmitude* (um conceito que explicaremos em detalhe no capítulo seguinte) tinham, entre outros ónus e restrições, o fardo de suportarem financeiramente Estado islâmico (através de impostos mais pesados do que para os muçulmanos) e fornecerem os necessários recursos para a sua contínua expansão.

[10] Malik ibn Anas viveu no século VIII d. C. (710-796) e fundador da escola maliquita, uma das quatro escolas teológico-jurídicas do Islão sunita.

[11] Jacques Ellul (1912-1994) foi um pensador invulgar e difícil de qualificar, tendo sido um prolífico autor (cerca de quatro dezenas de livros publicados, bastante marcados pela crítica da sociedade tecnológica). Durante a sua vida teve também uma faceta de activista ligada a um movimento que pode ser qualificado como uma espécie de «anarco-Cristianismo». O seu pensamento é relativamente pouco conhecido fora de França, embora tenha tido alguma divulgação no mundo anglo-saxónico (sobretudo na América do Norte). Doutorado em Direito e professor da Universidade de Bordéus, nas Faculdades de Direito e Ciência Política (onde leccionou História do Direito e História Social), os seus trabalhos enquadram-se maioritariamente no âmbito da investigação e reflexão histórica, sociológica e filosófico-teológica.

26   *A Questão de Chipre*

repercussões teológicas?» Em resposta a esta interrogação, e comparando as trajectórias históricas de expansão do Cristianismo e do Islão, este faz notar como esta se faz também sentir no domínio teológico (2005, p. 358):

> Durante três séculos o Cristianismo espalhou-se por predicação, bondade, exemplo, moralidade e encorajamento dos pobres. Quando o Império [Romano] se tornou cristão, a guerra foi dificilmente tolerada pelos cristãos. Mesmo quando ordenada por um imperador cristão foi uma tarefa duvidosa e avaliada desfavoravelmente. Foi frequentemente condenada. Os cristãos eram acusados de minarem a força política e o poder militar do império por dentro. Na prática, os cristãos mantiveram-se críticos da guerra até que uma brilhante imagem de guerra sagrada entrou em cena [...] No Islão, pelo contrário, a guerra foi sempre justa e constituía um dever sagrado. A guerra que significou converter infiéis foi justa e legítima, pois, como o pensamento muçulmano repete, o Islão é a única religião que se adapta perfeitamente à natureza. Num estado natural, todos seríamos muçulmanos. Se não somos, é porque fomos desencaminhados e afastados da verdadeira fé.

É, por isso, a ascensão triunfante do Islão e a sua influência crescente sobre o Cristianismo que, provavelmente, explica a mudança teológica radical (e que está na origem da «subversão» dos Evangelhos e da mensagem intrinsecamente pacífica de Cristo), levando ao aparecimento de uma «guerra santa», versão cristã-latina. Aspecto histórico importante: esta só surgiu quando o Cristianismo já existia há mais de um milénio (toda a ascensão do Cristianismo, primeiro a culto tolerado e depois a religião oficial do Império Romano, foi feita sem a existência de qualquer doutrina e teologia da «guerra santa»; nem esta apareceu nos séculos V e VI d. C., quando a religião estava em expansão e o Islão ainda não tinha surgido; ao contrário, a ascensão do Islão, logo na altura do seu aparecimento no século VII, é feita por uma fulgurante expansão e conquista militar dos Impérios Persa e Bizantino – recorde-se o caso aqui em análise de Chipre, conquis-

---

[12] A referência feita por Jaques Ellul é, entre outros trabalhos, ao conhecido caso dos comentários sobre o pensamento filosófico de Aristóteles feitos por Ibn Rushd (Averróis) na Espanha muçulmana medieval (Al-Andalus), que influenciaram a Cristandade Ocidental, nomeadamente São Tomás de Aquino.

Da Antiguidade heleno-romana ao domínio de Veneza

tado sob o califado de Uhtman –, sancionada pelas disposições do Corão e dos *ahadith*[13] sobre a *jihad*). Conforme já vimos, foi só tardiamente, no início do segundo milénio da sua existência, em finais do século XI, que surgiram os sermões e bulas papais apelando explicitamente às cruzadas, os quais (tudo o indica), procuraram imitar o modelo de sucesso do Islão, com o seu apelo e recompensas prometidas aos crentes pela participação na *jihad*. Como seguidora[14] da civilização árabe-islâmica, na época mais evoluída e no apogeu do seu poder, a Cristandade ocidental parece ter tido uma reacção imitativa do género «a nossa guerra também é santa» e «os nossos mártires também vão para o paraíso» (*idem*, pp. 359-360):

> Durante meio século os historiadores têm estudado as cruzadas para encontrar explicações que não sejam a teoria tola, que foi previamente aceite, e era conforme às declarações e sermões que afirmavam que a intenção era proteger os lugares sagrados. [Várias explicações de natureza política e económica foram entretanto avançadas.] Um facto, contudo, é um facto radical, nomeadamente que a cruzada é uma imitação da *jihad*. Assim, a cruzada inclui a garantia da salvação. Aquele que morre numa guerra santa vai directo para o paraíso e o mesmo se aplica aquele que participa numa cruzada. Isto não é coincidência; isto é um exacto equivalente.

---

[13] Ver o já referido livro do professor da Universidade de Amesterdão, Rudolph Peters (1996 [2005], p. 9-17), no seu capítulo 2 «As Lições do Profeta na Conduta da Guerra», onde este reproduz diversos *ahadiths* sobre a *jihad* retirados da *Sahih* (colecção, compilação) de Muslim Ibn Hajjaj (uma das mais importantes colecções de *ahadiths* do Islão sunita).

[14] Hoje temos o fenómeno ao contrário (sendo esta inversão de posições certamente traumática para o Islão), por exemplo, com as Declarações de Direitos Humanos. A Declaração Universal dos Direitos do Homem, aprovada pela Assembleia Geral das Nações Unidas em 1948, é um documento em grande parte inspirado no pensamento e valores universalistas da cultura ocidental. Tal como a Cristandade medieval o fez no passado, o Islão procurou imitar os exemplos de uma civilização (a ocidental), hoje mais evoluída e melhor sucedida, criando também a sua própria declaração e doutrina dos Direitos Humanos (A Declaração do Cairo sobre os Direitos Humanos no Islão, 1990), que na origem lhe é estranha.

Terminando a sua comparação histórica entre ambas as doutrinas – a das cruzadas cristãs e a da *jihad* islâmica –, Jacques Ellul sublinha que não é uma mera coincidência que a recompensa prometida aos que participavam nas cruzadas (o acesso directo ao paraíso), fosse a mesma que o Corão e os *ahadith* já atribuíam aos que participam na *jihad* (também o acesso ao paraíso e as delícias do mesmo). O corolário desta constatação é que a ideia de uma «guerra santa» é originalmente de «origem muçulmana e não cristã» (*ibidem*, p. 360):

> As cruzadas que, no passado, foram admiradas e expressão de uma absoluta fé, e as quais são hoje objecto de acusações contra a Igreja e o Cristianismo, são de origem muçulmana e não cristã. Encontramos aqui uma terrível consequência e confirmação do vício que já estava a devorar o Cristianismo, nomeadamente a violência e o desejo de poder e dominação. Lutar contra um inimigo cruel com os mesmos meios e armas é, inevitavelmente, estar identificado com esse inimigo. Maus meios inevitavelmente corrompem uma causa justa. A não violência de Jesus Cristo transformou-se numa guerra, num conflito como aquele que foi lançado pelo inimigo. Tal como essa guerra, esta agora é uma guerra santa. Aqui temos uma das maiores perversões da fé em Jesus Cristo e da vida cristã.

Ainda no caso de Chipre, foi sobretudo a Terceira Cruzada (1189--1192), também conhecida por cruzada dos reis – devido à participação dos três principais soberanos do Ocidente cristão, que eram Filipe Augusto de França, Frederico Barbarruiva do Sacro Império Romano-Germânico e Ricardo de Inglaterra[15] – que pôs em contacto os cipriotas com a Cristan-

---

[15] Atendendo aos apelos do Papa (bula *Audita tremendi*), o imperador germânico, Frederico Barbarruiva, partiu com um contingente de Ratisbona e tomou o itinerário danubiano atravessando com sucesso a Ásia Menor. Porém, afogou-se na Cilícia ao atravessar o rio Salef (hoje Göksu na Turquia), tendo a sua morte representado, na prática, o fim da incursão do contingente militar alemão. Quanto aos reis de França e Inglaterra mantiveram uma relação turbulenta, com inúmeras quezílias entre si, até que Filipe Augusto se retirou da Palestina. Apenas Ricardo «Coração de Leão» conseguiu algumas acções militares de relevo, como a conquista de Acre e Jaffa, secundadas por outras acções vitoriosas de menor importância contra exércitos superiores. Todavia, a sua actuação deixou também marcas de grande violência (algo, infelizmente, não propriamente invulgar na época medieval), ao massacrar os prisioneiros, incluindo mulheres e crianças. Em 1192 Ricardo

Da Antiguidade heleno-romana ao domínio de Veneza

dade ocidental (o lado mais conhecido desta cruzada foi o embate entre Ricardo «Coração de Leão» e Salahuddin Al-Ayyubi, mais conhecido por Saladino[16]). Foi neste contexto histórico que os cavaleiros francos que se deslocaram para o Mediterrâneo oriental – estamos a referir-nos concretamente à dinastia dos Lusignan[17], com origem em França na região de Poitiers –, acabaram por tomar o controlo de Chipre, dando origem ao que ficou conhecido como o reinado latino (1192-1489), que durou cerca de três séculos.

Sob domínio do Ocidente latino: o reinado dos Lusignan

Sobretudo até à segunda metade do século XIV, o reinado dos Lusignan acabou por trazer a Chipre alguma estabilidade política e laços económicos e políticos com o Ocidente medieval europeu (levando, por exemplo, à instituição de uma sociedade de tipo feudal) e outros territórios do Levante, também sob dominação latina. Na época, para os cipriotas, o principal problema deste período de dominação estrangeira não foi provavelmente tanto o de ficarem subordinados a um regime feudal e às suas relações de servidão típicas, mas a implantação da Igreja Católica Romana na ilha, que era vista como um instrumento da autoridade papal que tinha

---

acabou por chegar a um acordo com o seu maior rival, o líder muçulmano curdo Saladino. Nos termos desse acordo os cristãos latinos mantinham o que tinham conquistado no Levante mediterrânico e obtinham o direito de peregrinação (desde que viajando não armados), a Jerusalém, que ficava sob poder muçulmano.

16 Saladino nasceu no Iraque, numa família muçulmana sunita de Tikrit (curiosamente, a mesma cidade de onde é originário o clã tribal do ex-ditador iraquiano, Saddam Hussein). Ironicamente, Saladino era um muçulmano de etnia curda pelo que os movimentos nacionalistas curdos de hoje, sobretudo os do Iraque, o consideram um herói «nacional» curdo.

17 Em 1192 Guy de Lusignan comprou Chipre a Ricardo Coração de Leão, que a tinha conquistado a Isaac Comeno, o governador bizantino da mesma, desde 1184. Este, entretanto, tinha-se autoproclamado imperador de Chipre (a ilha fazia parte do Império Bizantino). Curiosamente, antes de ser vendida a Guy de Lusignan, tinha sido primeiro vendida aos Templários. Todavia, estes, após serem confrontados com várias revoltas, nomeadamente com a sublevação da população de Nicósia, devolveram-na a Ricardo (ficando apenas com algumas fortificações utilizadas como base militar).

laços privilegiados com a aristocracia governante. De facto, as relações entre a Igreja Ortodoxa grega e a Igreja Católica Romana, durante o reinado dos Lusignan (e de Veneza), não foram propriamente fáceis. A Igreja Católica começou por se estabelecer na ilha em 1196, podendo ler-se na bula do Papa Celestino III que «a Igreja de Chipre, há muito tempo alienada de Roma, foi agora novamente chamada ao seio da Igreja romana», o que revela um intuito que ia para além de uma mera assistência religiosa e espiritual à nobreza e população latina (Georgios Theodoulou, 2005, pp. 19-20). Durante o século XIII, várias «medidas para sujeitar os gregos à confissão romana foram tomadas entre 1220 e 1222. Nos termos dos acordos celebrados entre o rei, os nobres latinos e a Igreja latina, os bispados foram reduzidos de catorze para quatro e os seus bispos foram colocados sob a jurisdição dos bispos latinos». Para além destas medidas limitadoras, «a Igreja Ortodoxa grega foi também privada das suas propriedades e rendimentos, pois não lhe foi permitido receber uma percentagem das dízimas que eram obtidas pelos bispos latinos», tendo esta política de subjugação da Igreja Ortodoxa tido a sua expressão final na *Bulla Cyprya*, promulgada em 1260 pelo Papa Alexandre IV (*idem*, p. 20). Para o Vaticano, Chipre tinha uma certa importância devido às suas ambições de liderança religiosa e influência temporal na região do Mediterrâneo oriental. Para além disso, a transferência do Papa de Roma para Avinhão, na Provença, Sul de França, que ocorreu durante o século XIV (1309-1377)[18], explica também certos decretos papais e alguns privilégios comerciais concedidos aos comerciantes franceses.

Mas em Chipre não se verificaram apenas acções do proselitismo cristão latino, tendo também sido alvo de diversas tentativas (ainda que infrutíferas) do proselitismo muçulmano, ao longo da baixa Idade Média. Um exemplo particularmente curioso está ligado a um dos teólogos-juristas muçulmanos medievais mais apreciados pelos actuais movimentos islamistas radicais, Taqi ad-Din Ahmad Ibn Taymiyya (normalmente

---

[18] O regresso do Papado a Roma foi marcado por uma nova crise religioso-política (1378-1418). Este conturbado período ficou conhecido como o «grande cisma do Ocidente», onde o Papa de Roma (legítimo) viu a sua liderança disputada pelo Papa (ilegítimo) de Avinhão, que funcionava como uma espécie de «anti-papa».

Da Antiguidade heleno-romana ao domínio de Veneza

conhecido apenas por Ibn Taymiyya), que viveu no século XIII, entre 1263-
-1328. Num dos seus inúmeros escritos e missivas, este enviou uma carta[19]
ao rei Lusignan de Chipre, a convidá-lo a juntar-se ao Islão. Sobre este
episódio, na introdução biográfica ao *Ensaio sobre a Servidão* escrito por
Ibn Taymiyya, o autor do texto introdutório (de uma edição actual do livro
em língua inglesa) descreve-a da seguinte maneira (1999: 13):

> [Ibn Taymiyya] escreveu uma carta[20] ao então rei cristão de
> Chipre, convidando-o a aderir ao Islão e expondo as mentiras e cor-
> rupção cometidas pelos padres e monges, os quais estavam totalmente
> conscientes da sua falsidão. Após mencionar a devoção do rei, convi-
> dou-o a abraçar o Islão e a adoptar a crença verdadeira. Fê-lo de uma
> maneira gentil e correcta, dirigindo-se ao seu intelecto, confiando nele
> para actuar benevolentemente face aos muçulmanos de Chipre, para
> não mudar a religião de nenhum deles.

Voltando ao reinado dos Lusignan, é esta ligação dinástica ao Ocidente
cristão que explica também a existência de uma arquitectura gótica importante em Chipre (algo invulgar nos estilos arquitectónicos que podemos
encontrar no Sudeste europeu e no Mediterrâneo oriental). Os edifícios
góticos mais importantes e emblemáticos, do ponto de vista do seu simbolismo religioso-político, foram construídos nas cidades de Nicósia (a catedral de Santa Sofia) e de Famagusta[21] (a catedral de São Nicolau). Importa
recordar que era na catedral de Santa Sofia que os reis de Chipre eram
coroados e na catedral de S. Nicolau que tomavam posse do título de Rei

---

[19] Uma tradução em língua inglesa desta carta de Ibn Taymiyya pode encontrar-se no
site Islamic Awekening.com em http://www.islamicawakening.com/viewarticle.php?
articleID=793

[20] Este tipo de cartas – a convidar um governante não muçulmano a converter-se ao
Islão – têm um grande simbolismo para os muçulmanos. Isto porque o seu envio evoca um
paralelismo bem conhecido no contexto do Islão: as missivas que terão sido dirigidas por
Maomé, no século VII, ao imperador de Bizâncio, ao rei da Etiópia e a outros governantes
da época de forma a aceitaram a superioridade do Islão, como sendo o caminho correcto
para a humanidade, e a converter-se a este...

[21] Cidade cujo nome em grego é Ammokhostos significando «escondida na areia»
(em turco a cidade é designada por Gazimağusa ou Mağusa).

de Jerusalém[22] (que, todavia, era um título essencialmente simbólico, dado que o poder governativo *de facto*, sobre essa cidade, ser muçulmano desde finais do século XII). Após a conquista otomana de 1571 – e seguindo a prática habitual dos conquistadores muçulmanos (que era simétrica da prática dos conquistadores cristãos de transformarem as mesquitas em igrejas) – ambas as catedrais foram convertidas em mesquitas (a catedral de S. Nicolau em Famagusta na mesquita Lala Paxá; e a catedral de Santa Sofia de Nicósia na actual mesquita Selimiye). Na fase final da dominação dos Lusignan, no início do século XV, a ilha sofreu uma série de desastres naturais de certa dimensão que afectaram a sua economia e demografia (epidemias, pragas que afectaram as culturas, períodos de fome generalizada, etc.). Mas, para além dos desastres naturais, surgiram novas ameaças de conquista por poderes estrangeiros. O sultão do Egipto (da dinastia dos mamelucos, com origem num corpo militar de soldados escravos), acusou os cipriotas de darem guarida aos piratas que pilhavam as terras muçulmanas e de lhes comprarem o respectivo saque. Desta forma, em 1426, foi declarada a guerra e Chipre invadido, tendo os exércitos do rei Janus sido derrotados e o próprio rei sido feito prisioneiro e levado para o Cairo – só foi libertado após o pagamento inicial de um resgate e com a condição de ficar a pagar um tributo anual ao sultão de 5.000 ducados (Stavros Panteli, 2000, p. 23).

---

[22] Esta presença medieval dos cruzados em Jerusalém e na Palestina, que na Europa e Ocidente é, para a generalidade das pessoas (quando têm alguma ideia sobre este assunto), uma memória histórica difusa de um passado longínquo e pouco conhecido, no Médio Oriente árabe e muçulmano parece ser um acontecimento de um passado muito recente e de conhecimento muito generalizado do indivíduo comum (aparentemente, é também muito útil para canalizar as frustrações da «rua árabe» contra culpados externos, distraindo as atenções sobre a má governação e os fracassos internos). Usando uma analogia que a poucos ocorreria, é comum, e não só entre os islamistas radicais, pretender ver o Estado de Israel (fundado em 1947), como um novo Estado de «cruzados» e uma espécie de prolongamento histórico, em linha recta, das cruzadas ocorridas há oitocentos ou novecentos anos atrás... Sobre este assunto ver o curioso artigo assinado por Gil Sedan, *900 years later, many Arabs see Israelis as Crusaders*, publicado no *Jews News Weekly* da California do Norte (23 de Julho de 1999), disponível na Internet em http://www.jewishsf.com/content/2-0-/module/displaystory/story_id/11652/edition_id/224/format/html/displaystory.html

De reinado dos Lusignan a colónia de Veneza

A segunda metade do século XV foi marcada pelo acentuar do declínio do reinado dos Lusignan e por um conturbado processo de sucessão monárquica. Jaime, filho natural do rei João II, disputou e acabou por conquistar o trono de Chipre à sua meia-irmã (Carlota), tendo reinado entre 1460 e 1472 como Jaime II. Para sedimentar o seu poder procurou forjar uma aliança com os venezianos, tendo, para esse efeito, casado com Catarina Cornaro, originária de uma antiga família veneziano-levantina (e sendo também neta do doge de Veneza). Numa *sui generis* e hábil manobra política – digna de figurar no *Príncipe* de Nicolau Maquiavel –, Catarina foi adoptada pelo Estado veneziano *«tornando-se filha da Sereníssima»*. Se, por acaso, o casal real não tivesse filhos, Veneza herdaria a ilha, o que de facto acabou por acontecer: em 1489 a República de Veneza sucedeu aos Lusigan no governo de Chipre (Alain Blondy, 1998, p. 79). Sob o seu domínio, os tradicionais dignitários ligados à casa real dos Lusignan foram afastados das suas funções, tendo os venezianos passado a governar a ilha com bastante dureza (através de um reitorado ou *reggimento*, composto de um governador[23] e dois conselheiros, que só respondia perante o Senado da República de Veneza). A dureza governativa dos venezianos pode-se explicar, pelo menos em parte, pelo constante receio da rebelião[24] da população autóctone, na altura próxima das 200.000 pessoas, que não aceitou de bom grado esta sucessão de poderes estrangeiros (nem a perpetuação do poder latino e da Igreja Católica romana na ilha).

---

[23] «Em 1505, o lugar tenente governador da ilha era Cristoforo Moro. Este Moro passou, ainda que involuntariamente, à posteridade; com efeito, foi tomado como herói de uma novela, numa das cenas da obra *Gli hecatomiti* de Giraldo di Cintio. Shakespeare apoderou-se deste, e de Moro ao mouro não houve mais do que um grande passo na transformação total da vida deste agente veneziano, que foi tornado pelo dramaturgo em *Othello, the Moor of Venice»* – Famagusta é também o porto de Chipre que figura no Othello de Shakespeare (Alan Blondy, 1998, p. 81).

[24] Estes receios não eram propriamente infundados. Por exemplo, em 1562 e 1568 a população da ilha revoltou-se contra os seus governantes, sobretudo devido à escassez de alimentos e fome que afectou a generalidade dos seus habitantes.

34 *A Questão de Chipre*

Mas não era só o perigo de revolta interna que preocupava os novos governantes. A crescente expansão terrestre e, nessa altura, também já marítima dos otomanos – que em 1453 tinham conquistado Constantinopla, em 1529 chegado às portas de Viena (primeiro cerco infrutífero da cidade) e prosseguiam a sua conquista dos territórios do Levante, tendo um crescente controlo do Mediterrâneo oriental e central – constituía uma ameaça directa aos interesses comerciais da República de Veneza e até da sua própria sobrevivência como Estado independente. Importa recordar que, em 1516, o Sultão tinha estendido o seu domínio ao Egipto e à Síria; em 1522 tomou Rodes aos Hospitalários, em 1566 cercou-os (em vão), na nova praça forte de Malta, em 1566 apoderou-se de Chio e em 1567 de Naxos. É nesse contexto de uma ameaça bem real, feita pelo maior império do mundo mediterrânico, que se explica que os venezianos vissem Chipre sobretudo como uma defesa avançada contra este e que a sua principal preocupação fosse recuperar e reforçar as fortificações e defesas da ilha (pela sua geografia e, sobretudo, proximidade dos territórios otomanos, esta exigia muito mais esforço e era uma tarefa bem mais difícil do que, por exemplo, a manutenção das possessões na costa do Adriático – a Dalmácia e as ilhas Jónicas). Os receios venezianos confirmaram-se em 1570. Nesse ano, e invocando «razões de segurança e vizinhança geográfica», o Sultão enviou uma embaixada à Sereníssima, exigindo a cedência de Chipre, a qual foi recusada. Na sequência desta recusa, em 1571, os otomanos repudiaram unilateralmente o seu anterior tratado de paz com Veneza, e invadiram e conquistaram militarmente a ilha. Veja-se como Alain Blondy descreveu os sangrentos acontecimentos que envolveram a sua tomada (*ibidem*, p. 85):

> Em Abril, os janissários dirigiram-se a Famagusta. Os defensores, em número de 8.000, comandados por Marco Antonio Bragadino resistiram heroicamente durante vários meses, sabendo, contudo, que não podiam contar com qualquer ajuda. Esgotados, comendo ratos para sobreviverem, entraram então em conversações com Lala Mustafa, que lhes concedeu condições honrosas de rendição. Confiantes, estes renderam-se a 6 de Agosto de 1571. Mas o paxá, que tinha perdido mais de 50.000 homens durante o cerco, voltou ignominiosamente com a sua palavra atrás [...] mais de 20.000 venezianos e gregos foram decapitados; Bragadino foi ignobilmente torturado, tendo sido passeado nu em cima de uma vaca e depois esquartejado vivo, perante uma população horrificada.

Da Antiguidade heleno-romana ao domínio de Veneza   35

Por essa mesma altura, «a Santa Liga», compreendendo o Papa, Veneza, Espanha e os Hospitalários de Malta derrotou definitivamente a potência naval otomana em Lepanto, a 7 de Outubro de 1571. Apesar disso, o tratado de paz concluído entre a Sereníssima República e a Sublime Porta, a 7 de Março de 1573, consagrava o abandono de Chipre por Veneza, em troca de vantagens económicas concedidas pela Porta à República. A ilha era assim definitivamente abandonada aos turcos» (*ibidem*, p. 85-86).

A conquista de Chipre pelo Império Otomano tem uma curiosa ligação com a história portuguesa. No cerne dessa ligação está a comunidade judaica que viveu em Portugal até aos inícios do século XVI e depois foi expulsa num contexto histórico marcado pela Contra-Reforma da Igreja Católica, e, sobretudo, pela Inquisição[25]. O historiador de ascendência cipriota grega, Stavros Panteli, aborda com algum detalhe este tema no seu livro *Place of Refugee. A History of the Jews in Cyprus*/Lugar de Refúgio. Uma História dos Judeus em Chipre (2003), sobretudo no seu capítulo terceiro, intitulado «Joseph Nasi, 'Rei aspirante' de Chipre e a Expedição otomana, 1570-1571). Personagem central nesta questão histórica foi o judeu João Micas (ou Miques), mais tarde conhecido pelo seu nome hebreu de Joseph Nasci (ou Nasi). Este era «descendente de uma família que fugiu de Espanha para Portugal na altura da 'expulsão' e que tinha sido vítima da 'conversão forçada' de 1497. Como cristão, ainda que nominal, o seu pai ascendeu à importante posição de médico do soberano português, enquanto os seus tios maternos, que tinham o apelido Mendes[26], construíram um negócio de pedras preciosas e uma grande casa bancária, de fama internacional, em Antuérpia. Quando o chefe da empresa morreu, a sua viúva, Beatriz de Luna, foi com vários membros da sua família, incluindo o seu sobrinho João Micas, para os Países Baixos. A partir daí estabeleceram-se em Lyon, onde o seu banco foi confiscado, depois em Veneza, onde Beatriz foi feita prisioneira pelo seu judaísmo e depois libertada, e daí seguiram para Constantinopla, em 1553-1554 [...] Em

---

[25] A bula papal que criou a inquisição é datada de 23 de Maio de 1536.

[26] «A família Benvenides que após o decreto de expulsão dos reis católicos assinada em 31 de Março de 1492 procurara refúgio em Portugal, sob orientação de Henriques Nunes, iniciou a casa dos Mendes que prosperou no comércio de pedras preciosas e especiarias» (Alfredo Rasteiro, 1995, p. 7).

Constantinopla, a família Mendes tirou o seu disfarce do catolicismo, Beatriz de Luna passou a ser conhecida como Gracia Mendesia e tornou-se a mais adorada mulher da sua época. João casou com a sua prima, a bonita Reyna [ou Regina] e passou a ser conhecido pelo seu ancestral nome judaico, Joseph Nasci[27]" (Stavros Panteli, 2003, p. 46).

Foi neste curioso contexto histórico, simultaneamente de perseguição e de desgraça, mas também, paradoxalmente, de algumas novas oportunidades de fortuna para os judeus expulsos da Península Ibérica (muitos dos quais, como referimos, acabaram por se fixar em territórios subordinados ao Império Otomano), que a ideia da conquista de Chipre terá ganho consistência. Aparentemente, nas várias motivações que lhe estiveram subjacentes, encontramos também uma história de vingança pessoal, face às humilhações sofridas pela família Mendes às mãos das potências ocidentais cristãs (*idem*: 46-47):

> [Joseph Nasci] ascendeu a uma posição tão elevada junto da Sublime Porta que durante algum tempo foi virtualmente o governador do Império Otomano. Durante a sua ascendência, foi entre outras coisas, capaz de se compensar a si próprio pela confiscação das suas propriedades em França, através da retenção de um terço da carga despachada desse país para o Egipto. Acredita-se que se tenha vingado de Espanha encorajando a revolta na Holanda e que tenha retribuído a Veneza a humilhação sofrida pela sua família às suas mãos, tendo obtido uma declaração de guerra no decurso da qual Veneza perdeu Chipre.

Um outro aspecto interessante e pouco conhecido da conquista otomana de Chipre, e sobre o qual vale a pena determo-nos um pouco, é o da justificação da invasão e tomada militar da ilha, na perspectiva do Islão, ou seja, da sua fundamentação legal face à Xária (*Sharia*), a lei islâmica. Veja-se como Stavros Panteli descreve a fundamentação teológico-jurídica feita, na época, pelo *mufti* do Estado otomano, que abalizou a acção naval de conquista do Sultão (*ibidem*, p. 49):

---

[27] Nasci (ou Nasi) em hebreu significa «príncipe».

Em 1567 Selim renovou o estado formal de paz existente entre a Porta e Veneza. Contudo, estavam a já a ser dados passos para atacar Chipre. Em 1570, o *mufti*, como chefe supremo do corpo de clérigos, fez uma *fatwa* onde declarava que era permitido quebrar tratados de paz, quando o fim em vista fosse recuperar o controlo de terras que, tal como Chipre, numa dada altura estiveram sob governo muçulmano[28]. Mais precisamente, Abu Saud deu a sua bênção ao projecto, com a justificação que pela ocupação turca do Egipto o Sultão se tinha tornado suserano de Chipre, que antigamente pagava um tributo ao governador desse país, e que a ilha tinha estado sujeita ao Islão no passado remoto, quando foi repetidamente atacada pelos sarracenos. Ao aprovar este empreendimento este transformou-se de facto numa 'guerra santa' – uma *jihad*.

Curiosamente, o tipo de argumentação desenvolvida pelo *mufti* do Estado otomano (Abu Saud) para justificar a invasão militar e conquista no século XVI, onde é invocado como argumento «que a ilha tinha estado sujeita ao Islão no passado», hoje, no início do século XXI, em vez de fazer parte de um passado longínquo (e ser um mera relíquia histórica), soa

---

[28] Repare-se como no *site* witness-pioneer.org em http://www.witness-pioneer.org/vil/Articles/companion/25_uthman_bin_ghani.htm, é descrita a invasão e domínio árabe-muçulmano de Chipre: «Conquest of Cypress. When Uthman became the Caliph, Amir Muawiyah reported his proposal to undertake a naval expedition and conquer Cypress. Muawiyah advanced detailed arguments in favor of his proposal. Uthman agreed to the proposal, but laid down the condition that only such persons should participate in the naval expedition who volunteered themselves, and no person should be forced to join the expedition against his will. Muawiyah fitted a strong naval fleet under the command of Abdullah b Qais. Another fleet was sent by Abdullah b Abi Sarah from Egypt. Muawiyah raised a force of volunteers. Among other persons, the volunteers included eminent companions like Abu Dhar Ghifari, Ubadah b Samit, his wife Umm Haraam, Abu Darda and Shaddad b Aus. The Muslim force landed on Cypress in 649 C.E. There was only a small Byzantine garrison on the island which was overpowered without any difficulty. The islanders submitted to the Muslims, and agreed to pay a tribute of 7,000 dinars per year. The conquest of Cypress was the first naval conquest of the Muslims. When the conquest of the island was reported to Uthman he felt satisfied with the result of the first naval expedition. That made Uthman feel that the fears of Umar about naval warfare were unfounded, and that in future the Muslims would have to conduct campaigns on the sea as well as the land. He accordingly permitted Muawiyah as well as Abdullah b Abi Sarah to build up strong navies in Syria and Egypt.»

novamente a familiar (embora não especificamente no caso de Chipre). De facto, este é um dos argumentos habituais dos actuais movimentos islamistas radicais – que se podem encontrar facilmente dentro e fora do mundo muçulmano –, para justificar a «legitimidade» das suas acções na Chechénia, em Caxemira, em Espanha, etc...). Talvez esta seja uma das maiores surpresas e ironias da história do final do século XX e início do século XXI: a religião e os conceitos e ideologias de matriz político-religiosa não ocidentais foram menosprezados na Europa e Ocidente – como obsoletos e uma espécie em vias de extinção condenada ao museu da história –, pelo «imparável» avanço das sociedades seculares herdeiras do Iluminismo. No final do século XX, através de uma reacção pós-moderna simétrica, estes passaram a ser objecto de uma idolatria multicultural que, não invulgarmente, esconde um conhecimento superficial, inconsistente e, sobretudo, despido de uma consciência crítica da ideologia (ocidental) do presente. Tais visões simplistas impedem-nos não só de compreender correctamente o mundo de hoje, como, no caso concreto da questão de Chipre, prejudicam a compreensão num período formativo importante da política e sociedade cipriotas, como veremos em seguida.

2. *Sob um império islâmico: dhimmis no devlet-i al-i Osman*

> Imediatamente após a invasão muitos cristãos cipriotas anuncia-ram a sua conversão ao Islão, talvez como uma fuga ao paga-mento de impostos e um desejo de obterem privilégios. A mesma coisa acontecera antes na Ásia Menor. Contudo, muitos deles mantinham secretamente contacto com a Igreja de Constantinopla e praticavam os ritos cristãos às escondidas. Isto lembra-nos o que aconteceu na Andaluzia e na Sicília, após injustamente, e por meios compulsivos, muitos terem deixado de ser muçulmanos.[...] No caso de Chipre, podemos dar o exemplo do famoso arquitecto do Sultão, Minar Sinan Paxá, de origem cristã grega que pediu aos Sultão para excluir os seus familiares da deportação para Chipre. Estes viviam nas aldeias da Capadócia. O Sultão concedeu esse privilégio aos familiares de Sinan Paxá, o qual não foi concedido a muitos habitantes da Ásia Menor que tiveram de migrar para Chipre.
>
> AHMED ETMAN (1997, p. 240)

Um imperialismo e colonialismo não ocidental

O historiador C. Max Kortepeter no seu livro *Ottoman Imperialism During Reformation: Europe and the Caucasus*/Imperialismo Otomano Durante a Reforma: Europa e Cáucaso (1972), evidencia bem os contornos das relações internacionais da época em que os otomanos conquistaram Chipre. Como este faz notar (1972, p. ix), para entendermos a história do

Sudeste europeu e do Médio Oriente «precisamos de relembrar que mais de vinte e dois modernos Estados soberanos estiveram algures no passado dentro das fronteiras do Império Otomano». Este imenso império formou--se a partir da fulgurante expansão turca para fora da Ásia Central – a região de origem étnica dos povos turcos – em direcção a Ocidente, tendo conquistado ou subjugado como vassalos os reinos e impérios então existentes no Médio Oriente e Norte de África. A sua expansão colocou uma séria ameaça à sobrevivência do próprio sistema europeu até então existente – todos os territórios e povos do Cristianismo Ortodoxo foram dominados pelo império Otomano, à excepção da Rússia (C. Max Kortepeter, *ibidem*, p. 1x):

> No final do século XIV estes tinham seguido em direcção a Norte, até à linha do Danúbio. Após a derrota da Hungria em Mohács, em 1526, o Sultão Suleimão o Magnífico, liderou os seus exércitos até às portas de Viena em 1529. Daí para a frente os otomanos detiveram todos os Balcãs até ao século XIX. Entretanto, Damasco, Jerusalém e o Cairo e as cidades sagradas de Meca e Medina, virtualmente todo o Mediterrâneo oriental, caiu nas mãos dos turcos nos anos 1516 e 1517. Pouco depois, Bagdade e a maioria da Mesopotâmia foram arrancadas à Pérsia dos Safávidas. Em seguida, os otomanos reivindicaram e conquistaram a maioria do Norte de África, da Ucrânia e do Cáucaso.

Importa recordar que o imperialismo otomano – entendido este como expansão pela força sobre territórios e populações que lhe eram estranhas e como um domínio económico, político e social contra a vontade das mesmas –, que se afirma em crescendo a partir do século XIV até aos finais dos século XVI, é anterior à expansão colonial dos Estados da Europa ocidental para África, as Américas e Ásia (iniciada sobretudo em finais do século XV). Por isso, uma questão conceptual relevante que aqui se levanta, e que não é de mero interesse académico, é a de saber se este foi também um império colonial, com traços comparáveis aos dos impérios europeus dos séculos XVI à primeira metade do século XX. Sobre esta complexa e ainda relativamente pouco estudada questão, Paul Fregosi compara-a com a expansão colonial espanhola para as Américas, iniciada em 1492 pela expedição de Cristóvão Colombo (1998, p. 329):

Sob um império islâmico: dhimmis *no* devlet-i al-i Osman 41

A Turquia [ou seja, o Império Otomano] pode correctamente ser qualificada como o primeiro grande poder colonial, bastante antes da Espanha que durante muito tempo foi considerada iniciadora da corrida colonial, com a sua ocupação da Hispaniola, após a descoberta por Colombo da América em 1492. Mas ao contrário da Espanha e de outras potências que lhe seguiram, a Turquia – geograficamente localizada na extremidade oriental do Mediterrâneo, bastante longe do mar aberto do Atlântico – estabeleceu as suas colónias na vizinhança do sudeste da Europa, em vez de o fazer na América tropical e na Ásia, e iniciou-o na segunda metade do século XIV, mais de cem anos antes da Espanha.

Será conceptualmente correcta a qualificação como «colonial» da enorme expansão territorial otomana, como sugere o autor do texto transcrito? O que se deve entender então por colonialismo? Apesar de não existir propriamente uma definição inteiramente consensual de colonialismo, há bastante acordo que os processos coloniais abrangem as seguintes facetas de actuação: i) a expansão do poder e soberania de um Estado sobre outro território e população que lhe é estranho, ou seja, para fora das suas fronteiras; ii) a expansão é feita, ou perpetua-se, contra a vontade dos habitantes do território, normalmente adquirido ou conquistado pela força; iii) a governação das populações indígenas é efectuada pelo poder expansionista, de forma directa ou indirecta (com autonomia), podendo estas ser deslocadas do seu território; iv) normalmente há difusão ou imposição, em maior ou menor grau, de novas estruturas sociais, religiosas e linguísticas sobre as populações conquistadas, verificando-se também a deslocação, em número limitado ou significativo, de populações oriundas do Estado colonizador para o colonizado; v) está também usualmente presente o intuito de exploração material e comercial dos territórios e populações conquistadas.

Quando analisamos as características do conceito de colonialismo verificamos que a generalidade dos elementos do mesmo se encontram presentes no Império Otomano. As duas principais excepções são: i) a utilização da religião como principal critério de demarcação entre governantes e governados; ii) a ausência de um intuito de exploração de recursos numa lógica capitalista moderna. Será isso um obstáculo para se poder falar de colonialismo? Sem pretendermos dar qualquer resposta definitiva a esta questão (que, só por si, justificava um estudo específico), se considerarmos, como parece ser razoável, que a essência do conceito de colonialismo está ligada à ideia de dominação nas suas diferentes formas (sendo, por isso, a dominação de tipo capitalista não um requisito *sine qua non*, mas apenas uma *possível* forma que este pode revestir), a qualificação faz sentido. Nesta perspectiva, o Império Otomano pode ser qualificado, com propriedade, como uma realidade colonial específica, não enformada por uma ideologia capitalista moderna (ou seja, neste aspecto mais próxima de formas de colonialismo típicas da Antiguidade e medievais). Mas porquê um colonialismo não capitalista? A explicação, naturalmente, tem de ser encontrada na ideologia subjacente ao Império Otomano, enraizada culturalmente no Islão. Importa começar por lembrar que o *devlet-i al-i Osman* (o Estado e a casa de Osman), se via a si próprio como um Estado islâmico, sendo, naturalmente, regulado pela Xária. Para além disso, é necessário ter em conta que, nessa época, as actividades mais cotadas socialmente (e de forma similar ao Ocidente), eram sobretudo a guerra (um privilégio da aristocracia guerreira muçulmana) e as profissões religioso-jurídicas (um privilégio do clero islâmico, *muftis, cadis,* etc.). O que hoje chamamos actividades económicas e empresariais (e vemos de forma atractiva e laudatória nas actuais sociedades ocidentais imbuídas de uma ideologia fortemente capitalista), numa sociedade muçulmana estratificada e com hierarquias claras como a otomana, não beneficiavam propriamente de grande prestígio social. Pelo contrário, eram actividades usualmente deixadas aos extractos sociais mais baixos. Todavia, estas eram obviamente necessárias para um Estado que se pretendia próspero. Como foi, então, resolvida esta contradição entre actividades económicas e empresariais tendencialmente olhadas com desdém, mas, ao mesmo tempo úteis, ou até imprescindíveis, para a riqueza e prosperidade do império? De uma forma pragmática e, porque não dizê-lo, inteligente do ponto de vista da governação de um Estado e da dominação dos povos não muçulmanos conquistados. Estas actividades foram entregues aos *dhimmis*[1] cristãos (gregos e arménios) e

---

[1] O conceito muçulmano de *dhimmi* (ou *zimmi* em turco), normalmente traduzido por «protegido», será discutido e explicado em detalhe mais à frente neste capítulo.

também judeus. Assim, a elite dirigente muçulmana deixava que actividades bastante problemáticas, face ao Corão e à Xária islâmica, (como, por exemplo, a actividade prestamista dos bancos, com o problema do juro), fossem realizadas pelos seus súbditos *dhimmis*, podendo, desta maneira, descansar a sua boa consciência religiosa (ou, pelo menos, manter as aparências sociais de muçulmanos pios...).

É, provavelmente, numa lógica pragmática deste tipo que deve ser também entendida a abertura do Império Otomano aos judeus expulsos da Europa Ocidental, nomeadamente da Península Ibérica, nos século XV e XVI. Importa lembrar que, para além das necessidades óbvias de povoamento do seu imenso império e dos territórios despovoados pelas razias da conquista, provavelmente também existiu uma hábil estratégia de não deixar as actividades comerciais e financeiras apenas nas mãos dos *dhimmis* cristãos, que assim poderiam ganhar um excessivo peso dentro do império. Por isso, o acolhimento dos judeus (hoje tendencialmente visto, de forma simplista, como sendo apenas uma questão de «tolerância») foi não só interessante para o repovoamento territorial como para contrabalançar gregos e arménios, permitindo aos governantes otomanos jogar com as rivalidades dos diferentes *millets* em seu proveito. O que é sem dúvida equívoco é procurar ver as actividades dos *dhimmis* como um «privilégio», ou um exemplo da «singular tolerância» otomana. Importa recordar que não devemos cair na armadilha de r(e)ler o passado à luz das ideologias do presente, recorrendo aos actuais valores e conceitos de forma acrítica (ou seja, descontextualizando e distorcendo a realidade histórica). Conforme já fizemos notar, essas actividades não eram vistas como socialmente prestigiantes e dignas dos extractos mais elevados da sociedade otomana. Aliás, basta recordar que, mesmo nas sociedades europeias e ocidentais as actividades económicas e empresariais só adquiriram o actual estatuto, de forma progressiva, a partir das revoluções liberais (e industrial) do final do século XVIII e XIX, que ditaram, sobretudo, a ascensão da burguesia e dos seus valores – algo que é parte integrante da história europeia e ocidental, mas não do Império Otomano. Daí também que, sem surpresa, a sua particular forma de colonialismo não tenha sido moldada por valores (e objectivos) exactamente iguais aos da ideologia capitalista ocidental.

Se a expansão imperial e colonial otomana se iniciou um século antes das potências europeias para as Américas (mais tarde também para a África e Ásia), há também um interessante paralelismo histórico entre a independência (e descolonização) da América Latina e a independência (e descolonização) dos Balcãs otomanos. Na América Latina, a acção de Simón Bolívar contra o Império espanhol levou, a partir de 1813, à emancipação dos antigos territórios coloniais, seguida da independência da América Latina portuguesa (o Brasil), em 1822. Nos Balcãs, verificou-se um similar movimento de revolta contra a potência imperial que dominava a região – o Império Otomano – que levou, a partir de 1821 (o início da guerra de independência da Grécia), à progressiva formação de Estados independentes nesta região do Sudeste europeu (Sérvia, Montenegro, Bulgária, Roménia e Albânia). Para além das características próprias de cada região e de cada movimento independentista (que, obviamente, não são aspectos menores), a principal diferença entre ambos foi o período de duração da revolta. Na América Latina a descontinuidade geográfica face ao poder imperial (e a fraqueza do mesmo, ou seja de Portugal e Espanha, já numa fase de declínio e a braços com as invasões Napoleónicas) favoreceu os movimentos independentistas, pelo que as revoltas foram bem sucedidas num período de tempo relativamente curto (grosso modo estas ocorreram entre 1813 e 1822). Para além disso, a definição da doutrina Monroe[2], em 1823, pelos EUA, dava uma garantia adicional de não interferência das potências europeias (bem como de eventuais tentativas de reconquista). Todavia, nos Balcãs – tal como em Chipre –, a situação não era tão favorável. A proximidade e continuidade geográfica face ao centro de poder imperial (juntamente com o jogo de alianças dos otomanos com as potências europeias) tornou a tarefa mais difícil e morosa para os movimentos independentistas e, sobretudo, bastante sangrenta para as populações cristãs e muçulmanas dos Balcãs[3] (esta desenrolou-se, grosso modo, entre 1821 e 1913, ou seja, durante quase um século).

---

[2] A doutrina Monroe foi originalmente formulada pelo Presidente norte-americano James Monroe, a 2 de Dezembro de 1823, numa declaração perante o Congresso do seu país, onde afirmava que os EUA não tolerariam que as potências europeias pudessem continuar a colonizar ou interferir nos assuntos das nações das Américas. Por outras palavras, se esse tipo de acções ocorressem estas seriam vistas pelos EUA como actos hostis e uma ameaça à sua segurança.

[3] Sobre os sofrimentos dos muçulmanos otomanos durante as guerras de independência e descolonização dos Balcãs ver o livro de Justin McCarthy, *Death and Exile. The*

Voltando agora ao conceito de colonialismo, cabe ainda notar que este acaba por estar mais ou menos próximo de outro conceito, ao qual já nos fomos referindo – o de imperialismo –, sendo ambos frequentemente usados, com maior ou menor rigor, de forma sinónima. Isto acaba por se compreender, pois, imperialismo, em termos muito gerais, tende a ser entendido (ainda que de maneira talvez não muito rigorosa), como a expansão pela força de um Estado sobre outros territórios e populações, estabelecendo um domínio económico e/ou político e social sobre as mesmas, contra a sua vontade. A palavra imperialismo (tal como colonialismo) está, por razões conhecidas e compreensíveis, muito conotada com as acções das potências capitalistas europeias e ocidentais[4], num passado recente que perdura na actual memória colectiva (especialmente com o período do século XIX e primeira metade do século XX). Todavia, numa análise histórica global, e feita com alguma profundidade, torna-se claro que esta é uma visão redutora (basicamente trata-se de um eurocentrismo invertido, sem qualquer alargamento de perspectiva), para um assunto complexo e que é verdadeiramente transversal à humanidade. Para além do já discutido caso do Império Otomano, os casos do Império dos Mongóis, do Império Mugal na Índia, da China imperial e, num passado mais recente, do Japão imperial (finais do século XIX e primeira metade do século XX), entre outros, mostram facilmente a abrangência do imperialismo (e do próprio colonialismo). Curiosamente, a sua história global é que ainda parece estar por escrever... Mesmo restringindo a questão ao Oriente geograficamente mais próximo, os exemplos de impérios e de imperialismo

---

Ethnic Cleansing of Ottoman Muslims, 1821-1922 (1995). Este autor faz um relato dos acontecimentos essencialmente a partir da perspectiva dos muçulmanos e governantes otomanos (usando, de forma discutível, conceitos difundidos no final do século XX na altura das guerras da ex-Jugoslávia, como «limpeza étnica», para reler o passado).

[4] Uma longa literatura contribui para esta visão tipicamente eurocêntrica do fenómeno do imperialismo. Entre os textos mais célebres do início do século XX encontram-se o de J. A. Hobson, *Imperialismo: Um Estudo* (1902) e o de V. I. Lenine, *Imperialismo, O Estádio mais Elevado do Capitalismo* (1916). É sobretudo a J. A. Hobson que se deve a difusão da ideia (que aliás influenciou também o trabalho de Lenine), que a expansão imperial é motivada pela procura de mercados e oportunidades de investimento nos territórios ultramarinos e que o imperialismo está na origem dos conflitos nas relações internacionais.

facilmente abundam. Conforme faz notar Efraim Karsh (2006, p. 2) – que publicou recentemente um trabalho de análise histórica sobre uma forma de imperialismo não ocidental (o islâmico) –, o Médio Oriente foi não só a região «onde a instituição do império originalmente surgiu (Egípcio, Assíria, Babilónia, Irão, etc.)», como aquela onde mais persistiu na memória colectiva, mantendo-se como herança de grandiosidade e modelo a imitar. Várias razões podem explicar esta atracção. Na altura da ascensão do Islão, na primeira metade do século VII d. C., o Médio Oriente «estava dividido entre dois grandes impérios rivais, o de Bizâncio, sucessor do Império Romano, com a sua capital em Constantinopla, e o do Irão, governado desde o terceiro século pela dinastia Sassânida, com a sua capital em Ctesifon, onde está hoje Bagdade». As vitórias fulgurantes dos primeiros califas sobre as «superpotências» da época (o Império Bizantino e o Império Persa Sassânida), e o estabelecimento, em seu lugar, de um vastíssimo império árabe-islâmico do Norte da Índia à Península Ibérica, explicam, provavelmente, muita da atracção da ideia de império (e de imperialismo), não vista pelos próprios como tal, mas como um califado islâmico, estabelecido com a graça divina.

A ideologia político-religiosa do Império Otomano

Conforme explica Andrew Vincent (1992 [1995], p. 1-2) é ao filósofo francês Antoine Destutt de Tracy que se deve o neologismo «ideologia» (cunhado a partir das palavras gregas *eidos* e *logos*), em finais do século XVIII (1795), em plena Revolução Francesa, com intuito de designar uma nova ciência empírica das ideias, por oposição à antiga metafísica. Sendo este um conceito evolutivo[5] e complexo, por simplificação analítica, os seus

---

[5] O conceito adquiriu vários sentidos diferentes ao longo do século XIX e do século XX, existindo um forte incremento na sua utilização, que se deve, em grande parte, aos trabalhos de Karl Marx (entre outros, com o livro *A Ideologia Alemã*, escrito em parceria com Friedrich Engels em 1846, que só foi publicado postumamente em 1932) e aos pensadores marxistas que lhe sucederam. Mas não foi apenas neste contexto que o seu uso se popularizou. Por exemplo, fora do pensamento marxista (e como crítica cáustica ao mesmo), o termo foi usado em meados do século XX por Raymond Aron no seu livro *O Ópio dos Intelectuais* (1955).

múltiplos significados, no âmbito da Filosofia Política e Ciência Política podem ser apresentados em duas grandes acepções: i) como um conjunto razoavelmente coerente e articulado de ideias que pretende fornecer uma visão abrangente (tendencialmente completa) sobre o ser humano e a sociedade, retirando daí um esquema de acção política de transformação da sociedade; ii) um conjunto de valores com a função social de legitimar e consolidar o *statu quo*, representando a ordem e as estruturas sociais e económicas existentes num determinado momento como sendo resultado da natureza humana (esta última acepção do conceito de ideologia é a mais próxima do pensamento marxista clássico)[6]. Note-se que em qualquer destas acepções a ideologia tem sempre, explícita ou implicitamente, uma importante função legitimadora que pode ser: i) do poder instituído; ii) dos grupos e movimentos que aspiram à transformação social e política.

Na sua história do pensamento político islâmico Antony Black explica como o sultão-califa otomano se legitimava aos olhos dos seus governados, no contexto do pensamento político muçulmano clássico: «Em teoria o poder do sultão estava limitado pela *Şerîat* (Xária) e por decisões dos *cadis* nos casos da lei religiosa, uma vez que o *cadi*, tendo proferido uma decisão, esta vinculava mesmo o próprio sultão. Mas poucos governantes podiam ter mais oportunidades de infringir as normas em privado sem atenção pública. Para além do mais, a lealdade à dinastia tendia a confundir-se com a lealdade ao Islão» (2001, p. 204-205). Ainda sob a legitimidade político-religiosa do sultanato, o mesmo autor refere que o sultão «era legitimado e glorificado por uma exultante e efusiva linguagem que implicava *status* supremo». E que a linguagem secular e islâmica eram usadas de forma indiscriminada: «A grandeza do sultão como poder mundial, os seus sucessos na guerra santa e a sua posição como líder religioso, todos apontavam na mesma direcção. A dinastia legitimou-se a si própria em

---

[6] Uma outra classificação feita por Norberto Bobbio propõe a distinção entre significado «fraco» e significado «forte» do conceito de ideologia. Nesta óptica, o significado «fraco» refere-se a um conjunto razoavelmente coerente e articulado de valores e ideias que guiam o comportamento político. Quanto ao significado «forte», designa, por sua vez, o conceito na linha do pensamento de Karl Marx, ou seja, a ideologia é um instrumento de manutenção da obediência e das estruturas criando uma falsa consciência das relações de domínio entre classes.

termos tribais turcos. Osman, o fundador, foi colocado na linhagem dos *khans* turcos. Os otomanos foram rápidos a tomar dos persas o nome de «imperador» [*hüdavendigar*] e de governante universal que protege o mundo [*padisha-i-alempanah*] (*idem*, p. 205). Esta fraseologia de grandeza imperial(ista), marcada por ambições de poder universal atingiu o seu pico no final do século XV e durante o século XVI (*ibidem*, p. 205):

> A retórica do império mundial conquistador atingiu o seu clímax sob Mehmed II e Suleimão I. Mehmed chamou a si próprio «o soberano de dois continentes e dois mares (Rumélia e Anatólia; e Mediterrâneo e Mar Negro). Observadores italianos relataram Mehmed como tendo dito que estava a avançar «do Oriente para o Ocidente, fazendo o inverso do caminho de Alexandre» [...] Deverá haver apenas um império, uma fé e uma soberania no mundo.

Ebu´s Süud, que foi Xeique-do-Islão, compôs uma inscrição para Suleimão como «senhor de todas as terras e sombra de Deus sobre todas as nações, sultão de todos os sultões, nas terras dos árabes e dos persas» (*ibidem*, p. 205). Outro aspecto importante é o da liderança religiosa e da sua forma de legitimação. Conforme refere ainda Antony Black (*ibidem*, p. 206), «os primeiros otomanos terão chamado a si próprios guerreiros de fronteira, líderes da guerra santa contra os não crentes» (*gazi*). Este explica também, com mais detalhe, os fundamentos dessa legitimação:

> O sucesso na *jihad* era, mais uma vez, a prova irrefutável da legitimidade política. Orkhan (governou entre 1324-60) foi chamado «o grande e magnificiente comandante (emir), o guerreiro da guerra santa, o sultão dos *ghazis*... herói mundial da fé [...] os otomanos afirmavam ter recebido a espada de Osman (Uthman, o terceiro califa bem guiado). «O contínuo avanço do Islão, do Oriente para o Ocidente, foi visto como uma «clara prova de que Deus os ajudava e o Islão era a verdadeira religião».

Veja-se agora como os sultões otomanos se auto-legitimavam também como califas, reintroduzindo essa instituição islâmica – que, ironicamente, hoje voltou a ser rehabilitada como ideal de *polis* dos islamistas do século XXI (*ibidem*, p. 206):

O título de califa «comandante dos crentes» (*amir ul-muuminin*) foi usado por Mehmed II. A crença de que os sultões otomanos eram califas estava especialmente ligada às percepções dos seus militares. Enquanto diversos regimes reivindicavam o estatuto de califa para o seu sultão, os otomanos reivindicaram este imamado [liderança] religioso, não apenas para os seus territórios mas em todo o mundo. Viam-se a si próprios como protagonistas do Islão sunita; ninguém desde Maomé e os quatro califas bem guiados tinha feito mais pela fé. Esta reivindicação foi selada quando Selim I ficou «servidor dos dois santuários sagrados»: Meca e Medina (1516).

Face a esta ideologia e à forma de governação (teocrática) dela derivada – naturalmente legitimada no Islão –, surge inevitavelmente uma questão: qual a situação dos não crentes num Estado pensado e organizado segundo uma fé da qual muitos dos seus súbditos não eram seguidores, nem tinham vontade de se converter à mesma?

«Comunidades imaginadas»[7]: os *millets* sob a supremacia da *umma*

Embora sem ter um escritor laudatório das virtudes imperiais e coloniais como teve o Império Britânico em Rudyard Kipling[8] – sinal da ideologia de há cem anos atrás, foi Prémio Nobel da Literatura em 1907... –, o Império Otomano teve também o seu próprio «fardo» missionário. Este não foi, obviamente, o mesmo fardo do homem branco e europeu (ocidental) louvado por Kipling, mas o do *homo islamicus* e oriental que tinha a sua *mission «civilisatrice»* na difusão das «luzes do Islão» e no estabelecimento da *umma* muçulmana: «Sois a melhor comunidade que se fez surgir para os homens: respeitais o estabelecido, proibis o reprovável e

---

[7] Utilizamos aqui por empréstimo o conhecido título do livro de Benedict Anderson (1983).

[8] *The White Man´s Burden*/O Fardo Civilizacional do Homem Branco, foi um poema da autoria do escritor britânico nascido Índia colonial, Rudyard Kipling. O texto foi originalmente publicado na revista popular norte-americana *McClure's* (1899), sendo o contexto histórico em que este foi escrito o da conquista pelos EUA das antigas colónias espanholas de Cuba e das Filipinas.

50   A Questão de Chipre

credes em Alá» (Corão, 3: 110)[9] . Tal como já vimos, os otomanos dispunham da sua própria ideologia legitimadora do poder do sultão/califa e das acções associadas à conquista e governação de outros povos e territórios (naturalmente, como no caso dos europeus, não vistas como tal mas como benéficas e libertadoras para toda a humanidade). Conforme também já foi explicado, esta inscreve-se na tradição do Islão e não na linguagem secular da Ciência Política ocidental, construída a partir do Iluminismo e da Revolução Francesa e do liberalismo político com a qual estamos familiarizados. Face à ideologia legitimadora do novo poder muçulmano, como funcionava, então, o Estado e a Casa de Osman (*devlet-i al-i Osman*), na qual foi incorporado Chipre, após a conquista militar de 1571?

Tal como já era prática dos Império Otomano nos territórios por si conquistados da Anatólia e do Sudeste europeu – onde existia, especialmente nesta última região, uma grande maioria de populações cristãs – foi implementado na governação da ilha o sistema dos *millets*, que prevaleceu até à tomada do poder pelos britânicos, no último quartel do século XIX. Este sistema de governação de um império muçulmano, tem alguns pontos de contacto interessantes com a *indirect rule*[10], utilizada pelos britânicos por exemplo na Índia colonial (após terem destronada a dinastia muçulmana dos Mogóis, que impusera o seu domínio à grande maioria hindu). Esta forma de governo do império baseava-se, conforme já explicado, no pensamento político clássico islâmico, tendo como base a Xária (*Şerîat* em turco). Assim, as populações eram organizadas não com base na raça ou etnia (como, por exemplo, aconteceu tipicamente nos impérios coloniais

---

[9] Cfr. Universidade da Califórnia, *Compêndio de Textos Muçulmanos* (traduções do Corão) http://www.usc.edu/dept/MSA/quran/003.qmt.html

[10] «Os governantes muçulmanos aprenderam que era mais sensato governar essas populações indirectamente do que directamente – desde que interesses vitais como fronteiras sensíveis não fossem postos em causa (os mongóis tinham aplicado esse sistema na Rússia e os seljúcidas na Ásia Menor; talvez este modelo tenha sido originado desta forma. A essência de tal sistema consistia em: (a) colher um tributo anual em ouro ou prata e 'donativos'; (b) fazer da liderança local responsável pela disciplina da sua própria comunidade; (c) controlar as mudanças dessa liderança; (d) controlar as importações e exportações de certos bens, especialmente de produtos necessários para alimentar a capital e os exércitos; (e) reservar-se o direito de pedir subsídios e serviços especiais em tempo de guerra. Esse foi essencialmente o sistema aplicado aos 'Estados-tampão' da Transilvânia, Valáquia e Moldávia» (C. Max Kortepeter, 1972, p. 236).

Sob um império islâmico: dhimmis *no* devlet-i al-i Osman   51

europeus, onde a pertença à raça branca era a usual linha de demarcação entre colonizadores e colonizados), mas com base na sua religião, que era o principal critério de separação entre governantes e governados. Sob a supremacia do Islão, neste sistema de governo, as outras «religiões do Livro» (cristãos, judeus e zoroastrianos) eram também reconhecidas e submetidas ao poder muçulmano. Desta forma, os cristãos ortodoxos gregos de Chipre (a esmagadora maioria da população[11]), passaram a ser considerados *dhimmis*[12] (em língua árabe) ou *zimmi* (em língua turca) – palavra normalmente traduzida como «protegido» –, fazendo parte do *rum*

---

[11] Os cristãos católicos romanos, que eram a minoria religiosa mais significativa, foram praticamente dizimados pelos otomanos na altura da conquista, devido à sua proximidade com o poder veneziano e às suas «ligações perigosas» externas ao Papa e às potencias cristãs ocidentais, nomeadamente ao Império dos Habsburgos. Para além destes, existiam também outras minorias religiosas com alguma expressão, como os cristãos arménios e os judeus.

[12] Os *dhimmis* do *rum millet* (tal como os *dhimmis* dos outros *millets* do Império Otomano, que eram os cristãos arménios e os judeus), tinham um certo grau de autonomia na gestão dos seus assuntos internos: «sob a responsabilidade do seu chefe hierárquico, auto--administravam-se nos domínios que relevavam da sua teologia e da sua moral, mas tinham de se conformar com as leis do império para tudo o resto» (Georges Castellan, 1991, p. 119). Importa por isso notar, como este deixa bem claro no seu livro, que os otomanos, que eram «fiéis do Profeta, só conheciam entre os seus sujeitos os *moslem* («crentes») e os *zimmi/ dhimmi* («pessoas protegidas», ou seja, os não-muçulmanos vivendo no império e obedecendo às suas leis)». E que as leis que governavam o império «eram fundadas sobre a Xária, estranha aos não-crentes». Assim, qualificar o sistema dos *millets* como «um exemplo singular da tolerância do poder otomano» é distorcer a realidade histórica. De facto, «sistemas semelhantes de auto-administração de grupos humanos, apoiando-se sobre as suas leis religiosas, tinham já existido durante a Idade Média ocidental. Sem recuar aos Estados bárbaros, com o seu direito romano e os seus códigos visigóticos ou burgondos, o estatuto dos judeus, concedido por Casimiro o Grande da Polónia, e fundado sobre o *kahâl*, procedia da mesma visão teológica do mundo para chegar à mesma tolerância teórica. Os sultões tinham encontrado exemplos nos grandes impérios do Médio-Oriente, junto dos persas em particular» (*ibidem*, p. 119). Quer dizer, não só esta forma de governação otomana está longe de ser um sistema de governação original (já era anteriormente praticado pelo Império Persa e foi também praticado na Idade Média ocidental), como a sua apresentação como um modelo de «tolerância religiosa» e como um «sistema virtuoso de governação multicultural» que induz implicitamente no(s) leitor(es), a ideia e os significados que estas palavras têm hoje, está desfasada da realidade histórica.

[13] Importa recordar que a nomeação feita pelo sultão otomano, Mehmed II, poucos meses após a conquista de Constantinopla em 1453, de Georgios Yennádhios (Genádios) como Patriarca de Constantinopla e chefe do *rum millet*, ou seja do *millet* «grego», denotava

millet, ou seja do *millet* «grego»[13], o qual estava submetido às regras da *dhimmitude*[14], derivadas da Xária islâmica. Na parte europeia do Império Otomano – a Rumelia –, para além de *dhimmi* (o termo técnico que na Xária é utilizado para designar os seguidores das «religiões do Livro»), era também de uso corrente na linguagem comum a palavra *raya* ou *rayah*, que significa literalmente «membro do rebanho»[15].

Mas qual era, em concreto, a situação dos *dhimmis* enquanto pessoas protegidas num Estado islâmico («protegidas», entenda-se, das usuais consequências da guerra na Antiguidade e Idade Média, ou seja, da morte ou escravidão às mãos dos conquistadores), mas que não eram seguidores do Islão? Em termos gerais, a *dhimmitude* implicava diversas limitações e discriminações[16] (por exemplo, a obrigação de pagamento da *jizya*[17]), e,

---

um hábil intuito político-estratégico de perpetuar o cisma entre a Cristandade Oriental e a Ocidental. Como faz notar David Brewer (2003, p. 4), Georgios Yennádhios tinha liderado pouco tempo antes da queda de Constantinopla, o chamado «partido oriental», ou seja, o partido que dentro da Igreja Ortodoxa grega se opunha à reunificação com o Cristianismo latino.

[14] Sobre o estatuto jurídico da *dhimmitude* ver, entre outros, os trabalhos de Antoine Fattal (1958), *Le Statut Légal des Non-Musulmans en Pays d'Islam* (centrado no Islão árabe, desde os seus primeiros tempos até ao século XVI; e o de Bat Ye´or, *Islam and Dhimmitude. Where Civilizations Collide*, 2002 (com um escopo analítico mais geral e abrangendo os Impérios Árabes, Persa, Turco e um período histórico que vai até ao século XX); ver também a obra colectiva editada por Nehemia Levtzion, *Conversion to Islam*, 1979.

[15] Na linguagem popular, *raya* tinha uma conotação pejorativa de «gado», que evidenciava bem a percepção de um estatuto inferior e de subalternidade dos cristãos e judeus.

[16] Essas limitações e discriminações ocorriam na esfera política, económica e social e religiosa, sendo as mais frequentes as seguintes: i) a obrigatoriedade de pagamento de um imposto de tolerância da sua vida e prática da religião (a *jizya*), sob pena de eventual escravatura, morte, ou expulsão; ii) a delegação compulsiva da protecção pessoal e do património nas autoridades e exércitos muçulmanos, não podendo ter legalmente armas; iii) o pagamento do *kharaj*, um imposto sobre a terra cultivada; iv) a impossibilidade de testemunhar contra um muçulmano, em caso de litígio judicial; v) a obrigatoriedade de conduzir as manifestações religiosas em silêncio, não sendo permitidas manifestações públicas com sinos, cruzes ou ícones – a excepção eram as áreas onde os cristãos eram a maioria; vi) a impossibilidade, ou, pelo menos, a limitação drástica da construção de novas igrejas e também das próprias obras de conservação, sujeitas a autorização especial; vii) proibição de casar com uma mulher muçulmana, excepto quando se convertessem previamente ao Islão; viii) a proibição de terem empregados muçulmanos.

Face a esta situação de submissão a um império islâmico, após a conquista otomana de 1571, os cipriotas passaram a ser mais um «povo sem história»[18] (a expressão é do historiador greco-canadiano Leften Stravos Stravrianos – normalmente conhecido apenas por L. S. Stravianos –, sobre o período em que os povos do Sudeste europeu estiveram submetidos ao Império Otomano). O facto bastante notório de os cipriotas e outros povos do Sudeste europeu, do Médio Oriente e do Norte de África submetidos ao poder imperial e colonial otomano terem sido «povos sem história» (ou, se quisermos, «povos sem voz») levanta uma interessante questão sobre as razões (deliberadas?) da não investigação académica deste assunto. A questão é tanto mais curiosa quanto estamos numa época onde normalmente os povos e grupos sociais oprimidos são objecto de um particular interesse pela investigação académica. Por exemplo, num dos textos fundadores dos

---

[17] A *jizya* que se funda no Corão (9: 29), surge aos olhos europeus e ocidentais como uma relíquia histórica de um passado longínquo, sendo inconcebível no mundo de hoje. Todavia, por mais estranho que isso possa parecer, quando tentamos ver o mundo sob prisma dos actuais movimentos islamistas (sobretudo dos mais radicais), ficamos com a sensação que a ideia de cobrar este imposto de capitação teocrático, que incide sobre os não muçulmanos, não desapareceu, mas se reveste agora de outras formas mais sofisticadas, em que poucos pensariam. Um exemplo dessa maneira *sui generis* de ver o mundo – completamente estranha à visão secular e democrática ocidental –, encontra-se em certos predicadores radicais, próximos de movimentos islamistas como os Irmãos Muçulmanos, o *Jammat-i-Islami,* o *Milli Görüş,* ou outros, que actuam na Europa e Ocidente e se tentam apresentar junto dos governos e das autoridades públicas como representantes da «comunidade muçulmana». Aparentemente, a obtenção de dinheiros do contribuinte europeu (normalmente ao abrigo do *welfare-state* e de verbas atribuídas a programas multiculturais) para a construção de mesquitas, de escolas confessionais, de centros culturais, de programas de rádio e de televisão, etc., parece ser vista por estes como uma nova «nova *jizya*» à qual, obviamente, os muçulmanos que emigram para a Europa e Ocidente têm direito...

[18] Para L. S. Stavrianos (1958 [2000], p. 96), uma das dificuldades que existe no estudo dos povos balcânicos submetidos ao Império Otomano é que estes deixaram poucos registos desse período da sua história: «Tendo perdido a sua classe dirigente, a única educada e articulada, foram deixados sem líderes, anónimos e silenciosos. Mesmo os seus clérigos eram largamente iletrados [...]. Assim, durante vários séculos, os gregos, os albaneses, os romenos, e os eslavos do Sul foram *povos sem história*».

Estudos Pós-Coloniais, de que Gayatri Spivak (a par de Edward Said, Homi K. Bhabha e outros) é um dos expoentes máximos, intitulado *Can the subaltern speak?*/Podem os subalternos falar? (1988 [1995], p. 25), esta define assim o escopo e objectivos dos Estudos Subalternos:

> A primeira parte da minha proposição – que o desenvolvimento faseado do subalterno é complicado pelo projecto imperialista – é confrontado por um conjunto de intelectuais que podem ser chamados o grupo dos «Estudos Subalternos». Estes *devem* perguntar, Os subalternos podem falar? Aqui estamos dentro da própria disciplina da História de [Michel] Foucault e com pessoas que reconhecem a sua influência. O seu objectivo é repensar a historiografia colonial indiana a partir da perspectiva de uma cadeia descontínua de revoltas de camponeses durante a ocupação colonial [britânica].

Quer dizer, na sua óptica, o objecto de estudo deve incidir sobre a «historiografia colonial indiana», estudando, nomeadamente, a «cadeia descontínua de revoltas de camponeses durante a ocupação colonial». Por outras palavras, a memória colonial de Gayatri Spivak, que esta se propõe desconstruir dando voz aos subalternos, incide sobre o imperialismo e colonialismo britânico na Índia (e na sua perpetuação nas elites nacionalistas após a independência de 1947). Todavia, no caso indiano, há, de facto, uma outra realidade de subalternidade bem enraizada – certamente bastante familiar a Gayatri Spivak, pois nasceu em Calcutá –, que é o tradicional sistema de castas da sociedade indiana. Esta é uma tradição social anterior à colonização britânica (não tendo sido banida por esta) e que, infelizmente, se perpetuou sociologicamente na actual União Indiana (apesar das disposições constitucionais em sentido contrário e de medidas legais para combater a discriminação), continuando a existir no século XXI. Esta persistência de práticas e estruturas tradicionais de subalternidade, sobretudo nas zonas rurais, afecta a vida de milhões de pessoas das castas inferiores, nomeadamente os «párias» ou «intocáveis»[19]. Mas, talvez por ser

---

[19] Na sociedade indiana tradicional os «intocáveis» são o extremo mais baixo do *homo hierarchicus* (a expressão é da autoria do antropólogo francês Louis Dumont no livro *Homo Hierarchicus: Essai sur le système des castes*, 1966). São objecto de um sistema de exclusão pois não cabem em nenhuma das castas tradicionais. Tipicamente encarregam-se

Sob um império islâmico: dhimmis *no* devlet-i al-i Osman 55

vista como expressão de uma genuína «autenticidade» cultural, não produzida pela modernidade ocidental do colonizador europeu, os «intocáveis» continuam a ser subalternos «sem voz» que não preocupam os teorizadores pós-coloniais.

Uma outra questão interessante e importante, que Gayatri Spivak omite, é a de saber se antes de os britânicos colonizarem a Índia, os hindus – que eram (e são) a grande maioria da população –, eram donos do seu próprio destino ou, enquanto grupo étnico-religioso e linguístico, eram também subalternos, no seu próprio país, face ao poder islâmico que governava esse território. Podiam os subalternos (dessa época) falar? Quando lemos, por exemplo, o livro do historiador indiano (hindu) K. S. Lal, *The Muslim Legacy of Muslim Rule in India*[20]/O Legado do Governo Muçulmano na Índia (1992), a sensação que nos fica é que a «subalternidade» na Índia tem uma longa história, da qual, entre outros episódios importantes, a invasão árabe do sub-continente indiano, no século VIII e o Império Mugal que conquistou e subjugou a maioria não muçulmana da Índia (entre o século XVI e meados do século XIX), não são, propriamente, elementos irrelevantes, como parecem ser para Gayatri Spivak e outros teorizadores dos Estudos Pós-Coloniais.

---

dos trabalhos considerados indignos ou sujos pelas castas de hierarquia superior (por exemplo, manuseamento de cadáveres animais ou humanos). Nos sítios onde se mantêm vivas estas tradições – sobretudo nas populações mais rurais do sub-continente indiano –, o sistema leva também à segregação social pois os «intocáveis» são vistos como individualmente sujos, o que leva as castas superiores (vistas como puras), a evitar o contacto com estes.

[20] O livro do historiador Kishore Saran Lal (normalmente conhecido como K. S. Lal), *The Legacy of Muslim Rule in India* (1992), que foi professor nas Universidades de Dheli, Jodhpur e Hyderabad na Índia, está também disponível *on-line* em http://voi.org/books/tlmr/

QUADRO 1
A perspectiva multiculturalista sobre o passado

Temas e conceitos-chave	«Desconstrução» da abordagem e do tratamento analítico
Nação (grega e turca)	Adopta uma abordagem construtivista (a Nação é qualificada como uma «comunidade imaginada») para depois empreender a tarefa de «desconstrução» do conceito. Considera-a uma construção social dos nacionalismos grego e turco em contacto com a modernidade ocidental levada pelos britânicos para a ilha (a estes nacionalismos deve-se a criação de identidades exclusivas responsáveis pela tragédia cipriota).
Umma	Adopta uma abordagem essencialista (ou ignora o assunto). Não é feita a desconstrução do conceito. A umma, comunidade dos crentes muçulmanos, não é vista como uma construção social do pensamento político-religioso muçulmano (ou seja, também como uma «comunidade imaginada»), nem como estando associada às estruturas de dominação e de legitimação do Estado islâmico.
Millet	Adopta uma abordagem essencialista (ou ignora o assunto). Não é feita a desconstrução do conceito. Os millets não são tratados como uma construção social otomana, nem analisados como estando submetidos às estruturas de dominação e de legitimação do Estado islâmico e subordinados à umma. (Também não é feita uma análise gramsciana sobre a submissão dos millet à hegemonia da umma, ou de tipo marxista, sobre o falso conhecimento gerado pela ideologia).
Dhimmi	Adopta uma abordagem essencialista (ou ignora o assunto). Não é feita a desconstrução do conceito. O estatuto de subalternidade dos não-muçulmanos submetidos ao Império Otomano não é tratado como uma construção social muçulmana/otomana e um mecanismo de dominação social e política.
Linobambakoi	Ícone alternativo (aos heróis nacionais) de um passado multicultural pela sua identidade partilhada não exclusivista (muçulmano/cristão). Surge como uma espécie de prova empírica e modelo das possibilidades uma identidade pós-nacional cipriota.
Chipre otomano (1571-1878)	É ignorado ou visto de forma superficial e acrítica como um período de um império multiétnico e multireligioso «tolerante» (aparentemente, não há estruturas de dominação imperial e colonial para desconstruir).
Chipre britânico (1878-1960)	É visto criticamente como um período de imperialismo e colonialismo e feita uma desconstrução das estruturas de dominação dos colonizados.
Estratégias narrativas e objectivo ideológico	Idealização de um passado pré-moderno (do género das arqueologias/genealogias de Foucault), estigmatização e desconstrução das criações da modernidade ocidental (imitando Foucault, Derrida, etc.), tentando transformar a realidade de acordo com a sua ideologia (a «comunidade imaginada» pós-nacional surge como uma solução nova, face às velhas soluções nacionais).

Fonte: Quadro elaborado pelo autor

Especificamente em relação à questão de Chipre, encontramos uma atitude analítica algo similar, que acaba por gerar distorções[21] na percepção do passado, num trabalho recentemente publicado pela antropóloga cultural norte-americana, Rebecca Bryant, intitulado *Imagining the Modern. The Cultures of Nationalism in Cyprus*/Imaginando a Modernidade. As Culturas do Nacionalismo em Chipre (2004). Esta propôs-se desconstruir as culturas (modernas) do nacionalismo em Chipre e, em coerência ideológica com o seu objectivo, discutir as possibilidades de um futuro pós-nacional. Para o efeito, construiu aquilo que podemos designar como uma «narrativa multiculturalista» a qual, como todas as narrativas – incluindo a pós- -moderna, como é o caso desta, também –, pode (e deve) ser desconstruída. A sua «desconstrução» evita visões essencialistas da realidade social anterior às «culturas do nacionalismo em Chipre» (e esta omissão acaba por condicionar a análise do presente). Assim, no livro de Rebecca Bryant, o que logo chama a atenção é que as referências ao passado anterior ao poder colonial britânico na ilha são escassas (ou o leitor já tem bons conhecimentos históricos do período otomano ou então fica sem perceber muito bem o seu funcionamento). Por outro lado, a narrativa fala-nos, logo de início, e de forma bastante tranquilizadora, em «políticas paternalistas da herança otomana na ilha» (2004, p. 1). Aparentemente, não há legados imperialistas e colonialistas do Império Otomano que merecessem grande atenção, nem a tarefa de desconstrução dos mesmos era necessária (a dúvida óbvia é se assim se consegue apreender correctamente a razão pela qual a ideia de Nação e o nacionalismo se expandiu e foi vista pela população como libertadora). Quanto ao *statu quo* anterior à chegada do colonizador britânico é (quase sempre) aceite acriticamente e, sobretudo, objecto de pouca atenção: em todo o livro não há propriamente *dhimmis* em estatuto de subalternidade, não há construções sociais legitimadoras do poder da *umma* islâmica sobre o *rum millet* dos cristãos ortodoxos gregos, nem há uma ideologia (teocrática) que gera uma falsa consciência de normalidade social e de uma ordem natural (o pensamento marxista e a ideia gramsciana de hegemonia cultural, habitualmente tão influente nas Ciências Sociais

---

[21] O que não significa, obviamente, que este não tenha também os seus aspectos meritórios, até porque há um trabalho de investigação de campo com recurso a algumas fontes primárias.

pós-modernas aqui, de forma muito conveniente, eclipsou-se...). A ideia com que acaba por se ficar é aquela que a ideologia multiculturalista tipicamente pretende difundir – o mal está na modernidade ocidental e nas culturas do nacionalismo que ela gerou. O que lhe pré-existia foi, consciente ou inconscientemente, objecto de uma idealização que reforça essa imagem (ou seja, no essencial a narrativa de Rebecca Bryant funciona de forma similar à mitologia do bom selvagem, popularizada sobretudo por Jean-Jacques Rosseau no século XVIII, agora transposta para a ilha de Chipre).

Em trabalhos de história ainda pautados por cânones mais clássicos de investigação deparamo-nos com outro tipo de problemas. Não é propriamente uma surpresa que as fontes documentais que temos sobre esse período da história cipriota sejam, sobretudo, documentos do poder otomano na ilha. A questão é que estes, naturalmente, reflectem a visão dos conquistadores e do poder governativo que estes instalaram e não propriamente a da esmagadora maioria dos governados. Esta dificuldade (e o enviesamento de perspectiva que esta tende a gerar) é bastante notória em vários trabalhos sobre este assunto, detectando-se, entre outros, por exemplo no livro de Ronald C. Jennings, *Christians and Muslims in the Ottoman Cyprus and the Mediterranean World, 1571-1640*/Cristãos e Muçulmanos no Chipre Otomano e o Mundo Mediterrânico, 1571/1640 (1993). Este livro, que aborda um tema pouco estudado e relativamente mal conhecido (pelo menos nos países europeus e ocidentais), baseia-se numa investigação feita em diversas fontes documentais do período otomano. Todavia, para além de a sua leitura gerar a sensação que a escolha das fontes foi efectuada de forma algo selectiva, o problema é sobretudo a aceitação bastante acrítica da versão dos conquistadores otomanos (os quais, naturalmente, como todos o vencedores, escreveram a sua própria história, deixando-nos conhecer apenas os factos que pretendiam...). Poderíamos também pensar que um trabalho histórico deste tipo, que incide sobre o passado já bastante longínquo dos séculos XVI e XVII, estaria desligado das questões políticas (e das paixões e rivalidades) que actualmente movem os cipriotas, e não teria qualquer tipo de implicações sobre o presente. Mas não é exactamente assim. A já referida ausência de distanciamento crítico face à história escrita pelos vencedores, da parte de Ronald C. Jennings, acaba por sugerir ao leitor a existência de um poder benigno dos otomanos (talvez evoque até a imagem mental de um paraíso multicultural, do género da «comunidade

Sob um império islâmico: dhimmis *no* devlet-i al-i Osman 59

imaginada» para o Al-Andalus[22] árabe da Península Ibérica medieval). Repare-se no teor deste excerto sobre o estatuto dos *dhimmis* e a sua situação face à lei islâmica e aos tribunais que aplicavam a Xária (1993, p. 132-133):

> Os *cadi* [juízes] otomanos estavam obrigados a aplicar o mesmo *standard* de justiça aos *zimmi* [ou *dhimmis*] e aos muçulmanos. É verdade, a lei não supõe o mesmo nível de honestidade e de integridade aos *zimmi* do que aos muçulmanos. Por isso, o testemunho dos *zimmis* contra os muçulmanos é suspeito. Todavia, cada *zimmi* deveria ter a mesma protecção da vida e da propriedade, tal como cada muçulmano, e o tribunal deveria empreender esforços para assegurar essa igualdade. Em Nicósia, os *zimmis* usavam o tribunal frequentemente e faziam o mesmo tipo de queixas que os muçulmanos. Qualquer *zimmi* podia deduzir queixas contra qualquer muçulmano, incluindo os oficiais do governo. Este podia intimar para tribunal, ou ser intimado lá,

---

[22] A ideia de uma «tolerante convivência» no Al-Andalus, onde teriam vivido, lado a lado, cristãos, judeus e muçulmanos, encontrou hoje bastante difusão pela provável razão ideológica que já apontámos. Escritos de académicos, discursos de políticos e documentários nos *media* imbuídos, consciente ou inconscientemente, da ideologia presente, tendem a difundir uma visão idealizada de tipo multicultural, muitas vezes aceite acriticamente pelo público receptor (o fenómeno não é novo: no século XIX e primeira metade do século XX, a ideologia nacionalista, que era o cânone dominante na época, levou também a (re)escrever a história com acontecimentos de perfil patriótico e de grandiosidade; enquanto a ideologia nacionalista foi o cânone a contestação crítica foi pequena...). Todavia, se nos esforçarmos por despir da ideologia do presente, é fácil perceber que a actual imagem idealizada não resiste a uma investigação histórica equilibrada, nem é suportada por uma base factual consistente e alargada (na melhor das hipóteses, apoia-se em recolhas históricas selectivas). Entre os múltiplos episódios de conflito e violência que assolaram a Península Ibérica muçulmana (normalmente omitidos ou desvalorizados na actual narrativa multiculturalista) basta recordar dois. No século XI (em 1066), a populaça muçulmana atacou os judeus de Granada e a família de Naguid, tendo, em poucos dias, sido assassinados cerca de seis mil judeus e os seus bens sido pilhados. Anteriormente, no século X (907), os exércitos de Almanzor (ou seja, Abu Emir Muhamad, conhecido em árabe como Al Manzur, literalmente, o vitorioso) tinham atacado o Norte da Península e chegado até à Corunha, numa espécie de *jihad* punitiva. A cidade de Santiago de Compostela, incluindo as suas diversas igrejas e outros edifícios, foi incendiada e em grande parte destruída (importa lembrar que este era o lugar mais sagrado de peregrinação de toda a Cristandade Ocidental na Alta Idade Média). Sobre a (re)leitura do passado à luz da ideologia do presente no caso da Península Ibérica muçulmana, ver o capítulo cinco do nosso livro *Islamismo e Multiculturalismo. As Ideologias Após o Fim da História* (2006).

quem quer que fosse. Este podia apresentar testemunhas (que teriam de ser muçulmanos, se fosse para testemunhar contra um muçulmano) [...] Claro, nenhum sistema funciona perfeitamente.

Mas as imagens mais ou menos idealizadas da vida dos *dhimmis* sob o *devlet-i al-i Osman* não se encontram só no livro de Ronald C. Jennings. Por exemplo, o historiador norte-americano do Império Otomano, Donald Quataert, retrata-nos de uma maneira asséptica (e laudatória) uma prática de dominação e abuso exercida pelo poder otomano, sobre as populações conquistadas cristãs (e também judaicas), o *devşirme* que, na sua descrição, parece ser quase uma «acção afirmativa» em prol das minorias (2000, p. 52-53):

> Ao cada vez maior valor das armas de fogo alia-se um outro factor de êxito da história otomana, o *devşirme*, ou seja, o chamado sistema de recrutamento infantil, que teve origem na era dos sultões Bajazé I, Murad I e Mehmed II. Até ao início do século XVII, os agentes estatais encarregues desse recrutamento deslocavam-se com regularidade às aldeias cristãs da Anatólia e dos Balcãs, bem como às comunidades muçulmanas da Bósnia e reuniam todas as crianças do sexo masculino seleccionando os melhores e os mais espertos. Esses recrutas eram levados das suas aldeias natais para a capital otomana ou para outros centros administrativos, onde recebiam a melhor preparação física que o Estado podia proporcionar, incluindo a formação religiosa e, naturalmente, a conversão ao Islão [...] O *devşirme* proporcionava aos indivíduos do sexo masculino extrema mobilidade social, permitindo aos rapazes do campesinato ascender aos mais altos cargos militares e administrativos do império, até mesmo fora da própria dinastia. O *devşirme* foi uma importante forma de o império aproveitar o potencial humano que a numerosa população cristã submetida representava.

Naturalmente que não se pode ver esta realidade histórica à luz dos actuais conceitos de direitos humanos, de tolerância e de protecção das minorias, pois seria distorcer os acontecimentos do passado. Todavia, vale a pena recordar que o *devşirme* (em grego *paedomazoma*, literalmente «colheita de crianças») consistia no tributo de sangue que, sobretudo os cristãos (e particularmente os da Península Balcânica), tiveram de dar ao

Sob um império islâmico: dhimmis *no* devlet-i al-i Osman   61

sultão otomano para o serviço imperial – este só foi formalmente extinto em meados do século XVII. No caso de Chipre tal prática terá também ocorrido pelo menos nos tempos imediatamente a seguir à conquista otomana. É pelo menos essa a denúncia feita pelo arcebispo Timotheos (Timóteo) numa missiva dirigida ao monarca Habsburgo, Filipe II de Espanha, pouco tempo depois de instaurado o governo otomano, onde, entre outros comportamentos denunciados como opressivos sobre o seu povo (como, por exemplo, a pilhagem de igrejas e mosteiros e destruição de casas), este se queixava especificamente do *devşirme/paedomazoma*[23]:

> Tem havido recentemente casos de abusos da parte dos órgãos do conquistador, de forma gananciosa, tentando confiscar e tomar posse das propriedades dos habitantes. Casas cristãs são destruídas, domicílios violados e todas as espécies de actos desonestos contra as viúvas e filhas são cometidos. Até agora, por duas vezes as igrejas e mosteiros foram pilhadas e múltiplos impostos pesados têm sido lançados, cuja recolha é feita através de sistemáticas perseguições, ameaças e torturas que levaram muitas pessoas para as fileiras do Islão, enquanto, ao mesmo tempo, as crianças do sexo masculino das famílias cipriotas são apanhadas (de maneira a formarem brigadas de janissários). Esta prática violenta é o pior dos sofrimentos ao qual o povo de Chipre foi sujeito pela administração otomana.

Quer dizer, crianças e jovens do sexo masculino eram subtraídos de forma forçada às suas famílias (existindo, por vezes, também casos de entrega voluntária por estas, em situações em que se procurava fugir à pobreza, à marginalização social e às humilhações frequentes dos *dhimmis*). Para além disso, essas crianças e jovens eram obrigados a converter-se à religião do governante – o Islão. O objectivo era criar um exército de

---

[23] Excertos da carta do arcebispo Timotheos (Timóteo) dirigida ao rei Filipe II de Espanha encontram-se traduzidos em língua inglesa, sendo citados no texto do artigo «Cyprus under the Ottoman Empire» disponível na *Wikipedia*, http://en.wikipedia.org/wiki/Cyprus_under_the_Ottoman_Empire. Não tivemos oportunidade de confirmar este excerto por outra fonte documental, pelo que reproduzimos este texto sob alguma reserva, dadas as próprias características desta enciclopédia aberta.

escravos[24] (anteriormente composto por cativos de guerra) e uma classe de administradores chamada janissários (ou janíssaros, em turco *yeniçeri* significando «novo soldado») que, afastados das suas famílias e religião de origem, tivessem uma fidelidade absoluta ao sultão. Sendo conhecido o teor do actualmente muito citado versículo do Corão (2: 256): «Não há compulsão na religião!»[25], a ironia desta prática de «colheita de crianças» é que ocorria no maior império islâmico, que se orgulhava de ser regido pela Xária, acabando por estar na origem da mudança compulsiva de religião de uma parte dos (teoricamente) «protegidos»...

A polémica sobre a origem da população cipriota turca (muçulmana)

Em relação à demografia da ilha de Chipre, levanta-se, em termos históricos, uma questão bastante interessante que é a de saber qual a origem da população cipriota turca (ou seja, muçulmana), uma vez que, até à anexação da ilha pelo Império Otomano não existia uma população muçulmana relevante na mesma. De acordo com o conhecido historiador do Império Otomano, Halil Inalcik, a sua génese encontra-se na conquista de 1571 e nas tropas e colonos que foram enviados para Chipre, a partir dessa altura. Halil Inalcik explica a substancial alteração da componente demográfica (e religiosa) da ilha, pela dimensão do movimento migratório de ocupação do novo território do império (1997: 1):

> A diferença mais importante entre a conquista otomana e a invasão franca foi que os francos estabeleceram-se na ilha como uma pequena classe governante e militar, de 500 pessoas no seu todo, enquanto os turcos para além das tropas das guarnições militares (cerca de 3.000), trouxeram uma grande massa de pessoas como elementos

---

[24] Sobre a prática de constituir exércitos formados por escravos no Islão ver o livro de Daniel Pipes (1981), *Slave Soldiers and Islam: The Genesis of a Military System*, New Haven-London: Yale University Press (publicação que também está acessível *on-line* em formato PDF em http://www.danielpipes.org/books/Slave-Soldiers-and-Islam.pdf). Ver ainda o artigo do mesmo Daniel Pipes (2000), *Military Slaves: A Uniquely Muslim Phenomenon*, http://www.danielpipes.org/article/448

[25] Cfr. Universidade da Califórnia, *Compêndio de Textos Muçulmanos* (traduções do Corão) http://www.usc.edu/dept/MSA/quran/002.qmt.html

Sob um império islâmico: dhimmis no devlet-i al-i Osman

produtivos que se estabeleceram na ilha [...] Os francos, ou seja, os europeus nunca foram numerosos em Chipre. No final do governo veneziano, as tropas de origem italiana reunidas em Nicósia totalizavam 1.500 elementos e a nobreza cerca de 1.000.

Para a governação da ilha, o governo otomano usou o velho método do *sürgun*, ou seja, de deportação e relocação noutro sítio, deslocando compulsivamente grupos de camponeses, bem como artífices das cidades da Anatólia para a ilha. Como explica ainda este historiador turco (*idem*, p. 2), «os principais objectivos desta operação, tal como é revelado pelos documentos do *sürgun*, foi ter o solo da ilha, do qual a população tinha desertado, devidamente cultivado, assegurar uma forma de vida ao excedente da população da Anatólia e fazer um território recentemente conquistado seguro, com uma população confiável turca». O mesmo historiador acrescenta ainda que «sabemos dos registos dos *cadi* de Chipre que muito pouca da população *rum* se converteu ao Islão», referindo também que «o governo não encorajava os cristãos que estavam sujeitos à *jizya* a adoptar o Islão, porque essas conversões resultavam na perda do rendimento da *jizya*». Interessante é também a conclusão de Halil Inalcik na sua pequena *Nota sobre a população de Chipre*: «No passado», afirma este, «houve tempos em que os turcos constituíam a maioria ou metade da população da ilha. Ao contrário dos latinos, os turcos fixaram-se na ilha para fazer uma *vatan*, uma pátria» (aparentemente, o facto de isso ter sido feito à custa das populações autóctones não é relevante).

Por sua vez, Ronald C. Jennings (1993, p. 212) corrobora, no essencial, a explicação de Halil Inalcik sobre a origem das alterações demográficas na ilha recordando que «as transferências forçadas de população foram uma parte importante da política económica e social otomana, desde o tempo de Mehmed o conquistador. Muita da população turca da Rumélia resultou da transferência compulsiva de milhares de famílias de nómadas *yuruk* da Anatólia ocidental, uma política que antecedeu longamente Mehmed». Um dos aspectos mais curiosos desta política de transferência forçada de populações foi a deportação de criminosos. Aparentemente, a razão de ser desta medida estava relacionada com o facto de ser «uma ilha grande e razoavelmente remota dos territórios centrais do império», pelo que o governo otomano «deve ter considerado

Chipre como um lugar seguro para enviar criminosos. Fortalezas protegidas por muralhas como Magosa ou Girniye podiam até guardar os criminosos mais perigosos e convictos. Sem dúvida de forma mais simples foram enviados para aldeias e cidades, embora tenham sido separados pela força de amigos, aliados ou parentes à volta das suas casas. Apesar de alguns dos convictos poderem ter sido criminosos insignificantes, a maioria não o eram. A sua chegada deve ter escandalizado a sociedade cipriota, pois tê-los meramente transferido de forma forçada para Chipre não ia provavelmente mudá-los. Com grande probabilidade, a maioria continuaria com as mesmas actividades ilegais ou repugnantes em Chipre. A ameaça deve ter reduzido a atractividade da ilha a emigrantes mais desejáveis, quer estes chegassem voluntariamente ou não e deve ter dissuadido muitos potenciais emigrantes de se deslocarem para lá» (*ibidem*, p. 212). Também aqui vemos que a política otomana de transferência forçada de populações acaba por ter um cariz tipicamente colonial – tendo um misto de intuitos económicos e estratégicos (nomeadamente a reversão da realidade demográfica da ilha a seu favor, através da promoção de uma população muçulmana que, naturalmente, se sentia mais próxima do poder otomano – o que faz lembrar, de uma maneira bastante óbvia, as políticas similares das potências coloniais europeias (por exemplo, no caso dos britânicos, a deportação de criminosos para os antigo território colonial da Austrália, no Pacífico Sul).

Um outro aspecto interessante e polémico desta questão está ligado às conversões ao Islão, fenómeno cuja dimensão em Chipre é, ainda hoje, objecto duma acesa controvérsia entre os que sustentam que terá sido um fenómeno residual (normalmente os historiadores turcos e cipriotas turcos) e os que argumentam que há vários factos que apontam para uma dimensão muito significativa das conversões (usualmente os historiadores gregos e

---

[26] Cfr. *The Historic Evolution of the Turkish-Cypriot Community and the Cryptochristians* http://www.greece.org/cyprus/TCHistory.htm. Este texto que segundo a informação fornecida é uma condensação de um artigo original de Savvas P. Mastrappas, publicado na revista *Ardin*, faz parte de um conjunto de artigos publicados *on-line* pelo *Hellenic Electronic Center*.

Sob um império islâmico: dhimmis *no* devlet-i al-i Osman

65

cipriotas gregos). Repare-se, por exemplo, nesta explicação próxima das teses destes últimos, sobre a origem dos actuais cipriotas turcos[26]:

> A maioria da actual população cipriota turca da ilha são muçulmanos de origem grega. A sua conversão ocorreu de várias formas: quer no decurso de punições de revoltas mal sucedidas ou através de raptos regulares e em massa de crianças [*devşirme/paedomazoma*]; houve também uma islamização voluntária como meio de evitar os pesados impostos com que as autoridades muçulmanas sobrecarregavam os não crentes. Contudo, um considerável número de pessoas islamizadas, preservou secretamente a sua antiga fé e hábitos de culto por um longo período de tempo. Estes cristãos secretos ou criptocristãos, era chamados «*linobambakoi*» [...] Estima-se que no século XIX a população de cripto-cristãos em Chipre fosse de 10,000 a 15,000 face a um número total de 32,000 muçulmanos.

Para quem está imbuído da realidade histórica e sociológica da Europa Ocidental, esta parece ser uma polémica algo exótica, que só poderá interessar a alguns académicos mergulhados no passado histórico. Todavia, a questão tem implicações não só históricas como políticas bem actuais (isto porque a legitimidade histórica e a dimensão demográfica das duas comunidades é um assunto político importante). No cerne da controvérsia estão os chamados cripto-cristãos, conhecidos em Chipre pelo curioso nome de *linobambakoi* (de *lino* – linho e *bambaki* – algodão). A origem desta designação está relacionada com uma peça de vestuário em linho e algodão que tinha dois lados diferentes. Metaforicamente, o nome terá acabado por se estender às duas diferentes religiões que estes professavam: a pública (o Islão) e a privada (o Cristianismo); durante o dia apareciam como muçulmanos, ao fim do dia voltavam a ser cristãos... Qual a origem destes *linobambakoi*? Eram inicialmente cristãos ortodoxos gregos? Ou seriam, por exemplo, cristãos católicos herdeiros da presença Lusigan e veneziana?[27] Seja qual for a resposta mais próxima da realidade histórica

---

[27] Para uma discussão sobre este assunto ver também Costas M. Constantinou, (2006), *Aporias of Identity and the «Cyprus Problem»*, http://www.st-andrews.ac.uk/intrel/cpcs/papers/Cyprus-aporia.pdf; e Alkan Çağlar, «Proselytism and Crypto-Christians in Cyprus» in *Toplum Postasi* (5 de Maio de 2006), http://www.toplumpostasi.net/printa.php?col=85&art=965

(que não é totalmente clara), o que não parece haver muitas dúvidas é que a sua islamização resultou do ambiente de pressão social e religiosa (incluindo as actividades de proselitismo muçulmano) e das latentes humilhações e desvantagens a que os *dhimmis* estavam sujeitos por não serem da religião dos governantes. A sua engenhosa estratégia de sobrevivência tem uma interessante similitude com as estratégias de sobrevivência que, já um pouco antes dessa altura, os mouriscos, ou seja os chamados «cristãos novos» (nome dados aos mouros obrigados a converterem-se ao Cristianismo) e os «marranos» (nome pejorativo dado aos judeus forçados também a converterem-se à religião cristã católica), usavam nos reinos cristãos (Portugal e Espanha), da Península Ibérica dos séculos XV e XVI. Essas estratégias passavam basicamente por levar uma vida dúplice: em público eram cristãos, em privado mantinham os hábitos e práticas da sua anterior religião. De forma bastante similar, vários cristãos cipriotas (os *linobambakoi*) converteram-se na aparência pública ao Islão, mas em privado continuavam a ser cristãos (frequentemente usavam nomes «duplos» com conotações deliberadamente ambíguas que tanto podiam ser cristãs como muçulmanas, tais como, por exemplo, Musa/Moisés, Joseph/ /Yusuf, etc.). Esta estratégia de sobrevivência (que na linguagem da Sociologia actual poderia ser classificada como uma espécie de «identidade de resistência»[28]), permitia não só fugir à *jizya* e outras restrições, humilhações e sobrecargas dos *dhimmis*, como beneficiarem das vantagens de serem «publicamente» muçulmanos (por exemplo, podiam divorciar-se mais facilmente nos tribunais Xária, por repúdio da mulher).

---

[28] Para além das tradicionais categorias de identidade (individual, social e nacional), o sociólogo Manuel Castells (1997 [2003], pp. 4-5) fala na existência de outras categorias como a «identidade legitimadora», entendida como a identidade que «é introduzida pelas instituições dominantes na sociedade no intuito de expandir e racionalizar a sua dominação sobre os actores sociais» (por exemplo, a identidade nacional que é gerida e controlada pelas instituições do Estado); e na «identidade de resistência» que, por sua vez, este define como aquela que é «criada por actores que se encontram em posições/condições desvalorizadas e/ ou estigmatizadas pela lógica de dominação, construindo, assim, trincheiras de resistência e sobrevivência com base em princípios diferentes dos que permeiam as instituições da sociedade, ou mesmo opostos a estes últimos» (por exemplo, os grupos sociais, étnicos e/ ou religiosos que não são reconhecidos pelo Estado).

Da submissão à rebelião do *rum millet*

Vistas sob o prisma actual, as relações da Igreja Ortodoxa grega com o Islão turco aparecem frequentemente como tensas e até de confrontação. Na historiografia nacionalista grega e cipriota grega, a Igreja ortodoxa teve um papel importante, se não mesmo fundamental, na preservação da identidade helénica e na rebelião contra o opressor turco. Todavia, esta imagem, embora verdadeira, é também equívoca pois não permite compreender a complexidade e, sobretudo, as relações ambíguas que a Igreja Ortodoxa grega manteve com o Estado otomano. Importa recordar que, na Ortodoxia, o chamado partido oriental via como inimigo principal (e maior ameaça) não o Islão turco ou árabe, mas o Cristianismo latino (católico romano). Conhecedor desta clivagem, Mehmet II, o sultão otomano conquistador de Constantinopla/Istambul em 1453, explorou de forma particularmente hábil a fobia latina de uma parte importante do clero ortodoxo (o partido oriental). Atente-se nesta descrição de Georgios Theodoulou sobre a entronização do Patriarca Gennadios pelo sultão (2005, p. 29):

> É conhecido que pouco tempo após a queda de Constantinopla os conquistadores tomaram medidas para que um novo Patriarca fosse eleito, pois o Patriarca Athanasios, que estava no trono, fugiu para Veneza e resignou. O novo Patriarca foi George Scholarios – monge Gennadios – um homem famoso pela sua educação e conhecido pela sua animosidade face ao Ocidente e ao Catolicismo. Foi o líder do partido anti-unionista e anti-ocidental dentro da Igreja Ortodoxa grega. Após a sua entronização como Patriarca de Constantinopla o sultão Mehmet II visitou-o em pessoa e disse-lhe: «Sê Patriarca com boa fortuna e fica seguro da nossa amizade mantendo todos os privilégios que o Patriarca antes de ti beneficiou».

Este padrão estratégico de dominação foi reproduzido em Chipre. Para ganharem a simpatia da população ortodoxa grega e se apresentarem como «libertadores», os turcos otomanos converteram as igrejas latinas (católicas) em mesquitas – os casos mais óbvios são o da catedral de Santa Sofia em Nicósia e da catedral de São Nicolau em Famagusta – e as poucas que não foram convertidas em mesquitas foram transformadas em estábulos e armazéns (*idem*, p. 27). Quanto às igrejas ortodoxas, a maioria foi poupada (note-se que existem casos, não totalmente excepcionais, da sua transformação em mesquitas, durante o longo período de ocupação otomana). Esta hábil estratégia de dominação dos *dhimmis* cristãos ortodoxos foi, no essencial, bem sucedida até ao início do século XIX. A ordem imperial e teocrática otomana só foi consistentemente posta em causa quando, sob o impacto das Revoluções Francesa e Americana, as ideias *seculares* de nação e de nacionalismo, da cidadania e dos direitos do homem, oriundas da Europa Ocidental, se difundiram progressivamente dentro do *rum millet*, começando a surgir uma crescente consciência do seu estado de submissão na *dar-al-Islam*. O Cristianismo Ortodoxo, nem no passado medieval, quando foi seriamente ameaçado na sua sobrevivência pelo Islão árabe, nem durante o período moderno, onde foi conquistado e submetido pelo Islão turco (a grande excepção é a Rússia), desenvolveu qualquer teologia de confronto ideológico e bélico similar à do Cristianismo latino, que se corporizou nas bulas papais que levaram às cruzadas (ver capítulo 1). Assim, foi sobretudo sob a influência de ideias de índole não religiosa – as quais acabaram por ter também impacto junto do próprio clero ortodoxo –, que a ordem estabelecida de relações sociais, religiosas e políticas, considerada até então aceitável e «natural», passou a ser vista como inaceitável e opressora. Por isso, o papel da Igreja Ortodoxa durante o domínio otomano é mais ambíguo do que poderia parecer à primeira vista. Esta, seja por um pragmatismo realista ditado por uma ausência de alternativa melhor, seja por ter posto à frente do interesse da massa das populações cristãs, na sua grande maioria rurais e analfabetas, a manutenção dos seus próprios privilégios corporativos – evidentes sobretudo no caso do alto clero –, tornou-se numa instituição do Estado otomano e, directa ou indirectamente, num instrumento do poder do sultão. Importa recordar, por exemplo, que, de acordo com um *firman* (decreto imperial) do sultão, o Patriarca Ecuménico de Constantinopla/Istambul beneficiava de inviolabilidade pessoal, de isenção de impostos, de liberdade de movimentos, de segurança contra uma deposição e do direito de transmitir esses privilégios aos sucessores. Naturalmente que estes privilégios do Patriarca e do (alto) clero não se estendiam à massa dos *dhimmis* que tinham de pagar a *jizya* para poder praticar a sua religião, recaindo neles o fardo de suportar financeiramente o Estado otomano.

Sob um império islâmico: dhimmis *no* devlet-i al-i Osman 69

Face ao exposto, não é surpreendente que o ataque e conquista de Chipre pelos otomanos em 1571, desbaratando o anterior poder colonial de Veneza, a influência da Igreja latina e o regime de servidão feudal, tenha tido, pelo menos no início, uma certa popularidade entre a população ortodoxa grega maioritária na ilha[29] (a história mostra-nos que um poder estrangeiro que destrói um governante opressor, tem sempre alguma simpatia inicial da população local até que, inevitavelmente, se torna ele o novo opressor...). Também aqui, o entusiasmo com os «libertadores» não demorou muito tempo a esvair-se, ocorrendo várias revoltas (sem sucesso) da população local contra o poder otomano. Todavia, pelas razões já apontadas, só nas primeiras décadas do século XIX, com o início da guerra de independência da Grécia, os acontecimentos começaram lentamente a tomar um rumo diferente. A ordem teocrática estabelecida e as suas relações sociais, religiosas e políticas sob a supremacia da *umma*, consideradas, apesar de tudo, até então, aceitáveis e «naturais», passou a ser posta em causa por um ideário de natureza não religiosa.

No seu livro *Cyprus & the Greek War of Independence, 1821-1829/* Chipre e a Guerra de Independência Grega, 1821-1829, publicado original-mente em 1971, o historiador John Koumoulides (1971[1974], p. 40), recorda como, numa missiva dirigida aos gregos da Grécia continental, das ilhas e da diáspora, a 24 de Fevereiro de 1821, Alexandros Hypsilandis apelou à rebelião contra o Império Otomano, afirmando que «tinha chegado a hora de se libertarem dos governantes otomanos»[30]. De facto, acrescentava este, durante quase quatrocentos anos «os gregos suportaram a governação tirânica da administração otomana. Durante esses séculos das trevas o helenismo sobreviveu porque foi alimentado pela igreja», tendo o Cristianismo Ortodoxo tido um papel determinante na preservação da «herança helénica, dos seus ideais, tradições, língua e espírito». Este período das «trevas, como é normalmente qualificado (e empolado) pela

---

[29] Que faz lembrar a (relativa) popularidade dos norte-americanos junto da maioria xiita do Iraque quando, em 2003, atacaram e conquistaram o país e desbarataram o anterior poder sunita de Saddam Hussein e do clã de Tikrit...

[30] Sobre a guerra de independência da Grécia ver o livro de David Brewer, *The Greek war of Independence. The Struggle for Freedom from Ottoman Oppression and the Birth of the Modern Greek Nation* (2001).

historiografia nacionalista helénica (e da generalidade dos países dos Balcãs) é também conhecido por *tourkokratia*[31] – uma expressão de forte carga negativa que corresponde ao período do «jugo otomano», na designação habitualmente utilizada pela historiografia ocidental clássica.

Mas quais foram as repercussões do início da guerra da independência da Grécia em Chipre? Como viu a população cristã ortodoxa grega, maioritária da ilha, o início da rebelião na Moreia/Peloponeso? E como reagiram os governantes otomanos da época e a população muçulmana? Houve, ou não, uma solidariedade face ao movimento independentista que irrompeu no Sul da Península Balcânica, contra o poder otomano? Existia já uma consciência nacional helénica, ou, apenas, súbditos otomanos com diferentes línguas, etnias e religiões (o que é normal num império)? Começando pela reacção das autoridades otomanas, John Koumoulides (*idem*, p. 43-44), descreve-as da seguinte forma, referindo-se aos trágicos acontecimentos que levaram ao enforcamento do mais alto dignitário do *rum millet* (o Patriarca Ecuménico da Igreja Ortodoxa, sediado em Constantinopla/Istambul): «a 25 de Março de 1821, quando a Igreja Ortodoxa celebrava a anunciação de Theotokos, os gregos começaram a sua luta pela independência. Uma revolta mal sucedida na Moldávia e na Moreia/ /Peloponeso terminou com o infeliz massacre de cidadãos turcos. O Sultão Mahmud II, retaliou imediatamente sobre a cabeça da Igreja Ortodoxa e o Patriarca ecuménico Gregorios V, que acusaram de ter sido responsável pela revolta. Na sexta-feira santa, 8 de Abril, enquanto o Patriarca e outros prelados celebravam a missa, foram capturados com as suas vestes religiosas, colocados na prisão e enforcados no domingo de Páscoa, 10 de Abril. Entre estes estava o cipriota Athanasios Karedis, bispo de Nicomedia. Previamente tinham enforcado o grande dragomano do serralho, Mourouzes, juntamente com outros fanariotas gregos importantes».

---

[31] Para uma análise crítica deste período traumático da história grega que, à semelhança do que acontece com os restantes países dos Balcãs, do Médio Oriente e do Norte de África que fizeram parte do Império Otomano (e de outros países que foram colonizados pelas potências europeias na América Latina, em África e na Ásia), tende a ser responsabilizado por (quase) todos os males de que o país padece depois de ter adquirido a independência, ver David Brewer (2000), «The Tourkokratia – Was it Really That Bad?» in *Athens News*, http://www.helleniccomserve.com/tourkokratia.html

Sob um império islâmico: dhimmis *no* devlet-i al-i Osman   71

Mas a reacção do poder otomano não se ficou pelo enforcamento do Patriarca Ecuménico da Igreja Ortodoxa (apesar deste se ter distanciado dos revoltosos gregos da Moreia/Peloponeso e ter apelado ao fim da rebelião). Entre as várias medidas para esmagar a revolta foi assinado um *firman* (decreto imperial do sultão), onde era ordenado o desarmamento compulsivo de todos os *dhimmis* cristãos do Império Otomano – uma medida que foi rapidamente e, ao que tudo indica, de forma brutal, aplicada pelo governador de Chipre, Küchük Mehmed. No caso da Igreja autocéfala cipriota, liderada pelo arcebispo Kyprianos, a atitude tinha sido idêntica à do Patriarcado Ecuménico, apelando à calma e ao fim da revolta. Face à medida compulsiva de desarmamento a atitude oficial foi também de apelar ao cumprimento do *firman* do sultão. Todavia, a já latente desconfiança entre o governador otomano Küchük Mehmed e a sua *entourage* agudizou-se abruptamente com a descoberta, feita pelas autoridade otomanas, de literatura e panfletos favoráveis à independência da Grécia, que teriam sido introduzida na ilha por um sobrinho do arcebispo Kyprianos. Para tornar a situação ainda mais tensa, uma esquadra naval grega chegou nesses primeiros meses de conflito do ano de 1821 a Chipre, com o intuito de se reabastecer. O resultado destes acontecimentos foi dramático, levando à morte dos mais altos dignitários da Igreja cipriota, bem como à de algumas centenas de notáveis e indivíduos comuns do *rum millet*. Veja-se como John Koumoulides relata os trágicos acontecimentos que ocorreram a 9 de Julho de 1821 (*ibidem*: 57):

> [O governador] ordenou que o arcebispo fosse enforcado e não decapitado, «honrando» desta forma a sua promessa de não o decapitar. O arcebispo Kyprianos foi enforcado numa amoreira na praça, indo de encontro ao seu destino com grande coragem. «Tomando na sua mão o nó da corda do executor» relata Kepiades «fez três vezes o sinal da cruz... e virou-se para o seu executor numa voz firme dizendo «Executa a ordem do teu cruel senhor». Deram a mesma honra ao seu secretário, o arcediago Melteios, que foi enforcado numa árvore chata, do lado oposto. A seguir foi feita decapitação dos três metropolitanos, Paphou Chrysanthos, Kitiou Meletios e Kyrenias Lavrentios, bem como dos civis Georgios Masoura de Limassol, do pastor Demetrios e mais dois.

72 A Questão de Chipre

Para os governantes otomanos, a revolta das populações cristãs ortodoxas gregas não só era inaceitável, por colocar em causa o poder e prestígio do sultão, como demonstrava a grande ingratidão dos seus súbditos *rum* face à «*mission civilizatrice*» otomana (a expressão, obviamente, não era usada por estes). Na sua óptica, tinham trazido grandes vantagens para a população local, face aos anteriores governantes (Lusignan e venezianos): tinham abolido o sistema feudal introduzido na ilha pelos primeiros; proporcionavam-lhe segurança, face a inimigos externos, pelo facto de estarem sob a *pax otomana* (entre o século XVI e o século XVIII o Mediterrâneo oriental foi numa espécie de «lago otomano»); tinham dado poderes à Igreja Ortodoxa sobre o *rum millet* libertando-a do Papa e do Cristianismo latino; e o Estado era regulado pela Xária islâmica, a lei divina, superior à imperfeita lei humana.

A incompreensão otomana e a dureza brutal da sua reacção explica-se, provavelmente, também por outro motivo de fundo. Importa recordar que as ideias da Revolução Francesa e Americana, da soberania da Nação[32], dos Direitos do Homem, da cidadania laica e igualitária, tinham começado a viajar da Europa Ocidental para o Império Otomano no final do século

---

[32] Tradicionalmente existem, pelo menos, duas grandes concepções teóricas que a encaram de maneira diferente a Nação: i) a concepção objectiva (ou transpersonalista) da «Nação etno-cultural», que tem as suas principais referências nos alemães Johann Gottfried Herder (influenciado pelo movimento cultural do romantismo emergente na época), através do seu trabalho intitulado *Ideias sobre a filosofia da história da humanidade* (1784-1791) e em Johann Gottlieb Fichte com o seu *Discurso à Nação alemã* na Universidade de Berlim (1807), assenta na *Kulturnation* (Herder). Nesta cancepção, a Nação «identifica-se com uma língua que reflecte o seu génio e regula os seus costumes. Está acima do Estado e igualmente dos modelos de governo artificiosos» (Guy Hermet, 1996, p. 117). Posteriormente Ficthe acrescentou à ideia da «nação-comunidade inaugurada por Herder», uma outra, que é a da «natureza voluntária do laço de cidadania», conciliando «a soberania nacional na sua acepção política» com a legitimidade «mais eminente da nação etnolinguística» (*idem*: 121). ii) A concepção subjective (ou personalista) da «Nação electiva», tem a sua principal referência no francês Ernest Renan, através das ideias desenvolvidas na célebre conferência da Universidade de Sorbonne, em Paris (1882), subordinada ao tema *O que é uma Nação?* Nesta, Ernest Renan desenvolveu a ideia de que uma «nação é, pois uma grande solidariedade, constituída pelo sacrifício dos sacrifícios feitos e dos que ainda se está disposto a fazer. Supõe um passado; resume-se, todavia, no presente, por um facto tangível: o consentimento e o desejo claramente expresso de prosseguir a vida em comum». A exisência de uma nação é «um plebiscito de todos os dias» (*ibidem*, pp. 129-130).

XVIII. Os primeiros a absorverem-nas foram as elites dos povos cristãos do império e os resultados práticos começavam a ver-se no terreno, com a sublevação grega iniciada em Março de 1821. (Note-se que isto não significa que a ideia moderna de Nação helénica, que se vê como herdeira da Grécia da Antiguidade, fosse entendida pela maioria dos cristãos ortodoxos revoltosos na época, como sugere tipicamente a historiografia nacionalista – esse tipo de consciência nacional é uma construção que só chegou às massas *a posteriori*[33]). Todavia, a sublevação de 1821, que continuou nos anos seguintes, acabou por levar à formação da Grécia moderna, após a destruição da marinha otomana por uma esquadra anglo--franco-russa na baía de Navarino, no Peloponeso (1827). Aos olhos dos muçulmanos otomanos as sucessivas revoltas sangrentas dos *dhimmis* cristãos – primeiro dos sérvios (1804), depois dos gregos (1821), e, sucessivamente, de montenegrinos, valacos, moldavos, búlgaros e macedónios, arménios etc. –, durante todo o século XIX e início do século XX, foram provavelmente percebidas como uma espécie de «conflito civilizacional» *avant la lettre*. As rebeliões que levaram à subversão da *pax otomana* e ao fim do sistema teocrático do *millet* invocavam (não para a massa dos revoltosos, que também não o entendiam, mas ao nível das camadas mais cultas e das elites dirigentes) um ideário político até então completamente desconhecido dos otomanos, que não se fundava nos textos religiosos e não falava, nem em Alá, nem sequer no Deus dos cristãos, mas na soberania da «Nação»: quem se poderia lembrar de revoltar, combater e morrer em nome de tal heresia?[34].

---

[33] Sobre o processo de formação da identidade nacional grega ver Nikos Chrysolaras (2004), *Orthodoxy and Greek National Identity. An analysis of Greek Nationalism in light of A. D. Smith´s Theoretical Framework* (artigo disponível on-*line* em http://www.ksg. harvard.edu/kokkalis/GSW7/GSW%206/Nikos%20Chrysoloras%20Paper.pdf)

[34] A surpresa que tiveram os muçulmanos otomanos no início do século XIX, impregnados por um pensamento religioso, ao confrontarem-se com combatentes dispostos a morrer por uma ideia «irreligiosa», provavelmente só é comparável à surpresa que europeus e ocidentais, moldados por um pensamento laico, tiveram nas últimas décadas do século XX face ao (re)surgimento do islamismo radical.

3. Sob um império ocidental: Britannia rules

> Uma disputa avançando para o Oriente deve começar em Chipre. Augusto, Ricardo, e São Luís seguiram essa linha. Uma disputa avançando para o Ocidente deve começar em Chipre. Sargão [da Acádia], Ptolomeu, Ciro, Harun al-Rashid seguiram essa linha. Quando o Egipto e a Síria eram grande valor para o Ocidente, Chipre era de grande valor para o Ocidente. Génova e Veneza lutaram pelo comércio da Índia, lutaram por Chipre alternando na supremacia sobre a ilha. Após uma nova rota marítima ter sido encontrada para a Índia, o Egipto e a Síria perderam valor para as nações ocidentais. Chipre foi então esquecido, mas a abertura do canal do Suez trouxe-lhe, de repente, o antigo orgulho da localização.
>
> W. HEPWORTH DIXON citado por LAWRENCE DURREL
> (1957 [2000], p. xi)

Uma sucessão de poderes imperiais

A passagem de Chipre do Império otomano para o Império Britânico, que ocorreu nas últimas décadas do século XIX (1878), surgiu num quadro histórico marcado por uma conjugação de vários acontecimentos importantes no contexto da política britânica e europeia da época. Entre estes destacam-se a «preocupação europeia pelo debilitar da situação do «homem doente da Europa» (o Império Otomano), a guerra russo-turca de 1877 (que levou ao Tratado de San Stefano, de 3 de Março de 1878) e, acima de tudo, talvez a política externa de Disraeli», que foi o «primeiro 'judeu' britânico Primeiro-ministro» (Stavros Panteli, 2000, p. 38). Importa analisar com um pouco mais de detalhe este circunstancialismo. O interesse do governo britânico pela ilha de Chipre – frequentemente designada, na retórica discursiva dos políticos e historiadores da época, como a «jóia do Mediterrâneo» –, foi motivado pela procura de vantagens estratégicas, sobretudo navais (reais ou imaginadas[1] como existindo na ilha), ligadas ao interesse da «potência marítima» britânica e do seu enorme império colonial. Stavros Panteli explica o entendimento convencional dos historiadores sobre essas vantagens: «Com Gibraltar na parte ocidental e Malta no centro, Chipre formava uma série de praças fortes que davam à Grã-Bretanha uma preponderância de poder em qualquer direcção. Controlava directamente a entrada no Canal do Suez, as costas da Palestina e da Síria e as províncias da Ásia Menor». O processo de converter o Mediterrâneo num lago britânico, à custa do antigo poder naval otomano no Levante, estava agora completo. Desta forma, Chipre possuía a grande vantagem naval da localização e de servir a Grã-Bretanha como ponto *de départ* e uma *place d'armes* para controlar a rota da Índia e do Oriente». Nesta visão, os ganhos não só existiam ao nível da estratégia naval, mas também eram políticos e económicos: «Com Constantinopla/Istambul então facilmente acessível, a Grã-Bretanha estava assim em posição de ganhar vantagem sobre as outras potências no papel de 'conselheiro e confortador' da Porta. A influência moral britânica em todas as nações do Oriente, especialmente na população da Índia, foi consideravelmente aumentada. Económica e comercialmente Chipre, uma vez mais, trouxe várias vantagens para a Grã-Bretanha[2]. A oportunidade estava lá para desenvolver os seus

---

[1] Se o supracitado excerto de William Hepworth Dixon, um historiador e viajante britânico do século XIX – que, entre outras obras escreveu *British Cyprus* (1879) –, for exemplificativo da mentalidade da época, provavelmente no interesse dos governantes britânicos pesou mais a imagem da realidade passada (impérios da Antiguidade, cruzadas, luta pelo controlo de Génova e Veneza do Mediterrâneo oriental etc.), do que o ganho estratégico real apresentado por Chipre no final do século XIX para a *Royal Navy*.

[2] Por sua vez, a ilha também terá ganho com a mudança do governo otomano para a administração britânica: «Um importante efeito da ocupação e da melhoria da administração de Chipre foi o rápido e imediato crescimento da população da ilha, devido à emigração – gregos, sírios e outros árabes foram para Chipre para adquirir terrenos e estabelecer empresas comerciais e industriais [...]. Assim, entre 1881 e 1901 a população da ilha aumentou 28%» (Stavros Panteli, 2000, p. 46).

muitos recursos e trabalhar nas suas minas de ouro e prata» (*idem*, p. 46). Se, quando apresentada a questão desta maneira, as vantagens estratégicas parecem óbvias e indiscutíveis, a realidade é um pouco diferente, e, sobretudo, bastante mais matizada, quando analisamos mais em detalhe este assunto. Importa notar que, dentro da Grã-Bretanha, a passagem de Chipre para a sua administração esteve longe de ser um assunto consensual entre a opinião pública[3] e os partidos (conservador e liberal), que tradicionalmente alternavam no governo. Isto não só devido às críticas aos acordos de diplomacia secreta com o governo otomano (vistos como prejudicando a imagem internacional do país), como pelas críticas e reservas dos sectores da opinião pública britânica favoráveis à causa helénica, que a viam como um território que deveria ser atribuído à Grécia. Para além disso, a ocupação de Chipre era vista como a ocupação de um território que fazia parte da Europa, o que contrariava a tradicional política britânica de não ter ambições territoriais em solo europeu (isto, obviamente, se exceptuarmos os casos das praças fortes navais, de Gibraltar e de Malta...). Mas mesmo o valor estratégico da ilha foi abertamente questionado, pelo seu clima quente e falta de salubridade (consideradas pelos críticos inadequadas para um adequado estacionamento de contingentes militares), e também pela ausência de um bom porto natural que de imediato servisse os interesses da *Royal Navy* – a armada britânica (o porto mais adequado seria o de Famagusta, só que, mesmo este, precisava de um investimento significativo na melhoria das condições de atracagem e na sua ampliação). Como veremos mais à frente, estas visões contraditórias sobre o interesse estratégico da ilha (e as hesitações dos sucessivos governos britânicos sobre o rumo a dar-lhe), explicam provavelmente as suas ofertas à Grécia antes e durante a I Guerra Mundial.

É também neste período, caracterizado por uma sucessão de poderes imperiais no controlo e governação da ilha, que se podem encontrar as raízes mais próximas do conflito de Chipre. A já referida guerra russo-turca

---

[3] Sobre as controvérsias que se geraram na sociedade britânica da época ver Andrekos Varnaca (2005), «Punch and the British Occupation of Cyprus in 1878» in *Byzantine and Modern Greek Studies*, vol. 29, n.º 2, pp. 167-186 (a artigo está também disponível *on-line* em http://eprints.infodiv.unimelb.edu.au/archive/00002090/01/byz0167.pdf

de 1877-1878, saldou-se por uma enorme derrota otomana e pela celebração do Tratado de paz de San Stefano (actualmente Yeşilköv, na Turquia), com os exércitos russos acampados a menos de uma centena de quilómetros de Constantinopla/Istambul. Todavia, os importantes ganhos territoriais russos no Sudeste da Europa – e que estiverem, por exemplo, na origem da Grande Bulgária prevista no Tratado de San Stefano – inquietaram, também, as outras potências europeias, especialmente a Grã-Bretanha. Esta, devido às suas ambições estratégicas e imperiais globais, preferia ter o Império Otomano nos Balcãs, no Bósforo e no Mediterrâneo Oriental (apesar de tudo mais maleável), do que uma Rússia em expansão, potencialmente mais ameaçadora do seu domínio sobre as rotas marítimas (a principal via de projecção do seu poder). Para discutir a nova realidade territorial e política saída da guerra turco-russa, sob os auspícios da Alemanha e do chanceler Otto von Bismarck, reuniu-se em Berlim, em 1878, um novo congresso que procurava regular mais uma crise do Oriente. Foi neste contexto diplomático-estratégico que Chipre passou para a administração britânica numa hábil manobra diplomática. O sultão otomano Abdülhamid II procurava desesperadamente apoios nas outras potências europeias, especialmente nos britânicos, para tentar minimizar no plano político-diplomático as pesadas perdas sofridas pelos seus exércitos no terreno. Os britânicos anuíram solicitando em troca a administração da ilha de Chipre. Esta foi-lhes concedida por Abdülhamid II permanecendo teoricamente sob a soberania otomana. A situação manteve-se até 1914, quando na altura do desencadear dos acontecimentos da I Guerra Mundial a Grã-Bretanha anexou unilateralmente esse território ao seu Império. Posteriormente, pelo já referido Tratado de Lausana de 1923, que regulou a dissolução do Império Otomano e o estabelecimento da República da Turquia como Estado sucessor, esta reconheceu formalmente a anexação britânica, renunciando a qualquer pretensão territorial sobre Chipre, como veremos mais à frente em detalhe.

Importa também notar que, nas décadas de 1860 e de 1870, a política britânica em relação ao Império Otomano não seguiu propriamente uma linha clara, nem teve um rumo totalmente consistente (Stavros Panteli, 2000: 39). Várias razões explicam essa política externa algo errática. Provavelmente a mais importante está relacionada com a mudança de controlo,

Sob um império ocidental: Britannia rules

ao mais alto nível, da própria política externa britânica que, nessa época, alternou entre o liberal William Ewart Gladstone – um Primeiro-Ministro que, na linguagem de hoje, seria qualificado como imbuído de preocupações humanitárias e de respeito pelo Direito Internacional Público, pouco sensível ao apoio ao Império Otomano por imperativos de *realpolitik* (a publicação do seu panfleto *Os Horrores da Bulgária e a Questão do Oriente*, a 6 de Setembro de 1876, deu origem a uma grande revolta na opinião pública britânica contra a má governação turca) – e o conservador Benjamin Disraeli (também conhecido como conde de Beaconsfield ou só Beaconsfield), com uma orientação «realista», no sentido que a palavra tem na política internacional. A este propósito é também interessante vermos a maneira como o ex-Secretário de Estado norte-americano, Henry Kissinger (uma personagem que esteve directamente ligada ao obscuro jogo político--diplomático que precedeu a invasão militar turca e a divisão da ilha em 1974, como veremos mais à frente) – e um confessado admirador e praticante da *realpolitik* –, descreve a política externa britânica no século XIX (Henry Kissinger, 1994, p. 85):

> [...] uma política externa tão abertamente partidária tornava possível – embora altamente invulgar – inverter a política externa sempre que um Primeiro-Ministro era substituído. Por exemplo, o apoio da Grã-Bretanha à Turquia na década de 1870 terminou abruptamente quando Gladstone, que considerava os turcos moralmente repreensíveis, derrotou Disraeli nas elcições de 1880.

O mesmo Kissinger (*idem*, p. 130) explica melhor em que consistiu a política externa pro-otomana da Grã-Bretanha novecentista, liderada por Benjamin Disraeli, a qual procurava bloquear a Rússia nas suas ambições de expansão para o Sudeste europeu em geral (península Balcânica), e sobre os estreitos e Constantinopla/Istambul em particular: «Disraeli não estava disposto à repetição destes métodos de assédio [dos russos] a Constantinopla. Encorajou os turcos otomanos a rejeitarem o *memorando de Berlim* e a continuarem as depredações nos Balcãs». Quer dizer, a política externa britânica seguia uma estratégia pragmática (cínica para os críticos) de afirmação do seu interesse nacional, variando os aliados e os inimigos ao sabor das circunstâncias e dos interesses de momento. Nada parece espelhar

80   *A Questão de Chipre*

melhor esta estratégia do que a afirmação atribuída a Palmerston[4] de que a Grã-Bretanha não tinha «aliados nem inimigos permanentes» (*ibidem*, p. 81). E Kissinger explica com mais detalhe em que consistia esta estratégia de potência marítima, sem «aliados nem inimigos permanentes» e de coligações *ad hoc* em função das circunstâncias (*ibidem*, p. 83):

> Como potência marítima, sem um grande exército terrestre, a Grã-Bretanha tinha de cooperar ocasionalmente com um aliado continental, que preferia escolher sempre que a necessidade surgia [...] É claro que os vários aliados *ad hoc* da Grã-Bretanha tinham os seus objectivos próprios, que normalmente implicavam uma extensão da sua influência ou dos seus territórios na Europa. Quando iam para além do que esta considerava adequado, esta mudava de partido e organizava novas coligações contra os anteriores aliados.

Estratégia que este comenta da seguinte forma (e em termos bastante elogiosos), sobretudo pela sua «persistência» e não cedência a «sentimentalismos» (*ibidem*, p. 83):

> Uma persistência sem sentimentalismos e uma determinação centrada em si mesma valeram à Grã-Bretanha o epíteto de *pérfida Albion*[5]. Este tipo de diplomacia pode não ter reflectido uma atitude particularmente elevada, mas preservou a paz na Europa.

Voltando à questão da transferência da administração da ilha do Império Otomano para a Grã-Bretanha, em 1878, cabe agora ver, com um pouco mais de detalhe, as cláusulas do acordo diplomático através do qual se operou esta mudança de poder. A primeira medida diplomática relacionada com a transferência de Chipre para a Grã-Bretanha foi a assinatura da «Convenção da Aliança Defensiva entre a Grã-Bretanha e a

---

[4] Henry John Temple (mais conhecido como Visconde de Palmerston, ou só Palmerston), viveu entre 1785-1865 e foi duas vezes Primeiro-Ministro britânico durante o século XIX, tendo ocupado vários outros cargos políticos e governativos importantes.

[5] Aparentemente o epíteto «pérfida Álbion» (*perfidious Albion*, em língua inglesa), terá sido cunhado no final do século XVIII, na altura da revolução francesa, por um aristocrata francês de origem espanhola (Agustin, marquês de Ximenez), que num poema publicado em 1793 redigiu a seguinte estrofe: «ataquemos nas suas águas a pérfida Álbion»...

Turquia relacionada com as Províncias Asiáticas da Turquia» (normalmente conhecida como a «Convenção de Chipre». O seu artigo I tinha o seguinte teor (Stavros Panteli, 2000, p. 43-44):

> Se Batum, Ardahan e Kars ou alguma delas tiver de ser conservada pela Rússia e se quaisquer tentativas forem feitas no futuro pela Rússia para tomar posse de mais territórios de Sua Majestade Imperial o Sultão na Ásia, tal como foram fixados no Tratado Definitivo de Paz, a Inglaterra compromete-se a juntar-se a Sua Majestade Imperial o Sultão na sua defesa pela força das armas [...] De forma a permitir a Inglaterra tomar as necessárias medidas para executar o seu compromisso, Sua Majestade Imperial o Sultão consente ainda em destinar a ilha de Chipre a ser ocupada e administrada pela Inglaterra.

Por sua vez no Anexo do Tratado encontram-se ainda várias disposições, tendo a sexta condição estabelecido este requisito para a manutenção da administração britânica na ilha:

> Se a Rússia devolver Kars à Turquia e outras conquistas que fez na Arménia durante a última guerra, a ilha de Chipre será evacuada pela Inglaterra e a Convenção de 4 de Junho de 1878 terminará.

Quer dizer, em teoria, a concessão da administração da ilha aos britânicos (que mantinha, em termos de Direito Internacional Público, o sultão otomano como detentor da soberania sobre o território), estava directamente ligada (e dependia) do não retorno das «províncias arménias» do Leste da Anatólia – Batum, Ardahan e Kars – ao domínio do sultão. Na prática a realidade foi outra, como explica Stavros Panteli (*idem*, p. 44): «De facto, a 16 de Março de 1921, quando a Rússia transferiu para a Turquia dois dos três territórios arménios (Ardahan e Kars mas não Batum)[6], referidos na Convenção de 1878, a Grã-Bretanha manteve o controlo sobre Chipre. Para além disso, a Grécia e a Turquia reconheceram a soberania britânica sobre a ilha e, dois anos mais tarde, esta foi declarada Colónia da Coroa».

---

[6] O contexto histórico em que a Rússia transferiu para a Turquia as «províncias arménias» de Ardahan e Kars foi o do triunfo da revolução bolchevique e do apoio do novo governo soviético de Lenine ao movimento nacionalista turco de Mustafa Kemal (Atatürk).

De território sob administração britânica a colónia da coroa

Na representação histórica que habitualmente encontramos do Império Otomano, o declínio do «homem doente da Europa» tende a surgir como um progressivo e irreversível processo de desaparecimento. O marco convencional do início desse lento processo de decomposição é o final do século XVII – simbolizado no falhanço militar do segundo cerco de Viena (1683) e na celebração do Tratado de paz de Karlowitz com a Áustria (1699)[7] –, sendo a explicação usualmente avançada a da crescente supremacia tecnológica das potências europeias ligada à sua acção predadora sobre os territórios otomanos. Recentemente os historiadores Efraim Karsh e Inari Karsh (1999) contestaram esta representação dos acontecimentos, propondo uma outra interpretação que, em vários aspectos relevantes, diverge da visão convencional. Sendo a sua tese discutível (como praticamente todas as teses históricas, incluindo até algumas das mais comummente aceites), ainda assim vale a pena analisá-la, sobretudo como contraponto à historiografia tradicional. A discordância de Efraim Karsh e Inari Karsh incide em especial nos acontecimentos do último século de vida do Império Otomano que, corresponde, grosso modo, ao que estes chamam o longo século XIX. Na sua óptica, não só o fim do Império Otomano – que foi uma consequência directa da I Guerra Mundial –, estava longe de ser uma inevitabilidade, como o principal ímpeto para os acontecimentos que estão na origem do moderno Médio Oriente teve origem em actores locais e não nas potências europeias e na sua diplomacia secreta, como usualmente é referido. Veja-se como estes apresentam a sua tese (re)interpretativa (1999 [2001], p. 3):

> Acima de tudo, a cadeia de acontecimentos que culminou na destruição do Império Otomano e na criação do moderno Médio Oriente, foi accionada não por diplomacia secreta decidida a moldar o Médio Oriente, mas antes por decisão da liderança otomana lançada em conjunto com a Alemanha. Esta foi, de longe, a mais importante decisão

---

[7] O Tratado de paz celebrado em Karlowitz/Sremski Karlovici (uma cidade da actual Sérvia), foi a assinado a 26 de Janeiro de 1699, pondo fim à guerra entre a Áustria e o Império Otomano (1683–1697), após a sua derrota final na batalha de Senta ou (Zenta).

individual na moderna história do Médio Oriente e foi tudo menos inevitável. O Império Otomano não foi forçado a entrar na guerra, numa derradeira manobra para assegurar a sua sobrevivência, nem impulsionado por um dominante aliado germânico e a indiferença ou a hostilidade da política britânica. Pelo contrário, a plena vontade do império de mergulhar no turbilhão que reflectia uma verdadeira política imperialista de ganhos territoriais e aquisição de estatuto. Tivessem os líderes otomanos escolhido manter-se à parte, como certamente poderiam ter feito, dada a prontidão da *Entente* em obter a neutralidade otomana, teriam sido, provavelmente, capazes de manter o império.

Em relação aos objectivos que a liderança otomana, de pendor fortemente militarista[8], pretendia atingir aquando da sua entrada na I Guerra Mundial, os mesmos historiadores referem o seguinte (*idem*, p. 138):

> O seu objectivo de guerra era realizar a visão imperialista do poderoso ministro da guerra, Enver Paxá: um emaranhado de mágoas e esperanças de vingança dirigido para a recuperação da glória imperial otomana e a unificação dos povos turcos dentro de um império expandido. Isto, por sua vez, significava a destruição do poder da Rússia, tal como foi abertamente declarado na proclamação otomana de guerra; a libertação do Egipto e de Chipre da ocupação britânica; e, por último, mas não menos importante, a domesticação dos Estados balcânicos, especialmente da Grécia e a recuperação dos territórios perdidos na Europa, especialmente da Macedónia e da Trácia oriental. O planeamento militar encarava a extensão da fronteira otomana até ao rio Volga, no Outono de 1916, mais de dois anos após o início da Grande Guerra, os oficiais otomanos no Levante falavam abertamente da intenção de uma marcha sobre a Índia, via Irão e Afeganistão.

Um dado histórico interessante e relativamente mal conhecido está ligado à declaração de guerra feita pelo Império Otomano à *Entente* franco--britânico-russa, em Novembro de 1914. Esta foi seguida de declaração de *jihad*, feita pelo Xeique-do-Islão, o *mufti* do Estado otomano e líder

---

[8] Sobre este assunto ver também o livro de Handan Nezir-Akmese, *The Birth of Modern Turkey: The Ottoman Military and the March to WWI* (2005).

[9] A mesquita erigida pelo Sultão Mehmed, o conquistador (*fathi*), em Constantinopla/ Istambul, para comemorar a tomada militar da cidade aos bizantinos.

84   *A Questão de Chipre*

espiritual (pelo menos ao nível simbólico), de todos os muçulmanos sunitas, na mesquita Fathi[9]. Esta *jihad* pretendia mobilizar toda a *umma* (a comunidade dos crentes muçulmanos), contra as potências *gâvur/kafir* («infiéis») da *Entente* (Grã-Bretanha, França e Rússia). Ou seja, na linguagem político-religiosa do Islão, pretendia mobilizar os súbditos muçulmanos da Grã-Bretanha (sobretudo os do Egipto e da Índia, mas também de Chipre), da França (especialmente do Norte de África, onde se destacavam a Argélia, a Tunísia e Marrocos) e Rússia (no Cáucaso e na Ásia Central) contra as próprias potências do *Gavuristan* («terra dos infiéis», a Europa) que os governavam, incluindo os dos seus aliados nos Balcãs (Sérvia e mais tarde Grécia). Os resultados desta proclamação de *jihad* – que terá também sido instigada pela Alemanha – ficaram bastante aquém do pretendido. A consequência mais palpável desta (ainda que talvez não pretendida), foram os massacres (genocídio), em larga escala, dos arménios[10] otomanos entre 1915 e 1917, pela populaça e irregulares turcos e curdos na Anatólia central e oriental. As razões para esse fracasso devem-se, em parte, ao facto de o Império Otomano se ter aliado também com outras potências europeias «infiéis» (a Alemanha e a Áustria-Hungria), e em parte também ao facto de os súbditos árabes e muçulmanos não turcos do sultão (da Síria até ao Iraque, passando pela Jordânia e península arábica) olharem cada vez mais para os turcos como colonizadores e opressores. Isto permitiu, por exemplo, a contra-revolta dos árabes contra os turcos otomanos em 1917, convenientemente apoiada pelos britânicos e tendo o seu rosto ocidental no coronel do exército britânico, Thomas H. Lawrence (mais conhecido como «Lawrence da Arábia»)[11].

Esta rivalidade dentro do Islão é um aspecto histórico importante particularmente negligenciado, ou, pelo menos, bastante subestimado na maioria das análises ocidentais, que tendem a ver o mundo muçulmano como algo tendencialmente homogéneo, abstraindo das enormes rivalidades étnicas, religiosas e políticas que o dividem. Aliás, importa recordar que, se

---

[10] Sobre os massacres (normalmente qualificados como genocídio) dos arménios otomanos entre 1915 e 1917, ver José Pedro Teixeira Fernandes, *O que aconteceu aos arménios?* (2004).

[11] Acontecimentos descritos por Thomas H. Lawrence no seu livro os *Seven Pillars of Wisdom*/Os Sete Pilares da Sabedoria, originalmente publicado em 1926.

Sob um império ocidental: Britannia rules

há algo que de facto aproximou, no século XIX e inícios do século XX, o Império Otomano das potências europeias (Grã-Bretanha, França, Rússia, Áustria-Hungria e Alemanha), foi o sentimento recíproco de se estar entre «companheiros imperialistas». Veja-se como sagazmente os historiadores Efraim Karsh e Inari Karsh descreveram essa curiosa «camaradagem imperial» (*ibidem*, p. 3-4):

> As relações europeio-otomanas não foram nada como a relação caçador-presa que caracterizaram, por exemplo, a «Luta pela África». Em vez disso, foram um delicado acto de equilíbrio, de manipulação e de intriga entre companheiros imperialistas – otomanos e europeus –, no qual todas as partes procuraram explorar os assuntos regionais e mundiais para sua maior vantagem: um interacção entre actores marcadamente com desigual poder e estatuto, mas entre colegas imperialistas, apesar de tudo. Não obstante a sua fraqueza interna e inferioridade face às contrapartes europeias, o Império Otomano conseguiu manter-se, neste intrincado jogo da política de poder europeia, durante um surpreendentemente longo período de tempo e até durar mais (ainda que por uma escassa margem) que os seus dois formidáveis rivais imperiais (os Habsburgos e os Romanovs).

Essa «camaradagem imperial(ista)» que vinha desde o século XIX terminou, abruptamente, com derrota otomana no final da I Guerra Mundial e consequente desaparecimento do império (tal como aconteceu aos Romanov e Habsburgos, pouco tempo antes). Ainda sobre este assunto, numa recente publicação do historiador britânico Richard Toye sobre Churchill e Lloyd George, são também abordados alguns aspectos das negociações de paz, no final da I Guerra Mundial, relacionados «com a questão do Oriente». No livro há um curioso relato de um comentário que Winston Churchill terá feito, em finais de 1922, quando os nacionalistas turcos de Mustafa Kemal, após terem derrotado as tropas gregas na Ásia Menor (que ocupavam a região de Esmirna/Izmir), ameaçavam atacar a posições militares britânicas nos estreitos e em Constantinopla/Istambul (2007, p. 234):

> A 11 de Outubro [de 1922] uma convenção foi assinada, pendente da negociação de um novo tratado de paz entre os Aliados e a Turquia (sob o Tratado de Lausana de 1923 a Turquia recuperou a

Trácia oriental, a zona dos estreitos e outros territórios). Lloyd George e Churchill parecerem ter lamentado a crise não ter evoluído para uma guerra. [Maurice] Hankey[12] escreveu no seu diário: «caminhei no parque com Churchill num final de tarde próximo do fim da crise e este muito francamente lamentou que os turcos não nos tenham atacado em Chanak [Çanakkale em turco, situada nos Dardanelos na zona dos estreitos] pois sentia que a rendição na Trácia oriental tinha sido humilhante e que o regresso dos turcos à Europa significava um problema infinito».

Nesse longínquo final de tarde de 1922 certamente que Churchill não estaria a pensar na actual candidatura e negociações de adesão da Turquia à União Europeia (UE), mas, visto retrospectivamente, este comentário não deixa de ter uma ironia premonitória: não só a Trácia oriental (o território geograficamente europeu da Turquia, que representa cerca de 3% da totalidade do país[13]), é um dos mais usuais argumentos para justificar o seu carácter «europeu», como o processo de negociações de adesão à UE (iniciado em 2005), tem sido marcado por uma significativa conflitualidade. Note-se que este comentário de Winston Churchill não deve ser interpretado como provindo de um político imbuído de uma visão de política externa turcófoba. Bem pelo contrário, Churchill estava conotado nos círculos políticos britânicos e na diplomacia europeia da época como tendo posições bastante turcófilas, contrastando significativamente com Lloyd George (que não escondia a sua simpatia pro-helénica e a sua admiração pelo grande político grego da época, Eleftherios Venizelos, nem a sua antipatia pelos turcos). As divergências entre os dois grandes vultos da política britânica da

---

[12] Maurice Hankey (barão de Hankey), foi um alto funcionário britânico que na época ocupava o cargo de Secretário do Primeiro-Ministro (Lloyd George), tendo também sido Secretário do Gabinete Imperial de Guerra.

[13] O território convencionalmente europeu da Turquia, que fica situado a Ocidente do Bósforo, designado genericamente por Trácia oriental, abrange as actuais províncias turcas de Edirne, Kırklareli e Tekirdağ, mais a parte europeia de Istambul e de Çanakkale). A sua extensão geográfica é de 23,764 km2, tendo o país na sua totalidade uma área de 780, 580 Km2 (ou seja, representa 3,04% do total). Cfr. CIA, *The World Fact Book*, https://www.cia.gov/library/publications/the-world-factbook/print/tu.html e Wikipedia http://en.wikipedia.org/wiki/Turkish_Thrace

primeira metade do século XX estão bem espelhadas no já referido livro de Richard Toye. Atente-se no teor de um excerto onde é referida uma longa carta que Churchill endereçou a Lloyd George, em inícios de 1920, um pouco antes da sua mudança para o *Colonial Office*/Ministério das Colónias. Nessa missiva, este denotava preocupações de *realpolitik*, face às repercussões de uma política externa desfavorável à Turquia nos súbditos muçulmanos do Império (*idem*, p. 218):

> «Lamento por ver quão longe estamos a afastar-nos na política externa», começou por dizer este. Continuou argumentando que era perigoso para a Grã-Bretanha ser identificada como o principal poder mundial anti-turco, dado que tinha tantos muçulmanos a viver dentro das fronteiras do seu próprio império. O controlo britânico dos seus novos territórios noutras partes do Médio Oriente [a Mesopotâmia, o actual Iraque, e a Transjordânia, as actuais Jordânia, Israel e territórios palestinianos] tornava-se muito mais difícil pela «*vendetta*» anti-turca. «Nós parecemos estar a transformar-nos no poder mais anti-turco e mais pro-bolchevique do mundo, quando julgo que deveríamos estar a fazer o contrário».

Não deixa de ser curioso notar que Churchill – como vitoriano e adepto convicto do império colonial – mostra, já nesta carta, uma das principais linhas do seu pensamento sobre a política externa britânica, que se fez plenamente sentir durante a segunda metade do século XX. A sua fobia da Rússia/União Soviética, moldada pelas rivalidades imperiais e coloniais no Sudeste da Europa, nos estreitos e na Ásia Central e Norte da Índia (e mais tarde pelo comunismo), e o recurso estratégico ao Império Otomano/Turquia, numa *realpolitik* de *containment* (contenção) da Rússia/ /União Soviética. Como veremos em detalhe, mais à frente, esta é um dos factores que mais consequências negativas teve (e tem) sobre a questão cipriota.

Voltando agora aos acontecimentos da época, tal como já referimos, foi através de Tratado de Lausana (1923) que a questão jurídico-diplomática do fim do Império Otomano e da criação da República da Turquia encontrou uma solução, sendo esta o Estado sucessor face ao Direito Internacional Público. Nesse Tratado ficaram também definidos os limites territoriais do novo Estado face aos antigos territórios do Império Otomano,

Chipre incluído (ver Anexo 1). O seu artigo 20 é muito claro ao afirmar que a Turquia «reconhece a anexação de Chipre proclamada pelo Governo Britânico, a 5 de Novembro de 1914». Por sua vez, através do disposto anteriormente no artigo 16, a Turquia renunciou também «a todos os direitos e títulos e a tudo o que respeite aos territórios situados fora das suas fronteiras traçadas no presente Tratado, e das ilhas, para além daquelas cuja soberania é reconhecida pelo dito Tratado». Daqui resulta líquido que, do ponto de vista do Direito Internacional Público, a Turquia não tinha qualquer tipo de direito que obrigasse (ou justificasse a necessidade), de participar nas negociações para a independência de Chipre, que ocorreram em finais dos anos 50 do século XX. Como veremos também mais à frente, a razão dessa participação terá de procurar-se no domínio das circunstâncias políticas do pós-II Guerra Mundial (ligadas sobretudo à Guerra Fria) e nos interesses britânicos em relação à ilha.

De colónia da coroa britânica a Estado independente
A *enosis* como modelo de luta pela libertação

Não parece ser exagero da historiografia nacionalista helénica afirmar que a ideia da *enosis* terá surgido (e ficado latente) entre os cristãos cipriotas, ou, pelo menos, entre alguns membros da sua elite dirigente, desde a altura da sublevação dos *dhimmis* do *rum millet*, na Moreia/ Peloponeso em 1821, que levou à fundação do Estado grego moderno (reconhecido pelas potências europeias em 1830). O que certamente é mais discutível, e muito provavelmente não existia nas massas dessa época, até pelo baixíssimo nível de instrução, é a consciência de uma identidade nacional grega moderna, herdeira da cultura da Antiguidade Clássica (a principal identificação era naturalmente a Ortodoxia, que era a identidade permitida e gerida pelo sistema teocrático imperial otomano).

Ainda assim, é importante sublinhar que a questão de Chipre não pode ser compreendida se não se tiver a percepção do que foi o processo de formação e expansão territorial da Grécia (que mais que duplicou o seu território inicial), e que só atingiu a sua actual configuração territorial em 1947, após a passagem das ilhas do Dodecaneso da Itália para a soberania helénica. Neste processo formativo, marcado por sucessivos alargamentos,

QUADRO 2
A formação e expansão territorial da Grécia moderna

Território	Integração no Estado grego	Duração da ocupação otomana
Grécia continental (Peloponeso, Eubeia e Ática)	1832 (independente *de facto* desde 1827)	1456-1832 (376 anos)
Grécia – ilhas (Jónicas)	1864*	0
Grécia continental (Tessália)	1881	
Grécia – ilhas (Creta)	*Enosis* em 1913	1669**-1898 (229 anos)
Grécia continental (Epiro e Macedónia)	1913	1456-1913 (457 anos)
Grécia continental (Trácia oriental) e Ásia Menor (Jónia – região de Esmirna/Izmir)	1923 Fracasso da *megali idea* de integrar os territórios helénicos da Antiguidade na Ásia menor no Estado grego moderno	Território otomano desde 1425, integrado na República da Turquia em 1923, após vitória militar dos nacionalistas turcos de Mustafa Kemal na guerra da independência (1919-1922)
Grécia continental (Trácia ocidental)	1923 (entre 1913 e 1922 foi território da Bulgária)	1456-1913 (457 anos)
Grécia – ilhas (Dodecaneso)	1947(entre 1912 e 1946 foram território da Itália)	1522-1912 (390 anos)

Fonte: Quadro elaborado pelo autor baseado em dados recolhidos em Richard Clogg (1992, p. 42) e Carl L. Brown [ed.] (1996, pp. xiii e xiv)

 * As ilhas Jónicas foram conquistadas pela Grã-Bretanha em 1809 (no contexto das guerras Napoleónicas) e cedidas à Grécia em 1864
** A conquista otomana de Creta ocorreu entre 1645 e 1669

o exemplo com mais impacto na população de Chipre foi de outra grande ilha do Mediterrâneo – Creta. Esta converteu-se no modelo a imitar para a população cristã ortodoxa grega da ilha e, de alguma maneira, no pesadelo da minoria muçulmana turca, habituada à supremacia governativa durante mais de três séculos. Mas foram sobretudo os acontecimentos da I Guerra Mundial e o complexo jogo de alianças e da procura de aliados entre a *Entente* e a Tríplice Aliança que deram nova intensidade a esta questão latente. Na memória colectiva dos cipriotas pesa também bastante a questão das promessas da ilha de Chipre à Grécia, feita pelos britânicos. Como refere o historiador de origem cipriota, Stavros Panteli (2000, p. 81), «antes de 1920 houve duas 'ofertas' em 1912 e 1915 e duas promessas em

1919[14]. E parece que terá havido uma outra promessa em 1930. Após a primeira fase das guerras balcânicas os combatentes encontraram-se em Londres (de 16 de Dezembro de 1912 a 6 de Janeiro de 1913), para discutir os termos da paz». Nessa conferência Lloyd George perguntou a Eleftherios Venizelos se «a Grã-Bretanha poderia obter facilidades navais em Argostoli[15] em troca de Chipre».

Um dos grandes problemas que enfrentaram estas promessas britânicas de cedência de Chipre foram as circunstâncias internas da Grécia dessa época, que eram particularmente complexas. O pro-germânico rei Constantino opôs-se sistematicamente a estas promessas que implicavam uma maior proximidade, se não mesmo uma aliança, com os britânicos e as restantes potências da *Entente*. Stavros Panteli faz ainda notar que «através dos papéis privados de Sir Edward Grey ficamos a saber que a rainha da Grécia declarou, em 1915, que, se um único soldado germânico fosse morto por um grego, deixaria imediatamente a Grécia para sempre (*ibidem*, pp. 82--83). Para se perceber a delicadeza da situação importa também relembrar que a rainha da Grécia era irmã do Kaiser Whilelm (Guilherme) II da Alemanha, e que o rei Constantino tinha sido distinguido com o título honorífico de marechal de campo do exército germânico.

Como descreve no seu livro Richard Clogg (1992, pp. 83-89), este foi um período particularmente dramático da história helénica, com a Grécia completamente fracturada, naquilo que ficou conhecido como o grande «cisma nacional», com dois governos paralelos durante algum tempo (Setembro de 1916 a Junho de 1917) – o governo do rei Constantino na capital, Atenas, e o governo do Primeiro-Ministo Elefthérios Venizelos, estabelecido na recém conquistada cidade de Salónica) – reclamando ambos exclusiva legitimidade para governar o país. No cerne desta profunda divisão interna estavam os acontecimentos da Grande Guerra em curso.

---

[14] Após o final do conflito, e na altura das negociações de paz, houve uma segunda promessa diplomática feita à Grécia. Esta teve origem em Ramsay MacDonald (mais tarde barão de Strabolgi), o líder do Partido Trabalhista na época, em Fevereiro de 1919. «Falando perante 102 delegados de 26 países na Conferência Socialista Internacional de Berna, enfatizou que o seu partido suportava a auto-determinação cipriota». Todavia, MacDonald, que liderou um curto governo trabalhista em 1924 (22 de Janeiro a 3 de Novembro), falhou em honrar a sua promessa» (Stavros Panteli, *idem*, p. 86).

[15] Argostoli é a maior cidade portuária da ilha de Cefalónia, que faz parte do arquipélago das ilhas jónicas da Grécia.

De um lado encontravam-se os partidários do rei Constantino que, apesar das notórias simpatias pro-alemãs, sustentava uma prudente neutralidade pois temia também o grande poder da marinha britânica; do outro lado os partidários do Primeiro-Ministro Elefthérios Venizelos, que sustentava a necessidade da entrada no conflito ao lado da *Entente*. Vale a pena também notar que esta fractura coincidiu, grosso modo, com a divisão entre a «nova» Grécia (os territórios mais recentes, conquistados a Norte nas guerras balcânicas de 1912 e 1913 e a ilha de Creta) – apoiante entusiasta de Venizelos, ele próprio de origem cretense – e a «velha» Grécia (as regiões mais antigas do Sul, nomeadamente o Peloponeso a Eubeia e as ilhas argo-sarónicas, incorporadas nos Estado grego desde os primeiros tempos da independência) – próxima das posições do rei Constantino. Este «cisma nacional» só terminou em Junho de 1917 quando o rei Constantino abandonou a Grécia, abdicando do trono a favor do seu filho Alexandre, o que acabou por permitir a entrada das tropas gregas na I Guerra Mundial, ao lado dos Aliados.

QUADRO 3
Chipre sob o Império Otomano e a administração britânica

	Chipre antes de 1878	**Chipre em 1920**
Comunicações	Em termos gerais praticamente inexistentes; apenas existiam caminhos para mulas e camelos	Existiam boas estradas e pontes e uma linha de caminho de ferro entre Famagusta e Nicósia
Estações de correio	Quase inexistentes	Existiam mais de 65, com cerca de 200 estações rurais, lidando com três milhões de cartas, cartões, jornais e pacotes
Hospitais	Não existiam	Existia pelo menos um em cada distrito, geralmente sob a supervisão do governo e das autoridades médicas
Imprensa escrita	Aparentemente inexistente	Cerca de 15 jornais eram publicados regularmente
Escolas	Existiam cerca de 170 com um ensino muito deficiente	Existiam cerca de 740, a maioria dispondo de professores com formação adequada
Comércio	Muito reduzido	As importações aumentaram 550% e as exportações 500%

Fonte: Stavros Panteli (2000, p. 97) – adaptação

Fossem quais fossem as reais intenções dos britânicos e as condicionantes relacionadas com a situação política interna da Grécia e do ambiente internacional, a verdade é que as promessas de *enosis* nunca se concretizaram. Pelo contrário, o que se verificou neste período foi a uma intensificação da presença britânica, com a declaração oficial na *Cyprus Gazette* da ilha como Colónia da Coroa, a 1 de Maio de 1925. Apesar da sua situação de subordinação a um novo Império e de menoridade política a que a população se encontrava submetida, houve, em termos educativos, de infra-estruturas e económicos algumas melhorias, nalguns casos até particularmente significativas (hospitais, escolas, imprensa, actividades económicas e comerciais, etc.), face ao anterior período de dominação otomana, como se pode ver pelo quadro anterior. Todavia, importa notar que isto não fez diminuir, pelo menos na população cipriota grega, largamente maioritária na ilha, o sentimento de insatisfação face à governação exercida por uma potência estrangeira e à impossibilidade de ligação política ao Estado helénico. Aliás, paradoxalmente, foi a própria melhoria da educação, das comunicações e da economia promovida pelos britânicos que, ainda que involuntariamente, intensificou o sentimento de proximidade ou pertença à Nação helénica e o sentimento de grande insatisfação e de injustiça pela situação de subordinação política, o qual se expandiu significativamente entre os cristãos cipriotas, levando ao acentuar da hostilidade face ao poder colonial britânico. Já da parte da comunidade cipriota turco-muçulmana não se verificaram similares tendências. A atitude da Turquia de renúncia a qualquer direito sobre Chipre e até de encora-jamento da migração da população cipriota muçulmana para a nova República, levou os que optaram por permanecer a verem, de um modo geral com agrado, a continuidade do poder colonial britânico. Este era percebido como um contrapeso face às pretensões da maioria helénico-cristã. Estas percepções comunitárias díspares face ao poder colonial britânico e sobre o destino da ilha numa situação pós-colonial estão, juntamente com um ambiente externo particularmente complexo e com repercussões na situação interna, na origem da dramática evolução dos acontecimentos ocorrida nas décadas seguintes.

A *oktovriana* e o plebiscito para a *enosis*

No início dos anos 30 do século XX a campanha para a *enosis* com a Grécia adquiriu uma nova intensidade. Quando, em 1931, a administração colonial britânica tentou cobrar um imposto temporário sobre os salários oficiais acima de 100 Libras por ano, o Conselho Legislativo de Chipre votou maioritariamente (13 votos contra 12),[16] no sentido da sua rejeição. Não obstante o desacordo da maiorias dos cipriotas, a medida acabou por ser imposta pela administração colonial o que levou a uma forte contestação entre a população. No mês de Outubro de 1931 ocorreram vários distúrbios e manifestações – algumas terminadas em violência – dirigidas contra o poder britânico (acontecimentos conhecidos como a *oktovriana*). Marcando um padrão que se repetiu até à altura da independência, em 1960, as manifestações e sinais de rebelião dos cipriotas são uma característica praticamente só existente nas populações heleno-cristãs. Do lado da comunidade turco-muçulmana a atitude mais generalizada oscilou entre a passividade e o apoio, explícito ou implícito, ao poder britânico. Este padrão mostra também a ausência de uma nação cipriota o que não é propriamente surpreendente. Basta pensarmos no longo passado otomano de dominação segregacionista da *umma/millet*; e, no período mais recente, na *indirect rule* dos britânicos que, por conveniência da governação colonial, prolongou, sob uma capa de «tolerância» liberal, o arcaico comunitarismo étnico-religioso que encontrou na ilha (o caso do sistema escolar é um exemplo óbvio, pois as duas comunidades baseavam a sua educação em escolas normalmente separadas, e sobretudo, em *curriculuns* promovendo identidades divergentes), com consequências extremamente nefastas para o futuro de Chipre. No centro da *oktovriana* encontrava-se a Igreja de Chipre e, em particular, o bispo de Kition que apelou à população para desobedecer às leis e lutar pela *enosis*. A reacção do governador britânico da época, Ronald Storrs, foi decretar o recolher obrigatório, a proibição de assembleias com

---

[16] Os doze cipriotas gregos que votaram contra a medida foram secundados por um cipriota turco que ficou conhecido neste episódio como sendo o «décimo terceiro grego» (este é, naturalmente, um detalhe que a historiografia grega e cipriota grega gosta de acentuar).

mais de 5 pessoas, o porte de armas e condutas vistas como provocatórias. Estas medidas não impediram o alastramento das manifestações um pouco por toda a ilha, especialmente nas principais cidades como Nicósia, Pafos, Larnaca e Famagusta. As manifestações e a turbulência que lhe seguiu originaram danos e destruições em propriedades do governo, incluindo a do governador, que foi incendiada, edifícios públicos, esquadras de polícia, etc. bem como outros actos mais próximos da delinquência vulgar (por exemplo, roubo de sal...).

Note-se que, do lado da Grécia, ou mais exactamente, do lado do governo grego, não houve suporte à *oktovriana*. Eleftherios Venizelos informou a imprensa, a 23 de Outubro de 1931, «que não existia uma questão cipriota entre dois governos, mas apenas entre o governo britânico e o povo de Chipre». Desta forma, Venizelos e o seu governo «mantiveram estrita imparcialidade, apesar da grande pressão exercida pela imprensa e pelos apoiantes do movimento unionista». Todavia, isso não significou que as manifestações pela *enosis*, em Chipre, não tivessem tido grandes repercussões na opinião pública grega. Pelo contrário, «um manifesto de simpatia com a causa cipriota foi assinado por 45 gregos proeminentes, encabeçado pelo Almirante Koundouriotis, e publicado em todos os jornais atenienses a 31 de Outubro. O Santo Sínodo da Igreja da Grécia fez uma declaração no mesmo sentido e o Arcebispo de Atenas enviou-a por telégrafo ao seu congénere britânico». Para além destas manifestações de solidariedade, simbolicamente, o «Dia do Armistício (11 de Novembro) foi celebrado em Atenas como o 'Dia de Chipre' e um comité secreto foi formado no Pireu para equipar 1.000 voluntários (*comitajis*) para Chipre» (Stavros Panteli, 2000, p. 129).

Estes acontecimentos de desafio aberto ao poder colonial levaram a Grã-Bretanha a suspender a Constituição que vigorava em Chipre e a introduzir várias medidas repressivas. Estas incluíram, não por acaso, a deportação de dois bispos e de dois líderes do partido comunista – ou seja, dos dois principais movimentos de massas e de oposição organizada à presença britânica na ilha. As medidas tomadas pelos britânicos acabaram por dar os seus resultados e as manifestações e distúrbios contra o poder colonial, que tiveram o seu pico em Outubro de 1931, foram progressi-vamente decaindo, regressando a ilha a uma certa normalidade. Para esta dissipação de tensões terá contribuído também a aproximação greco-turca dos anos 30, entre Venizelos e Atatürk, que levou a que a questão das ilhas do Dodecaneso – na altura na posse da Itália –, passassem a ser o principal foco de atenção do sentimento helénico. É interessante ainda notar que, apesar do ambiente de antagonismo enraizado face à administração colonial da Grã-Bretanha, houve uma significativa participação de voluntários cipriotas gregos nas tropas britânicas que combateram as potências do Eixo durante a II Guerra Mundial. Como descreve William Mallinson (2005, p. 11), bastante curioso, eventualmente também algo cínico, foi um dos *slogans* de recrutamento utilizados pelo exército britânico nesse período – «*For Freedom and Greece*»/Pela Grécia e pela Liberdade:

> Após a Grã-Bretanha ter declarado guerra à Alemanha, cerca de 37.000 cipriotas, dos quais um terço eram turcos, ofereceram-se como voluntários para as Forças Armadas britânicas (incluído um futuro presidente, Glafkos Klerides, que foi piloto de guerra. Curiosamente as autoridades britânicas até usaram o slogan «Pela Grécia e pela Liberdade». É discutível em que medida isto foi vagamente cínico ou desesperadamente realista.

Se os acontecimentos da II Guerra Mundial levaram a um interregno na luta pela libertação/*enosis*, no pós-guerra a questão voltou a surgir, encontrando-se Chipre na dupla situação anómala de ser uma colónia europeia do Império Britânico e de estar a ser governado de forma autoritária, devido à situação política resultante das medidas restritivas tomadas em 1931 ainda se manterem parcialmente em vigor. Em 1947, o governo trabalhista britânico tomou a iniciativa de introduzir uma nova Constituição que seria um primeiro passo para o auto-governo dos cipriotas. Para o efeito, Reginald Fletcher (*Lord* Winster), o governador de Chipre, foi encarregado da missão de formar uma Assembleia consultiva, com representantes cipriotas de ambas as comunidades. Do lado cipriota grego esta iniciativa teve, desde o início, a forte oposição da Igreja Ortodoxa e dos sectores mais pro-*enosis*, enquanto os partidos da área da esquerda, nomeadamente os comunistas do AKEL, aceitaram participar nos trabalhos da Assembleia. Quanto aos cipriotas turcos, normalmente os mais colaborativos com as autoridades coloniais britânicas, aceitaram também,

96   *A Questão de Chipre*

sem grande surpresa, participar na mesma, tendo como porta-voz e Secretário Rauf Denktaş[17]. A Assembleia iniciou a sua actividade a 1 de Novembro de 1947 sob a presidência do juiz do Supremo Tribunal em Chipre, Edward Jackson. Esta iniciativa resultou num fracasso, sobretudo devido ao boicote e pressão de que foi alvo por parte da Igreja Ortodoxa e dos sectores mais pro-*enosis*, que levaram também a que os representantes cipriotas gregos da área da esquerda, que inicialmente participavam nos trabalhos, reiterassem as suas objecções ao texto em preparação e se retirassem desta, em 20 de Maio de 1948, provocando a sua posterior dissolução, a 12 de Agosto. Independentemente das reais intenções dos britânicos, o problema foi que a grande maioria da opinião pública cipriota grega, correcta ou incorrectamente[18], percebeu esta Assembleia, oficialmente incumbida de criar uma nova Constituição e abrir caminho para um futuro auto-governo, como (mais) um manobra britânica para prolongar o poder colonial e impedir a união com a Grécia.

Gorado o projecto constitucional de *Lord* Winster, a questão da união voltou a surgir com nova intensidade, coincidindo com o final da guerra civil grega (1946-1949). Este conflito que assolou a Grécia e opôs o movimento comunista e seus simpatizantes (inicialmente com o apoio soviético e, sobretudo, também do regime jugoslavo de Tito, que permitiu que o seu território funcionasse como base de retaguarda até 1948), aos partidários do rei e de um governo pro-ocidental (apoiados pelos britânicos e, mais tarde, também directamente pelos norte-americanos) – e que terminou com uma vitória militar destes últimos – teve também repercussões em Chipre, não só pelos laços culturais e emocionais, como pelo facto de existir um partido comunista – o AKEL – com bastante implantação na ilha, entre as classes trabalhadoras e sindicatos. Stavros Panteli (2000, p. 207) faz notar que, apesar destes acontecimentos na Grécia, quer

---

[17] Recentemente regressado a Chipre do Reino Unido, onde adquirira formação jurídica, tendo começado nessa altura a exercer a actividade de advogado.

[18] O assunto ainda hoje é debatido e objecto de controvérsias entre os cipriotas gregos. Sobretudo nos sectores da sociedade cipriota mais à esquerda e próximos do AKEL, há quem faça uma espécie de *mea culpa*, considerando que ao rejeitarem as propostas britânicas em 1948, os cipriotas gregos perderam a primeira grande oportunidade de atingirem os seus objectivos de forma gradual.

os nacionalistas, quer os comunistas, «mantinham-se plenamente empenhados na *enosis*». Esta afirmação parece ser inequivocamente corroborada pelo plebiscito que a Igreja Ortodoxa de Chipre organizou entre 15 e 22 de Janeiro de 1950, com o objectivo de pressionar as autoridades britânicas. «Dos 224.747 cipriotas gregos elegíveis para votar 215.108, ou seja, 95,7 % assinaram a petição para a *enosis*». O mesmo historiador refere ainda que «vários cipriotas turcos e outros nomes podem ser vistos ao lado de assinaturas gregas».

A luta armada da EOKA e a política britânica para o Médio Oriente

Nos anos 50, o impacto do movimento de descolonização que estava a levar as antigas colónias europeias à independência fez-se também sentir em Chipre, sendo os britânicos, pela dimensão do seu império, os que mais cedo e em maior dimensão foram confrontados com esse problema. O governo britânico, para contrariar as veleidades de independência/*enosis* da população cipriota grega, especialmente sob a liderança do político conservador Anthony Eden (que sucedeu no governo ao carismático Winston Churchill) promoveu, sobretudo nos bastidores diplomáticos, a intervenção da Turquia na questão de Chipre, abrindo também a porta à legitimação, face ao Direito Internacional, do seu interesse político e estratégico pela ilha (importa ter em mente que a Turquia tinha abdicado de quaisquer direitos sobre Chipre pelo Tratado de Lausana). Aspecto importante para a compreensão deste problema é que a política britânica de promover, ainda que por via indirecta, a causa cipriota turca (até essa altura o que habitualmente se designa hoje como sendo os «cipriotas turcos» eram vulgarmente conhecidos apenas como «muçulmanos» e não constavam das mais importantes discussões sobre o futuro da ilha), ocorreu num contexto particularmente difícil para o poder britânico no Mediterrâneo Oriental e Médio Oriente. Não só a pressão internacional para a descolonização, incluindo dos próprios aliados norte-americanos, era cada vez maior, como a situação no Egipto estava a evoluir para uma crescente hostilidade à presença estrangeira – situação que culminou com a nacionalização do Canal do Suez por Gamal Abdel Nasser, em 1956, e com a tentativa fracassada da sua recuperação, por britânicos e franceses. Nesse contexto, o Reino Unido planeava transferir o seu comando do Médio Oriente do Suez para Chipre (aparentemente, confirmando *a posteriori* a razão estratégica que tinha estado por detrás da tomada de controlo de Chipre, em 1878). Outro aspecto a ter em conta foi a assinatura, em inícios de 1955 – um ano crucial para os desenvolvimentos futuros da questão de Chipre –, de um pacto de defesa militar com o objectivo de conter a expansão da União Soviética (CENTO, também conhecido como Tratado de Bagdade), entre o Reino Unido, a Turquia, o Iraque e o Irão. A segunda metade da década de 50 foi um período particularmente traumático para a percepção dos britânicos sobre si próprios, pois ainda se viam como uma grande potência mundial. Estes tiveram aquilo que, com propriedade, pode ser designado como um «choque de realidade» (partilhado pelos franceses) e provocado pela referida crise do canal do Suez, onde ficou claro que esse estatuto já só pertencia aos EUA e à União Soviética. É provavelmente este contexto de queda abrupta da maior potência imperial do século XIX e primeira metade do século XX que explica também a particular intransigência britânica em abdicar da soberania sobre Chipre. Premonitória sob o futuro foi a declaração do Ministro de Estado para as Colónias, Henry Hopkinson, de que «existiam certos territórios dentro da *Commonwealth* que, devido às suas particulares circunstâncias, nunca poderiam esperar ser completamente independentes»[19].

Um relato particularmente curioso e polémico sobre a atitude do governo do Reino Unido face à questão de Chipre, neste mesmo período histórico, é feito por William Mallinson (2005, p. 22), um antigo diplomata britânico que actualmente é também um activo defensor da causa cipriota grega (e um crítico cáustico da diplomacia do seu próprio país, e da norte-americana, face à questão de Chipre). Conforme este começa por explicar, o governo britânico «confrontado com a deterioração da situação no Egipto, com um governo da Grécia crescentemente indignado e preocupado com a progressiva influência dos *media* norte-americanos», terá optado por «clandestinamente suportar a posição turca». Desta forma, «começou activamente, mas secretamente, a ajudar o governo turco sobre Chipre».

---

[19] Cfr. Keith Kyle, «Cyprus (The main narrative)» in *The Cyprus Conflict*, http://www.cyprus-conflict.net/www.cyprus-conflict.net/narrative-main.html

Ainda segundo William Mallinson «em Fevereiro de 1955 o embaixador britânico em Ancara, Bowker, escreveu ao *Foreign Office* (Ministério dos Negócios Estrangeiros), sugerindo formas de ajudar o governo turco nessa questão, onde existiam interesses comuns (2005, *idem*):

> [...] Primeiro, os representantes turcos no estrangeiro, particularmente em Londres e Washington, podem ser mais activos a divulgar a atitude da Turquia sobre Chipre. No Reino Unido, os seus esforços podem ser direccionados (nesta ordem) para: a) membros do Parlamento; imprensa semanal (já foram ajudados pela visita dos jornalistas no ano passado). O mesmo parece ser verdade nos Estados Unidos e noutros países. De qualquer maneira, a propaganda turca deve ser apresentada com tacto. Por exemplo, o adido de imprensa em Londres fez um bom trabalho ao distribuir os panfletos da Associação «Chipre é turco».
>
> Isto já foi discutido em termos gerais com os oficiais do Ministério dos Negócios Estrangeiros [...] Segundo o Departamento, deverá ser capaz de encorajar alguns membros seleccionados do Parlamento a virem aqui pela sua própria iniciativa, para conhecerem um pouco da Turquia em geral e da atitude turca em relação a Chipre em particular... Os turcos sem qualquer dúvida ficarão contentes por conhecer a política que Sua Majestade se propõe seguir de agora em diante, até à próxima reunião da Assembleia Geral das Nações Unidas, e a política turca será provavelmente influenciada pelos pontos de vista britânicos.

Segundo o relato deste antigo diplomata, a proposta britânica para uma conferência tripartida (ou seja, entre o Reino Unido, a Grécia e a Turquia), baseou-se em motivos «que não eram inteiramente altruísticos». Como este refere, o maior instigador da ideia dessa conferencia parece ter sido o subsecretário permanente do *Foreign Office*, que em 26 de Junho de 1955 escreveu o seguinte memorando (*ibidem*, p. 24):

> Sempre me senti atraído pela ideia de uma conferência de três potências, simplesmente porque acredito que isto irá embaraçar seriamente o governo grego. E se esta conferência vier a realizar-se não deverá produzir nenhum plano ou proposta britânica até que um impasse greco-turco ocorra [...] Uma conferência pode ser prolongada por algum tempo até que os ânimos tenham tempo para arrefecer. É sempre difícil reiniciar uma guerra após um armistício.

100 A Questão de Chipre

Quer dizer, o método do governo britânico para conservar Chipre terá sido «fazer o que podia para minar as relações greco-turcas», procurando reverter esse conflito a seu favor de forma a justificar a sua presença na ilha (*ibidem*, p. 25). William Mallinson justifica ainda a sua visão sobre o papel negativo da diplomacia britânica da seguinte forma (*ibidem*, p. 26):

> Dadas todas estas manobras de bastidores e actos visíveis como a criação de uma força policial auxiliar composta exclusivamente por cipriotas turcos, parece claro que os objectivos do governo britânico eram dividir os gregos e os turcos para poder afirmar que era o único capaz de preservar algum elemento de estabilidade e ao mesmo tempo tentar impedir que o governo grego levasse o assunto às Nações Unidas.

Para além das manobras diplomáticas, no terreno, um dos acontecimentos mais dramáticos do ano de 1955 foi aquilo a que, ironicamente, podemos chamar «as demonstrações públicas de interesse», ocorridas na Turquia, pela questão de Chipre. Estas demonstrações desembocaram num ataque violento, ocorrido a 6 de Setembro, dirigido contra os membros da comunidade cristã ortodoxa grega de Constantinopla/Istambul (na altura esta ainda tinha uma dimensão importante, de mais de 50.000 pessoas). Relativamente a esses tumultos a embaixada britânica na Turquia registou, só em Istambul, «29 igrejas ortodoxas gregas completamente destruídas, 34 seriamente danificadas, várias sepulturas abertas e um monge queimado até à morte» (*ibidem*, p. 26). Para além disso, três a quatro mil edifícios, sobretudo lojas comerciais e casas de habitação pertencendo à geralmente próspera comunidade ortodoxa grega, sofreram danos consideráveis e, nos casos mais graves, foram mesmo totalmente destruídos, tendo várias dezenas de pessoas sido também agredidas ou molestados. Esta destruição metódica de que foi alvo a população cristã ortodoxa grega ocorreu após ter sido posto a circular um rumor, entre a população, sobre uma bomba colocada na casa onde nasceu Mustafa Kemal Atatürk, na actual cidade grega de Salónica, que a teria destruído toda (pode-se facilmente imaginar o poder inflamatório que tal rumor continha, num país de forte cultura nacionalista como é o caso da Turquia). Os acontecimentos de 6 de Setembro de 1955 ainda hoje estão rodeados de um conjunto de circunstâncias pouco claras. Apesar do governo turco do Partido Demo-

Sob um império ocidental: Britannia rules 101

crático de Adnan Menderes (que, visto retrospectivamente, em termos ideológicos, pode ser considerado como de tipo «proto-islamista») ter tentado atribuir as culpas a grupos comunistas, a explicação oficial não é convincente. Pelo contrário, há vários indícios significativos que apontam noutro sentido, como, por exemplo, a dimensão e o carácter metódico dos actos de destruição, associados a uma intervenção convenientemente tardia das forças policiais na protecção do património e integridade física dos cristãos ortodoxos gregos, que dão consistência à ideia de que esta terá sido uma acção instigada pelo próprio governo turco, ou, pelo menos, levada a cabo com a sua conivência[20] (tendo, eventualmente, as «demonstrações públicas de interesse» da população turca na questão de Chipre excedido as «expectativas» do governo, que acabou por ter de decretar o estado de emergência...)[21]. Em relação a estes graves acontecimentos que levaram praticamente ao fim a comunidade grega de Istambul – hoje meramente residual e com um Patriarcado em vias de extinção –, William Mallinson aponta não só o dedo ao governo turco, como denuncia também aquilo que este considera ter sido a cumplicidade do governo britânico (*ibidem*, p. 27):

> O governo britânico estava alertado sobre a possibilidade destes tumultos [...] Quando o *Foreign Office* ouviu falar de uma campanha turca para implicar o Patriarca cristão ortodoxo de Istambul na disputa de Chipre, um oficial notou que isso conferia «possibilidades interessantes». O embrião deste sentimento já tinha sido exposto por um oficial do *Foreign Office* no mês de Setembro anterior, com as palavras «Alguns distúrbios em Ancara seriam bons para nós». Apesar da comunidade grega em Ancara ser pequena, distúrbios anti-gregos na capital provavelmente espalhar-se-iam automaticamente a Istambul. De forma ainda mais condenável, durante a Conferência de Londres o Ministro turco dos Negócios Estrangeiros, Zorlu, telefonou para Istambul dizendo que «um pouco de actividade seria útil».

---

[20] Sobre este assunto ver o excerto do livro de Robert Holland, *Britain and the Revolt in Cyprus, 1954-1959* (1998, pp. 75-78), que está disponível na Internet em *The Cyprus Conflict*, http://www.cyprus-conflict.net/www.cyprus-conflict.net/istanbul_riots.html

[21] Em relação às responsabilidades nos massacres de 6 de Setembro de 1955 ver também um extracto do texto da autoria de Cem Erogul, que integra o livro *Turkey in Transition: New Perspectives*(1987), publicado pela Oxford University Pres, também disponível na Internet em *The Cyprus Conflict*, http://www.cyprus-conflict.net/www.cyprus-conflict.net/menderes%27%20fate.html

Mas o ano de 1955 foi também marcado por outros acontecimentos em Chipre. A 1 de Abril várias explosões e actos de sabotagem, incluindo da *Cyprus Broadcasting Station*/Estação de Difusão Cipriota, marcaram o início da rebelião armada contra o poder colonial britânico, feita pela EOKA (*Ethniki Organosi Kiprion Agoniston*/Organização Nacional dos Combatentes Cipriotas[22]. Esta luta por meios armados foi liderada por Georgios Grivas (que adoptou o nome de guerra de Digenes evocando o herói de uma narrativa épica bizantina, Digenes Acritas). Este antigo coronel do exército grego, nascido em Nicósia em finais do século XIX, tinha já estado envolvido na guerra civil da Grécia, lutando, nessa altura, contra a facção comunista grega. Tratava-se, pois, da acção de um movimento de direita de tipo nacionalista. Nos bastidores, a luta da EOKA foi também apoiada pelo governo grego do marechal Pangalos, cada vez mais irritado e desesperado com a intransigência britânica em manter o controlo sobre Chipre. Os alvos principais foram o exército britânico e as suas instalações e pessoal, bem como os lugares simbólicos ligados à administração colonial. Em termos globais, as acções de guerrilha e de sabotagem que este efectuou podem, de um ponto de vista estritamente militar, ser consideradas um sucesso. De facto, algumas centenas de membros da EOKA obrigaram os britânicos a terem uma força militar significativa na ilha (que chegou a atingir cerca de 40.000 soldados), o que mostra a dificuldade em combater um movimento de guerrilha, quando este conhece bem o território e tem o apoio da maioria da população (uma situação algo idêntica aconteceu com os indonésios em Timor Leste quando, após a invasão e ocupação de 1975, tiveram de enfrentar a guerrilha da FRETILIN). Já em termos políticos os resultados são bastante mais mitigados. Os resultado mais positivo terá sido a pressão exercida sobre os britânicos para acelerar as negociações diplomáticas relativas a independência da ilha. Todavia, as acções da EOKA acabaram por provocar «danos colaterais» significativos, afectando, em parte, a própria comunidade cipriota grega. Desde logo, porque nem todos se reviam nessa luta armada

---

[22] O nome da EOKA derivou de uma organização similar criada em Creta, no início dos anos 40, durante a ocupação pela Alemanha nazi, chamada *Ethniki Organosis Kritikon Andarton*/Oganização Nacional das Guerrilhas de Creta.

Sob um império ocidental: Britannia rules

como o melhor meio para atingir o objectivo da libertação/*enosis* (era o caso dos activistas ligados ao movimento sindical e próximos do AKEL, que preferiam a via das manifestações de protesto e das greves), o que gerou fracturas internas (houve casos em que os ataques da EOKA foram também dirigidos contra esses «dissidentes» e «traidores»). Mas, de uma maneira mais evidente, e, sobretudo, com consequências bastante maiores, os «danos colaterais» atingiram as relações com a comunidade cipriota turca que, na sua esmagadora maioria, não se revia na luta da EOKA pela *enosis*, dando argumentos à Turquia para se posicionar como «protectora» dos cipriotas turcos. (Aqui a acção da EOKA pela *enosis* traz à memória histórica a *megali idea*, a «grande ideia» de reunificação das populações helénicas num único Estado, que se revelou desastrosa para as populações ortodoxas gregas da Ásia Menor[23], com a derrota do exército grego pelos nacionalistas turcos de Mustafa Kemal na guerra de 1919-1922, e que acabou numa troca forçada de populações[24]). Este clima de clivagem e de alguma tensão que se começou a desenhar entre as duas comunidades agravou-se, ainda mais, quando os britânicos decidiram criar o já mencionado corpo policial composto só por cipriotas turcos. Podem-se facilmente imaginar as consequências de uma tal medida nas relações entre ambas as comunidades, não só pela desconfiança com que os cipriotas gregos olhavam para os cipriotas turcos (suspeitos de delação e de serem informantes dos britânicos), como pelo facto de os cipriotas turcos verem as eventuais baixas nas forças policiais, ocorridas, por exemplo, a reprimir distúrbios, não como perdas de um elemento dessas mesmas forças policiais, mas de um cipriota turco.

O comunitarismo político cipriota turco e a acção paramilitar do TMT

Foi no contexto da agitação política e da luta armada pela libertação/ /*enosis* da EOKA que, do lado dos cipriotas turcos, surgiu em 1957 *o Türk*

---

[23] Ver o livro do diplomata britânico Michael Llewellyn Smith, *Ionian Vision. Greece in Asia Minor 1919-1922*, 2ª edição 1998, Londres, Hurst & Company.

[24] Ver José Pedro Teixeira Fernandes, «O Fim do Império Otomano e a Troca de Populações entre a Grécia e a Turquia» (2007).

104   *A Questão de Chipre*

Mukavement Teskilati (Movimento de Defesa Turco, TMT). Todavia, o aparecimento desta organização paramilitar também se integra num conjunto de esforços anteriores, empreendidos pelo menos desde os anos 30, para criar um espírito e movimentos de «comunitarismo político», da parte das elites cipriotas turcas. Os primeiros resultados visíveis dessas acções, que visavam pôr em prática organizações políticas comunitaristas, surgiram na década seguinte, mais precisamente em 1943, com a criação, por Fazil Küçük, da *Kıbrıs Adası Türk Azınlıklar Kurumu* (Associação da Minoria Turca de Chipre, KATAK)[25]. Nessa época, uma das personalidades que gravitava em torno do círculo de Fazil Küçük era o futuro líder cipriota turco, Rauf Denktaş. No contexto deste esforço de criar organizações políticas e movimentos comunitários representativos exclusivamente de interesses cipriotas turcos, este foi encarregado de promover a criação de organizações sindicais próprias. Assim, em 1954, surgia a *Türk-Sen*, a Federação dos Sindicatos de Operários Cipriotas Turcos. O objectivo era também o de contrariar a influência da Federação do Trabalho Pancipriota (a PEO), próxima do AKEL (vista como duplamente perigosa, por ser de origem cipriota grega e perfilhar a ideologia comunista...), que tinha já adquirido militância e associados entre os cipriotas turcos (terá tido mais de 4.000 até à partição de 1974). Citando um trabalho de Pantelis Varnavas, *Joint Labour Struggles by Greek Cypriots and Turkish Cypriots*/Lutas Laborais Conjuntas dos Cipriotas Gregos e Turcos (1997), Costas Yennaris explica como funcionava esta transversalidade comunitária sindical da PEO que, notoriamente, desagradava à lógica de fidelidade comunitarista, que Küçük e Denktaş se esforçavam por promover (2003, pp. 47-48):

> Os trabalhadores cipriotas turcos que pertenciam à PEO sabiam grego, entendiam-no e falavam-no. Isto ajudou muito a resolver dificuldades relativas ao contacto, à discussão dos problemas e à realização de reuniões. Quando assuntos muito importantes estavam em jogo, ou quando solicitado, aqueles que falavam o grego mais fluente ajudavam com discursos e a publicação de panfletos em turco. Entre os desenvolvimentos que o movimento sindical estava a ter, também com

---

[25] Após uma disputa com Necati Ozcan pelo controlo do KATAK ambos acabaram por ser forçados a resignar e Fazil Küçük criou o *Kıbrıs Türk Milli Birlik Parti*/Partido Cipriota Turco da União Nacional.

a ajuda dos trabalhadores cipriotas turcos, e de forma a melhorar o trabalho que tinha sido feito, foi decidido que criar uma filial turca era também essencial. A filial foi posta em funcionamento em 1954 e os seus membros eram Ahmet Sati (o responsável), Ferit Uray, Camil Dunzel, Piluz Caglar, Hasan Ibrahim Mustafa Ali, Ali Mehmet, Ali Hasan e Tilaver Nasir.

Este desagrado é fácil de compreender (e certamente não era exclusivo dos cipriotas turcos): a lógica ideológica típica do socialismo-comunista sustentava uma identidade solidária do tipo «membro da classe operária», contra as identidades tradicionais «burguesas» cipriota grega (leia-se cristã ortodoxa) e cipriota turca (leia-se muçulmana sunita). Importa também notar que os desenvolvimentos do comunitarismo político cipriota turco (e a sua hostilidade a uma identidade comum cipriota), estão igualmente ligados aos desenvolvimentos da «mãe-pátria» turca e aos ideais e ideologia do panturquismo.

As reivindicações territoriais do panturquismo estiveram oficialmente contidas durante o período em que Mustafa Kemal Atatürk (1923-1938) governou a Turquia (isto, se exceptuarmos o caso do *sandjkak* de Alexandreta), sobretudo devido à necessidade de uma política de boas relações com a União Soviética[26]. No pós II Guerra Mundial, com a relativa liberalização da política interna turca, voltaram a emergir no discurso público (Jacob Landau, 1981 [1995], pp. 111-135). Um desenvolvimento relevante neste contexto foi a criação da Associação da Cultura Turca de Chipre, que terá sido fundada em Istambul em 1946. Outro desenvolvimento relevante ocorreu em 1954, na sequência de uma iniciativa da Federação Nacional de Estudantes da Turquia, que organizou um seminário, também em Istambul, em resultado do qual foi instituído o comité «Chipre é turco», composto essencialmente por jornalistas de alguns dos principais jornais da Turquia (do *Hürriyet*, do *Vatan*, do *Yeni Sabah*, etc.). Os objectivos principais que

---

[26] Importa também notar que a União Soviética, sob a liderança revolucionária de Lenine, deu um apoio importante, em armas e financiamento, ao movimento nacionalista turco na fase mais crítica da guerra da independência contra a Grécia e as potências Aliadas (1919-1922).

QUADRO 4
A formação e expansão territorial da República da Turquia

Ano	Territórios integrados ou reivindicados
1923	Fundação da República da Turquia como Estado sucessor do Império Otomano (reconhecida pelo Tratado de Lausana), com o seu território localizado na Anatólia e abrangendo também uma pequena parte na Trácia oriental (ou seja, a Ocidente do Bósforo).
1926	O *vilayet* de Mosul* da antiga Mesopotâmia otomana (inicialmente previsto no acordo Sykes-Picot para integrar a zona de influência francesa), foi reivindicada pelo movimento nacionalista de Mustafa Kemal (Atatürk), em 1923. Dada a oposição da Grã-Bretanha, a decisão foi transferida para uma comissão da SdN, que em 1925 confirmou a região de Mosul como integrando o mandato britânico sobre o Iraque. Desta forma, a recém formada República da Turquia perdeu a sua reivindicação territorial.
1938	O *sandjak* otomano de Alexandreta, um território também reivindicado pelos nacionalistas turcos, foi integrado no mandato francês sobre a Síria da SdN, como uma região autónoma da mesma (1920); a sua população era mista, sendo maioritariamente árabe, mas existia também uma significativa minoria turcófona. Nas eleições de 20 de Maio de 1937, sob os auspícios da SdN, a percentagem da população turcófona era de cerca de 47%. Numa manobra que envolveu uma alteração demográfica (feita através de transferências de população e actos de intimidação e violência), em cerca de um ano a população turcófona passou para 55%. Desta forma, em 1938 e com o acordo da França, fragilizada na Europa pela crescente ameaça da Alemanha nazi, a província mudou de nome para República do Hatay, que depois votou a sua integração na Turquia.
1975	Na sequência da invasão e ocupação militar turca do Norte da ilha de Chipre é anunciado pela Turquia, em Fevereiro de 1975, a criação do Estado Federado do Norte de Chipre, chefiado por Rauf Denktaş. Esta declaração foi considerada de imediato ilegal pelo Conselho de Segurança das Nações Unidas, não sendo reconhecida internacionalmente. O Estado Federado do Norte de Chipre durou até 15 de Novembro de 1983, altura em que sob a liderança do mesmo Rauf Denktaş foi proclamada a «independência» do território, agora sob o nome de República Turca do Norte de Chipre (igualmente considerada ilegal pelo Conselho de Segurança das Nações Unidas, logo após a sua proclamação, e não reconhecida internacionalmente).

Fonte: Quadro elaborado pelo autor baseado em dados recolhidos em Stéphane Yerasimos (1993, p. 125--142), David Fromkin (1989 [2001], pp. 449-454) e Joseph S. Joseph (1985 [1997], pp. xiv-xv).

* Ocupado pelas tropas britânicas em Outubro de 1918 (segundo os nacionalistas turcos, os britânicos teriam avançado para ocupar toda a região, já depois da capitulação otomana, a 30 de Outubro em Mudros, onde estava acordado a manutenção das posições dos beligerantes).

Sob um império ocidental: Britannia rules 107

este se propôs prosseguir foram os de informar a «opinião pública mundial sobre o facto de Chipre ser turco», bem como «proteger os direitos e privilégios turcos em relação a Chipre» (Costas Yennaris, *idem*, p. 52).

Para além da já referida criação de organizações políticas comunitárias, surgiram também organizações de tipo paramilitar, directa ou indirectamente ligadas ao ambiente de turbulência que se vivia na ilha, e procurando dar resposta à luta armada da EOKA pela libertação/*enosis* e à perspectiva de retirada do poder colonial britânico. Uma primeira organização paramilitar a actuar no terreno foi o *Volkan* ou (Volcano) que terá sido fundada no ano de 1955. De acordo com Costas Yennaris, esta organização era uma espécie de «braço armado da elite liderante cipriota turca» sendo o seu objectivo básico, «por um lado, o alinhamento forçado dos cipriotas turcos com a política e práticas da sua liderança, e, por outro lado, a criação de condições de conflito com os cipriotas turcos» (*idem*, p. 81). A partir de 1958, ano em que o TMT terá sido fundado e começado a actuar na ilha, a acção do *Volkan* extinguiu-se[27]. Como é usual com este tipo de organizações envoltas em secretismo, existe sempre alguma obscuridade e controvérsia sobre quem terão sido os seus fundadores, sendo praticamente impossível descrever, acima de qualquer dúvida, o historial da mesma. Segundo declarações atribuídas a Rauf Denktaş, ele próprio juntamente com Burhan Nalbantoğlu e Kemal Tanrisevdi (um diplomata turco da embaixada de Nicósia), teriam sido os fundadores do TMT (*ibidem*, pp. 82-83). Já numa outra versão que parece ter maior sustentação, o TMT terá sido uma criação (não oficial) da autoria do exército turco, através do seu Chefe do Comité de Mobilização e Controlo, Danis Karabelan, e do major Ismael Tansu, um antigo combatente da Guerra da Coreia (*ibidem*, p. 83-84). Seja qual for a versão mais conforme à realidade, o que parece não deixar muitas dúvidas é da existência de algum tipo de envolvimento, directo ou indirecto (obviamente não assumido), do exército e governo da Turquia na criação do TMT e na operacionalização da sua capacidade de acção no terreno. Essa é, aliás, uma denúncia insistentemente

---

[27] A explicação mais provável é que o TMT absorveu outros grupos paramilitares cipriotas turcos que operavam no terreno como parece ter sido o caso do *Volkan* (noutras versões, o TMT é apresentado como sendo a continuidade do *Volkan*, tendo apenas ocorrido uma mudança cosmética de nome).

feita do lado cipriota grego, como se pode ver neste relato de Costas Yennaris (*ibidem*, p. 120):

> A primeira pessoa a ser designada líder do TMT em Chipre foi o coronel Riza Vuruskan que também serviu no Gabinete de Guerra Especial, como Ismail Tansu. Com este, outros treze oficiais foram seleccionados para servir em várias posições relacionadas com o TMT. Os seus nomes foram dados ao Ministério dos Negócios Estrangeiros no caso de ser necessário fornecer-lhes uma cobertura. Estes oficiais foram enviados para Chipre disfarçados de empregados consulares, empregados do Gabinete de Imprensa Turco em Nicósia, empregados num banco turco e professores.

Os objectivos e «princípios» do TMT, tal como a sua própria propaganda afirmava em Chipre, eram: «i) dar segurança às vidas e proteger as propriedades dos cipriotas turcos; ii) lidar com o terrorismo do movimento pela *enosis*; iii) prevenir ataques a cipriotas turcos; iv) dar segurança à comunidade cipriota turca e lutar contra o comunismo; v) salvaguardar os direitos dos turcos contra qualquer ameaça grega ou britânica; vi) reforçar os laços entre os cipriotas turcos e a pátria turca e promover a unidade entre os cipriotas turcos e a mãe pátria» (*ibidem*, pp. 90-91). Uma questão interessante é a de saber como reagiram os britânicos a este movimento paramilitar, surgido, agora, do lado cipriota turco. Com a mesma determinação e dureza com que procuraram reprimir as acções armadas da EOKA pro-libertação/*enosis*? Ou de uma forma mais benevolente e compreensiva, pois as sua acções de intimidação e/ou represália podiam ser um interessante «aliado objectivo» para as veleidades independentistas dos cipriotas gregos? Como refere Peter Loizos (2001, p. 17), as autoridades britânicas olharam para o conflito na ilha e tentaram geri-lo de uma maneira algo similar à do problema da Irlanda do Norte, que bem conheciam da sua própria experiência doméstica nas ilhas Britânicas. Transpondo a questão para o contexto estratégico de Chipre, os cipriotas turcos e o TMT surgiam num papel algo similar ao que na Irlanda do Norte tinham os grupos protestantes unionistas (e a influente Ordem de Orange) face à Grã-Bretanha, servindo de contrapeso aos nacionalistas católicos que se identificavam com a República da Irlanda. Esta é uma opinião também partilhada pelo conhecido intelectual britânico (recentemente naturalizado norte-americano), Christopher Hitchens (1984 [1987], p. 46), que, na linguagem cáustica e polémica que habitualmente o caracteriza, comenta o seguinte: «Embora o grupo terrorista cipriota turco *Volkan*, fundado em 1955, tivesse efectuado vários ataques a civis, poucos membros deste foram alguma vez julgados ou punidos pela coroa britânica. Em contraste, inúmeros apoiantes da EOKA cipriota grega foram enforcados e várias centenas feitos prisioneiros. Os britânicos treinaram uma reserva móvel, exclusivamente turca, para combater a EOKA e empregaram muito mais turcos na polícia e forças auxiliares. Membros desses escalões estiveram envolvidos com o *Volkan* que, mais tarde, mudou o seu nome para Movimento de Defesa Turco ou TMT. Num caso célebre, em 1958, um turco, o sargento Tuna, foi condenado por possuir bombas e munições, por um tribunal britânico. Ao bom sargento, ao contrário dos seus congéneres, foi permitido prestar caução e seguir imediatamente para a Turquia».

O Plano MacMillan e os Acordos de Zurique e Londres

Após a crise do canal do Suez e fracassada a expedição franco--britânica para o recuperar, o novo Primeiro-Ministro britânico (1957--1963), Harold MacMillan, entre outras medidas governativas, nomeou também para Chipre um novo governador, Hugh Foot (que substituiu no cargo John Harding). Este procurou quebrar o impasse em que se encontrava o processo negocial sobre o futuro da ilha, tentando, para esse efeito, começar por aliviar as tensões existentes entre as duas comunidades e, sobretudo, entre a comunidade cipriota grega e a administração colonial britânica. Como prova de boa vontade mandou libertar cerca de cem detidos e empreendeu um *tour* pela ilha, a pé e a cavalo, contactando com as populações e auscultando opiniões. Posteriormente, a sua avaliação da situação no terreno foi transmitida ao governo britânico que começou a delinear um novo plano – o Plano MacMillan, como ficou conhecido. Em linhas gerais, o documento que nessa altura começou a ganhar contornos era baseado numa ideia de auto-governo durante um período transitório, de cinco ou sete anos, e previa que, antes do findar deste, seria tomada uma decisão sobre o futuro da ilha. Este teve também em conta três aspectos sugeridos por Hugh Foot como essenciais: i) o fim do estado de emergência

110 A Questão de Chipre

e o regresso à ilha do Arcebispo Makarios, que tinha sido deportado para as Seychelles; ii) negociações na ilha com os líderes das duas comunidades para delinearem um sistema de auto-governo; iii) uma garantia de que, no fim do período transitório, nenhuma decisão seria tomada sem que esta fosse aceite pelos cipriotas gregos e turcos. Todavia, logo nas consultas prévias que o governo britânico começou a efectuar junto da Grécia e Turquia, antes da sua apresentação formal, surgiram obstáculos importantes ao mesmo. Desde logo, a atitude negocial de crescente intransigência do governo turco do Partido Democrático de Adnan Menderes e Fatin Rüştü Zorlu[28], recentemente reeleito, que exigia a partição da ilha em detrimento de qualquer outra solução. Por sua vez, do lado cipriota grego a situação tinha voltado a complicar-se, pois a EOKA reiniciara a sua campanha contra a administração colonial britânica, levando a cabo numerosas sabotagens. Esta oposição, oriunda de vários lados, não obstou a que o plano MacMillan fosse formalmente apresentado em 19 de Junho de 1958, sendo baseado na ideia, avançada por Hugh Foot, que em caso de fracasso das negociações com a Grécia, a Turquia ou os cipriotas, os britânicos deveriam eles pró-prios elaborar uma constituição e começar a aplicá-la, com ou sem o acordo das outras partes. Curiosamente, do lado turco, a posição de hostilidade inicial foi-se alterando, pois a Turquia acabou por descortinar nele algumas virtudes não propriamente negligenciáveis para os seu interesse, como explica o historiador britânico Robert Stevens[29] (1966, p. 3):

---

[28] Nas suas memórias, Hugh Foot qualificou mesmo Fatin Rüştü Zorlu (na altura Ministro dos Negócios Estrangeiros da Turquia), como «o homem mais rude que alguma vez tinha encontrado» e, embora reconhecendo a sua acção em defesa do interesse turco, denunciou a sua atitude como fortemente negativa na solução da questão de Chipre. Hugh Foot expressou ainda a sua convicção que Zorlu tinha conhecimento (ou até tinha dado pessoalmente), a ordem para os distúrbios em Nicósia e tentativa de incendiar a cidade, que ocorreu no ano de 1958. Sobre este assunto ver o extracto do livro de Robert Stevens, *Cyprus: A Place of Arms* (1966), que se encontra disponível na Internet em *The Cyprus Conflict* http://www.cyprus-conflict.net/macmillan_plan.htm

[29] O excerto citado pertence ao livro de Robert Stevens, *Cyprus: A Place of Arms* (1966, pp. 150-156). As páginas indicadas na citação referem-se ao texto retirado do mesmo que encontra disponível na Internet em *The Cyprus Conflict* http://www.cyprus-conflict.net/macmillan_plan.htm

Sob um império ocidental: Britannia rules

O plano MacMillan-Foot tinha vários atractivos para os turcos os quais, inicialmente, o fizeram também parecer o pior de todos do ponto de vista cipriota grego. Ofereceu à Turquia um direito, não apenas nas negociações internacionais, mas também no governo efectivo da ilha. O plano não só adiou a decisão de auto-determinação por sete anos como virtualmente assegurava à Turquia um veto na *enosis* ao fim daquele tempo. Não estipulava uma legislatura central que pudesse ser controlada por uma maioria grega. Pelo contrário, a sua disposição de assembleias comunais separadas e a posterior adição de municípios separados forneciam trampolins úteis para a partição, se esta se mostrasse necessária no futuro.

Por sua vez, do lado grego, e sobretudo da parte de cipriotas gregos, o plano teve o efeito de aumentar os receios de que estivesse em preparação a partição da ilha (*taksim*) – na óptica grega uma solução totalmente inaceitável –, e pareceu dar uma consistência acrescida às teses do «conluio anglo-turco». O resultado foi o reatar das acções armadas da EOKA e um boicote ao produtos da *Commonwealth*. Mas, para além disso, o plano teve também um outro efeito político nas negociações, pois os receios de uma partição «começaram também a levar a uma reconsideração da política cipriota grega» (*idem*, pp. 3-4), levando a uma certa suavização da sua posição:

> Compreensivelmente, o plano aumentou os receios gregos de que os britânicos e os turcos estavam a trabalhar contra eles. A 21 de Agosto de 1958, a EOKA apelou para um boicote total à administração britânica e às mercadorias da *Commonwealth*, como parte da resistência contra o 'conluio anglo-turco'. A trégua, que durava desde o início de Agosto, em resposta aos apelos dos Primeiros-Ministros grego e turco, chegou ao fim [...] Entretanto, o governo britânico prosseguiu com o seu programa de implementação do plano Mac-Millan. Autorizou a criação de conselhos municipais cipriotas gregos e cipriotas turcos separados, aumentando, desta forma, os receios gregos de uma partição de facto. Este receios começaram também a levar a uma reconsideração da política cipriota grega. A 7 de Setembro de 1958, Makarios disse ao governo grego, em privado, que agora estava disposto a aceitar a independência de Chipre sob os auspícios das Nações Unidas, após um período de auto-governo. Repetiu a sua proposta numa entrevista pública com Barbara Castle, na altura líder

[Presidente da Mesa] do Partido Trabalhista britânico [...] A nova proposta de Makarios para um Chipre independente foi rejeitada pelo governo conservador britânico, que se recusou comprometer com qualquer solução final, mas foi apoiada pela oposição trabalhista.

Assim, apesar de rejeitado, o plano MacMillan acabou por impulsionar, directa ou indirectamente, a ronda de negociações diplomáticas que decorreu em inícios de 1959 e que culminou na celebração dos acordos de Zurique e Londres, que levaram à independência de Chipre do império colonial britânico no ano seguinte. Para que se chegasse a este resultado, de acordo entre a Grécia e a Turquia, anuindo o Reino Unido ao mesmo e acrescentando as suas próprias condições para a independência da ilha, convergiram pelo menos três factores. Um primeiro foi a já referida revolta armada da EOKA que tornou a manutenção da situação colonial uma tarefa difícil, e, sobretudo, bastante custosa em meios materiais e humanos. Um segundo está relacionado com o ambiente internacional da época, pois os britânicos foram crescentemente confrontados com «a pressão global que resultou da internacionalização do assunto de Chipre, especialmente nas Nações Unidas, no contexto do amplo movimento anticolonial e do processo de descolonização que estavam a varrer o mundo nos anos 50. O assunto foi levado à Assembleia Geral das Nações Unidas por cinco anos consecutivos, de 1954 a 1958. Apelos às Nações Unidas foram feitos pela Grécia, pedindo a aplicabilidade dos princípios de iguais direitos e autodeterminação de Chipre. Os apelos gregos foram suportados pelo bloco leste e pelos países do Terceiro Mundo. A Grécia também pediu a *enosis* 'devido à repetida e solenemente expressa vontade da grande maioria da população de Chipre de união com a Grécia, que a olhava como a sua pátria'. A Assembleia Geral fez uma recomendação para uma solução pacífica do problema colonial de Chipre de acordo com os princípios da Carta das Nações Unidas» (Joseph S. Joseph, 1985 [1997], p. 20). Para além da pressão internacional, centrada sobretudo nas Nações Unidas, existiu também um terceiro factor importante, que foi a pressão específica exercida pela nova superpotência global, os EUA, que incidiu sobre o Reino Unido, a Grécia e a Turquia (todos membros da NATO), no sentido de encontrar uma solução para o problema de Chipre, de modo a não enfraquecer a Aliança Atlântica no seu flanco sudeste. «A preocupação norte-americana

Sob um império ocidental: Britannia rules   113

sobre os desenvolvimentos cipriotas manifestou-se em tentativas, sem sucesso, feitas entre 1957 e 1958, com o objectivo de resolver o problema dentro da NATO» (*idem*, p. 20). Foi na sequência de todo este circunstancialismo que se chegou a uma solução para o problema colonial, através de uma ronda de negociações diplomáticas que decorreu em Zurique e Londres. O professor da Universidade de Chipre, Joseph, S. Joseph, descreve e comenta a solução encontrada da seguinte maneira (*ibidem*):

> Em inícios de 1959, conversações tripartidas decorreram em Zurique, entre a Grã-Bretanha, a Grécia e a Turquia e um acordo foi alcançado para o estabelecimento de um Estado cipriota independente, a República de Chipre. Os acordos finais foram assinados em Londres a 19 de Fevereiro de 1959, pela Grã-Bretanha, Grécia e Turquia e as duas comunidades cipriotas, embora estas últimas não tivessem participado nas negociações. O problema foi de facto resolvido numa base bilateral, entre a Grécia e Turquia, sob a direcção britânica. Factores e considerações derivadas de ligações étnicas, históricas, linguísticas, culturais e religiosas dos dois grupos cipriotas com as respectivas pátrias determinaram o contexto dentro do qual o acordo foi alcançado.

Os Acordos de Zurique e de Londres levaram à independência de Chipre, a 16 de Agosto de 1960 (ver Tratados de Estabelecimento, de Garantia e de Aliança, nos anexos 2, 3 e 4), sob a presidência do arcebispo--etnarca Makarios e a vice-presidência do médico e líder comunitarista, Fazil Küçük. Numa breve análise desses Acordos e da Constituição de 1960 que deles resultou, verificamos rapidamente que estes instituíram um sistema constitucional bastante *sui generis* (isto claro, se exceptuarmos os modelos «multiculturais» da ex-Jugoslávia, do Líbano e do Iraque...), de «democracia» étnico-religiosa de tipo comunitário-sectário e criaram um Estado em vários aspectos mais próximo de um Estado semi-soberano ou até de um protectorado, do que propriamente de um Estado soberano (o que é de concordância duvidosa com os princípios subjacentes à Carta das Nações Unidas). Tudo isto não é muito surpreendente se tivermos em conta que, por um lado, o modelo foi em boa medida desenhado para tentar compatibilizar interesses de terceiros (ou seja, em graus variáveis, do Reino Unido, da Turquia e da Grécia) e não tanto da população cipriota, como seria de esperar; e, por outro lado, que o legado imperial e colonial otomano

114 A Questão de Chipre

e britânico deixou também marcas profundas na sociedade cipriota. Repare-se nos seguintes aspectos contidos no dispositivo da Constituição de 1960[30] (que ainda está em vigor) e foi baseada no texto dos acordos de Londres e Zurique:

i) A bandeira de Chipre é neutra na cor e no desenho (art. 4, n.º 1 da Constituição); as bandeiras da Grécia e da Turquia podem ser usadas livremente por qualquer cidadão ou instituição privada (art. 4.º, n.º 4);

ii) As eleições para o Presidente (obrigatoriamente um cipriota grego, eleito pelos cipriotas gregos) e Vice-Presidente da República (obrigatoriamente um cipriota turco, eleito pelos cipriotas turcos), são feitas através de corpos eleitorais separados (art. 1 e 39.º);

iii) Nas eleições para a Câmara dos Representantes (Parlamento), 70% dos deputados são eleitos pelos cipriotas gregos e 30% pelos cipriotas turcos, sendo a eleição também através de corpos eleitorais separados (art. 62, n.º 2 da Constituição); a proporção dos representantes de cada comunidade é «independente de qualquer informação estatística»; e o Presidente da Câmara dos Representantes é obrigatoriamente cipriota grego, eleito só por deputados cipriotas gregos, sendo o vice-presidente obrigatoriamente cipriota turco e eleito só por deputados cipriotas turcos;

iv) O Supremo Tribunal Constitucional é composto por um juiz cipriota grego, um juiz cipriota turco e um juiz neutro, que desempenha o cargo de Presidente (art. 133, n.º 1), sendo este de nacionalidade estrangeira (não podendo ser britânico, grego ou turco, pelo disposto no art. 133, n.º 3);

v) Cada comunidade elege a sua própria Câmara Comunal (art. 86) que dispõe, entre outras funções, de competências em todas as matérias religiosas, educacionais e culturais e de estado pessoal, bem como na composição de tribunais lidando com assuntos de estado pessoal e religiosos (art. 87, n.º 1);

---

[30] A Constituição de Chipre está disponível *on-line*, em língua inglesa, no *site* da Universidade de Berna em http://www.servat.unibe.ch/law/icl/cy00t___.html. As referências que efectuamos supra são baseadas nesse texto.

Sob um império ocidental: Britannia rules   115

vi) O exército é composto por dois mil efectivos, sendo 60% cipriotas gregos e 40% cipriotas turcos (art. 129, n.º 1);

vii) As forças policiais são compostas também por dois mil efectivos, sendo 70% cipriotas gregos e 30% cipriotas turcos (art. 130.º, n.º 2), sendo tal proporção na composição aplicada também à administração pública;

viii) Na televisão e rádio são difundidos programas para cipriotas gregos e cipriotas turcos, obedecendo a um «*ratio* de três horas para a comunidade turca por cada sete horas para a comunidade grega» (art. 171, n.º 2);

ix) As comunidades cipriota grega e turca têm o direito de receber subsídios da Grécia e da Turquia para as instituições de ensino, desportivas e de caridade e podem obter e empregar professores, clérigos e outro pessoal estritamente necessário para as suas necessidades nessas áreas, com a nacionalidade desses dois países (art. 108, n.º 1 e 2);

x) São estabelecidas municipalidades separadas nas maiores cidades da República (Nicósia, Limassol, Famagusta, Larnaca e Pafos) que, de acordo art. 173.º n.º 1 da Constituição, são também eleitas separadamente pelos cipriotas gregos e pelos cipriotas turcos que nela residem.

Tal como chama à atenção Christopher Hitchens (1984 [1987], pp. 49--50), na dura apreciação crítica que fez dos Acordos de Londres e Zurique (1959) e da Constituição (1960) que deles emanou, o texto constitucional acabou por deixar subsistir a velha prática imperial e colonial otomana (perpetuada pelos britânicos na sua própria administração colonial) de criar categorias separadas de «cidadania». Estas categorias passaram agora ser designadas pelos nomes modernos de «grego» e «turco», só que de facto continuam, ainda que sob outras formas e numa linguagem secular, a tradicional categorização sectária islâmica/otomana de muçulmanos e *dhimmis*. Para além disso, a praticabilidade de um arranjo constitucional deste tipo levanta, logo à partida, cepticismo e dúvidas, mesmo sem se entrar numa análise especializada e detalhada e até sem ter em conta a experiência resultante da sua implementação real. Salta também à vista que certas disposições, como, entre outras, as que exigem maiorias separadas para modificar as leis fiscal, eleitoral, ou municipal, na prática conferiam «à minoria cipriota turca um direito adicional de veto na Câmara dos Representantes». Assim, por exemplo, «uma proposta apoiada por 35 deputados gregos e 7 turcos podia, em teoria, ser derrotada por 8 votos turcos». A questão é saber se esta foi a forma mais razoável e equilibrada de salvaguardar os direitos de uma minoria que representava pouco mais de 18% da população total, mantendo a exequibilidade do dispositivo. Interessante é também o comentário efectuado por Christopher Hitchens sobre o facto deste sistema de quotas e de vetos, que instituiu um «comunitarismo político», hoje poder ser visto como uma forma precursora de «acção afirmativa» e de «políticas de identidade», tão gratas à pós--moderna ideologia ocidental do multiculturalismo: «Aqueles de nós que hoje olham de forma simpática para medidas de 'acção afirmativa' e 'discriminação positiva' para as minorias, fazem-no de forma a compensar as injustiças do passado. Não é óbvio por que discriminações do passado a minoria turca estava a ser compensada». De facto não é nada óbvio sobretudo se pensarmos que a realidade histórica foi exactamente a inversa, ou seja, a de uma minoria muçulmana/cipriota turca que, durante cerca de três séculos, governou e dominou uma maioria cristã/cipriota grega autóctone. Onde está, então, a injustiça histórica que a Constituição pretendeu reparar? (A resposta não se encontra no plano da justiça/injustiça mas na hierarquia de poderes entre a Turquia e a Grécia, favorável à primeira).

Repare-se agora nos seguintes aspectos contidos nos Tratado de Estabelecimento, no Tratado de Garantia e no Tratado de Aliança:

i) Permanecem «sob a soberania do Reino Unido» duas áreas da ilha Chipre que são a «Área Soberana da Base de Akrotiri e a Área Soberana da Base de Dhekelia» (Artigo I do Tratado de Estabelecimento – ver Anexo 2);.

ii) Fica proibida à República de Chipre «a união com qualquer outro Estado ou a partição da ilha», bem como o desenvolvimento de qualquer tipo de actividade nesse sentido (Artigo I do Tratado de Garantia – ver Anexo 3);

iii) As três Potências Garantes (Grécia, Turquia e Reino Unido), dispõem de um direito de intervenção através de uma «acção

Sob um império ocidental: Britannia rules

comum ou concertada» mas, se esta se mostrar inviável, «cada um dos três Poderes garantes reserva-se o direito de actuar» sozinho, sendo o «único objectivo» dessa intervenção «restabelecer a situação criada pelo presente Tratado» (Artigo IV do Tratado de Garantia – ver Anexo 3);

iv) A Grécia e Turquia dispõem do direito de estacionar contingentes militares na ilha (com a composição, respectivamente, de 950 e 650 efectivos) integrados no âmbito de um Quartel General Tripartido (Artigo III do Tratado de Garantia e Protocolo Adicional n.º 1, ponto 1 – ver Anexo 4).

Também aqui a situação é verdadeiramente *sui generis* face às tradicionais prerrogativas de um Estado soberano (poder máximo na ordem interna) e no plano externo (igualdade face outros Estados soberanos expressa nos seus direitos de *jus tractuum*, de *jus legationis* e de *jus bellum*). Desde logo, pela impossibilidade deste poder decidir do seu futuro destino, seja ele qual for, de forma plenamente soberana (uma restrição ao tradicional direito de *jus tractuum* dos Estados soberanos foi inserida no Tratado de Garantia). Mas, sobretudo, como também não deixou de assinalar o mesmo Christopher Hitchens, pelo facto de o Tratado de Garantia ter dado «aos governos de Ancara, Atenas e Londres o direito de intervenção, ou em conjunto, ou (numa cláusula inserida por instigação da Turquia) sozinhos» e sem a necessidade de acordo da República de Chipre. E, para além disso, conferir-lhes a possibilidade de, por direito próprio e mesmo eventualmente contra a vontade da República de Chipre, manterem contingentes militares estacionados na ilha (uma limitação notória da soberania interna). O corolário destas restrições à soberania a favor das Potências Garantes são as Bases de Episkopi/Akrotiri e de Dhekelia, cujas áreas onde se situam «foram removidas do território da República e colocadas sob a autoridade britânica». Este é um dispositivo singular que «nenhum outro país democrático alguma vez impôs ou aceitou» (e que de facto implicou uma perda de soberania sobre parcelas do que seria o território «normal» do novo Estado «soberano»). Não foi propriamente um início prometedor para a República de Chipre, tendo os desenvolvimentos políticos posteriores confirmado plenamente este cepticismo inicial, como veremos em seguida.

4. *Entre a soberania limitada e a divisão da ilha*

> Terça-feira, 16 de Julho de 1974. A razão para a intervenção: não deve ser permitido à Grécia dominar esta área de Mediterrâneo. Na reunião à meia-noite do Conselho Nacional de Segurança, conduzida pelo Presidente Korotürk, Ecevit mais uma vez sublinhou as sérias implicações do golpe de estado de Sampson para a Turquia. Passou em revista a situação no mar Egeu. Mostrou que agora seria um assunto simples para os gregos proclamar a *enosis*, e, desta forma, criar pela primeira vez uma ilha de base helénica. Finalmente expressou a sua preocupação pela opressão e até pelos massacres dos cipriotas turcos, que poderiam seguir-se ao golpe.
>
> MEHMET ALI BIRAND (1985, p. 2)[1]

«Missão impossível»: a construção das estruturas do novo Estado

Após a obtenção da independência formal do Reino Unido, a 16 de Agosto de 1960[2], a nova liderança da República cipriota foi confrontada

---

[1] O texto citado refere-se ao excerto *on-line* do livro de Mehmet Ali Birand, *30 Hot Days (1985)*, que está disponível sob o título «The Turkish Intervention, July-August 19974» em *The Cyprus Conflict* http://www.cyprus-conflict.net

[2] Embora a data da independência da República de Chipre seja 16 de Agosto de 1960, a celebração foi oficialmente transferida para 1 de Outubro. Por sua vez, a Norte da ilha, a auto-proclamada República Turca de Chipre do Norte («KKTC») que é apenas reconhecida *de iure* pela Turquia, celebra o seu «dia nacional» a 15 de Novembro (comemorando a «independência» de 1983).

com a tarefa de construir as estruturas administrativas de um Estado soberano que fornecesse segurança, justiça e bem-estar (os fins tradicionais do Estado) a toda a sua população, implementando, para esse efeito, o dispositivo constitucional. Todavia, esse foi, desde o início, um percurso bastante acidentado e, em grande parte, também falhado. No centro do fracasso na construção do novo Estado encontram-se, essencialmente, a difícil operacionalização da Constituição de 1960 (que, mesmo com boa vontade das partes envolvidas, seria potencialmente bastante problemática) e as profundas rivalidades entre as duas comunidades que, como explica Joseph S. Joseph (1985 [1997], pp. 25-30), levaram em pouco tempo a que se criasse uma situação de impasse e bloqueio constitucional. Analisando mais em detalhe a questão verifica-se que os problemas foram uma constante desde o início do processo. Estes surgiram, desde logo, porque os cipriotas gregos não eram propriamente «entusiastas da implementação de algumas disposições constitucionais, que viam como injustas e irrealistas». Por sua vez, os cipriotas turcos, insistiam, à partida, na plena implementação de algumas das disposições constitucionais, «especialmente nas disposições relativas às suas salvaguardas e privilégios». O resultado foi que «uma série de incidentes à volta dos 'artigos básicos' da Constituição minou todo o processo de construção do Estado. Após três anos de tensões a cozer em fogo lento e de esforços infrutíferos para estabelecer uma ordem constitucional e um Estado que funcionasse, uma completa ruptura constitucional e erupção de violência ocorreu em Dezembro de 1963». Algumas das maiores fontes de tensão constitucional foram as provisões do *ratio* de 70:30 na administração pública, os votações maioritárias separadas no Parlamento, o estabelecimento de municipalidades separadas, e o direito do Presidente e do Vice-Presidente vetarem decisões do Conselho de Ministros e do Parlamento. Em relação às tensões sobre a composição da administração pública Joseph S. Joseph faz notar o seguinte (*idem*, p. 26):

> O *ratio* de 70:30 na administração pública estava desfasado do *ratio* de 80:20 da população. Os cipriotas gregos sentiam esta disposição como arbitrária, injusta e discriminatória e, para além disso, que não devia ser implementada. Os cipriotas turcos, por seu lado, achavam que o *ratio* de 70:30 restaurava a equidade na administração pública que tinha sido dominada pelos cipriotas gregos sob a administração britânica. Os esforços feitos pelo Presidente Makarios e pelo Vice-Presidente Küçük para encontrar um compromisso falharam e o assunto nunca foi resolvido.

Entre a soberania limitada e a divisão da ilha 121

Como resultado deste contencioso, logo nos primeiros anos um grande número de nomeações para a administração pública foram objecto de disputa entre as duas comunidades, prosseguindo o litígio pela via judicial. Todavia, também a nível judicial foi impossível encontrar-se uma solução para este problema, isto porque o próprio Supremo Tribunal ficou paralisado pela fragmentação comunitária. O seu Presidente – um juiz de nacionalidade não cipriota, o jurista germânico Ernst Forsthoff – acabou por resignar em Maio de 1963. Como consequência, a questão do *ratio* de 70:30 nunca foi resolvida, com todas as consequências negativas para a operacionalidade do Estado e capacidade de funcionamento dos serviços da administração pública, que foi seriamente afectada.

Mas não foi só a composição e tentativa de operacionalização da administração pública que bloqueou logo à partida. As disposições sobre maiorias separadas no Parlamento foram outra fonte de tensão política e de disputa intra-comunitária. Na óptica dos cipriotas gregos essa norma constitucional não só violava os princípios democráticos como dava à minoria cipriota turca um instrumento de obstrução do funcionamento do Estado. Por sua vez, para os cipriotas turcos a regra das maiorias separadas era vista como um instrumento indispensável para evitarem a dominação da maioria cipriota grega. A confrontação sobre o dispositivo de maiorias separadas levou a uma crescente tensão comunitária em torno do processo legislativo. Como resultado, algumas leis básicas necessárias ao bom funcionamento do Estado não puderam ser aprovadas. Isso aconteceu, por exemplo, com a legislação fiscal estadual sob o rendimento, que nunca chegou a existir (*ibidem*, p. 26):

> Quando a República começou a existir foi necessária uma legislação relativa aos impostos sobre os rendimentos. O governo introduziu uma proposta de lei relativa aos impostos sobre os rendimentos no Parlamento. Os representantes cipriotas turcos usaram a sua maioria separada para a bloquear. Justificaram a sua posição referindo-se ao atraso na implementação de outras disposições constitucionais, especialmente o *ratio* de 70:30 na administração pública e o estabelecimento de municipalidades separadas. Finalmente, as duas câmaras comunais intervieram separadamente e aprovaram leis comunais impondo impostos aos seus respectivos grupos étnicos.

Este novo bloqueio constitucional e as soluções fiscais «separatistas» encontradas contribuíram, ainda mais, para o afastamento entre cipriotas gregos e turcos e para pôr em causa não só a unidade do Estado como a criação de uma economia razoavelmente próspera e unificada. O que acabou por acontecer foi que o sistema fiscal criado foi implementado apenas numa base comunitária. A consequência foi também que cada comunidade usou os dinheiros dos impostos por si criados, não para prosseguir fins gerais do Estado, mas para financiar instituições, projectos ou serviços separados. Como é já de antever, a falta de controlo central e regulação em matéria de finanças públicas teve efeitos particularmente nocivos na economia do novo Estado e um impacto negativo no bem-estar do conjunto da população cipriota.

Um terceiro factor de conflito e de bloqueio foram as *sui generis* disposições constitucionais sobre municipalidades separadas (previstas no art. 173 n.º 1). Tal como nos casos anteriores, as lógicas comunitárias antagónicas sobre este assunto levaram a mais um impasse e vazio no terreno, agora em matéria de criação e implementação das administrações municipais das maiores cidades da ilha. No cerne do problema estava o facto de os cipriotas gregos verem este dispositivo constitucional sobre esta matéria como uma espécie de primeiro passo para realizar a ambição *taksim*, pelo que procuraram evitar a sua implementação. Obviamente que a posição cipriota turca não era essa, mas a de que se tratava de um direito que lhes assistia pela Constituição e que devia ser posto em prática o mais rapidamente possível. A confrontação de posições deu-se então no Parlamento, prosseguindo depois para o Supremo Tribunal, com resultados também inconclusivos (*ibidem*, p. 27):

> O assunto foi levado ao Parlamento onde as maiorias separadas confirmaram o impasse. Daí em diante, os dois lados seguiram diferentes vias de acção. O Presidente, apoiado pelo Conselho de Ministros dominado pelos cipriotas gregos, apelou à nomeação de executivos municipais unificados. A câmara comunal cipriota turca respondeu aprovando uma lei comunal legitimando as municipalidades turcas separadas. Ambos os actos foram declarados inconstitucionais e nulos *ab initio* pelo Supremo Tribunal. Em ambas as instâncias o voto do juiz comunal oposto decidiu o caso. Todavia, ambos os lados insistiram nas suas posições e uma resolução do assunto nunca foi alcançada. O resultado foi o caos e a desordem nos assuntos municipais das cinco maiores cidades da ilha.

Um quarto factor de conflito desencadeou-se em torno do uso do direito, que constitucionalmente era atribuído ao Presidente e ao Vice-Presidente, de poderem vetar determinadas decisões do Governo e do Parlamento. A crise de maior dimensão ocorreu quando foi tomada a decisão, no âmbito Conselho de Ministros, de maioria cipriota grega, para a formação das Forças Armadas cipriotas numa base unitária, com unidades militares compostas por elementos de ambas as comunidades. O Vice-Presidente Küçük vetou a decisão exigindo a criação de um exército composto por unidades militares separadas, de cipriotas gregos e turcos. Segundo este, soldados com diferenças linguísticas, culturais e étnico-religiosas não podiam ser aquartelados em conjunto, pelo que se impunha a formação de dois tipos de contingentes militares: o cipriota grego e o cipriota turco. Makarios reagiu acusando Küçük de usar de forma abusiva o direito de veto nesta questão específica e Küçük acentuou a sua posição de obstrução dizendo que, nessas circunstâncias, não existiam condições para a criação de um exército cipriota. A falta de entendimento impossibilitou a criação de Forças Armadas comuns abrindo, perigosamente, a porta à criação de milícias e forças para-militares professando fidelidades exclusivamente comunitárias (e predispostas ao confronto interno), abalando, naturalmente, a confiança da população cipriota em geral nas capacidades do Estado poder zelar pela sua segurança de uma forma eficiente e equilibrada (*ibidem*, p. 27):

> A crise no governo nunca foi resolvida e um exército nunca foi estabelecido como estabelecido na Constituição. Uma consequência destrutiva deste impasse foi a emergência de grupos militares escondidos, uma espécie de 'exército privado' de ambos os lados. Estes grupos eram maioritariamente controlados por aspirantes a líderes políticos que não reportavam a qualquer autoridade. A emergência de exércitos étnicos privados fez reviver antigos medos, suspeição e incerteza entre ambas as comunidades. Ambos os lados começaram a perceber que não podiam confiar num Estado inoperante para a sua segurança e começaram a tomar medidas para a sua própria protecção.

Uma questão que ocorre é de saber se estas atitudes confrontacionais das lideranças das duas comunidades sobre a tarefa de construir as estruturas administrativas de um Estado soberano era sobretudo uma disputa de elites (que olhariam mais para os seus próprios interesses), ou correspondia a um antagonismo mais profundo enraizado na sociedade cipriota. Para Joseph S. Joseph (*ibidem*, p. 28-29), a resposta tem sobretudo a ver com este último aspecto, pois «as controvérsias legais e a polarização política que paralisaram o Estado e o processo político foram meramente a 'superestrutura' de uma similar polarização étnica e potencialmente explosiva 'infraestrutura' herdada do passado. Socialmente os dois grupos étnicos mantinham-se amplamente divididos. O epítome da sua segregação social foi a ausência de casamentos mistos e a limitada participação em eventos sociais e culturais conjuntos. As actividades sociais gregas e turcas estavam estreitamente associadas com crenças e práticas religiosas distintas. Para além disso, não existia suficiente terreno comum para a interacção social. O casamento misto era extremamente raro, dado que levava consigo um estigma religioso e social. Com efeito, o casamento entre um membro da comunidade ortodoxa grega e um membro da comunidade muçulmana turca era proibido pelas leis de família, separadas, das duas comunidades».

A clivagem de tipo comunitário que também predominava no campo profissional e da organização partidária dá consistência ao argumento de que não era apenas (ou sobretudo) uma disputa de elites pela máquina do Estado que estava em causa. De facto, por razões que já foram anteriormente abordadas, quer os partidos políticos, quer as organizações profissionais e, embora em menor grau, os próprios sindicatos (a grande excepção era a PEO, próxima do AKEL), eram principalmente organizações monocomunitárias. Ao nível do sistema político, no início da década de 60, nos primeiros anos da República, os maiores partidos cipriotas gregos eram a Frente Patriótica e o Partido Comunista (AKEL), sendo o primeiro favorável à *enosis* com a Grécia e o segundo defendendo a ideia de um Chipre soberano, independente e não alinhado. Quanto ao cipriotas turcos, tinham as suas maiores forças políticas no Partido do Povo Cipriota Turco e na Frente Nacional, partilhando ambos uma visão pro-*taksim*, ou seja, rejeitando, como objectivo político, a construção de um Estado independente e unitário cipriota.

A interrogação que aqui surge é se este sistema político-partidário segregacionista foi também uma consequência de um dispositivo constitucional infeliz, ou, pelo contrário, se este reflectiu apenas, de forma melhor ou pior, uma realidade sociológica que já existia. Em resposta a esta questão Joseph S. Joseph (*ibidem*, p. 29), refere que «a divisão de base étnica dos partidos políticos foi, em parte, devida à divisão étnico-política fornecida pela estrutura institucional do Estado». Este acrescenta também que a «falta de partidos comuns e organizações articulando os interesses económicos dos dois grupos através das fronteiras étnicas aumentou ainda mais a distância entre os dois lados». Um dos aspectos mais perversos do dispositivo constitucional foi ao nível da educação. Este deu continuidade à prática segregacionista otomana do (teocrático) sistema dos *millets* e ao «*apartheid*» comunitarista, alimentado, conforme também já vimos, de forma não desinteressada pela administração colonial britânica (*ibidem*, p. 29):

> A segregação da educação herdada da era colonial foi preservada e reforçada. As duas câmaras comunais, actuando separadamente de acordo com a Constituição, aprovaram legislação que em grande medida estabelecia uma unidade educacional com as duas pátrias. Os curricula e os manuais usados nas escolas elementares e superiores cipriotas eram maioritariamente importados da Grécia e da Turquia. Controvérsias étnicas e políticas também minaram os esforços iniciais para o estabelecimento de uma universidade [...] A limitada interacção nos campos intelectuais e educacionais sustentou um pensamento baseado em 'formas étnicas' de ver apenas um lado, entre as duas comunidades. O resultado foi uma crescente separação das percepções de cada um dos dois lados em relação ao outro. As duas comunidades também tinham os seus próprios jornais e as suas publicações nas quais eram maioritariamente apresentadas visões étnicas enviesadas e posições conflituais. Paralelamente à imprensa local, publicações importadas da Grécia e da Turquia, colocando ênfase no antagonismo greco-turco, reforçavam os receios mútuos e as percepções enviesadas.

O que em teoria pode ser apresentado como uma boa prática de «tolerância» da Constituição e entusiasmar os actuais adeptos da ideologia multiculturalista ocidental, acabou por funcionar como uma das «melhores» formas de garantir o enraizamento do conflito e alimentar a engrenagem de violência na ilha. Em nome da «diversidade», a celebração dos feriados nacionais gregos e turcos foi permitida, ou até implicitamente encorajada pela Constituição. Estas celebrações – as quais, por regra, incluíam paradas pomposas, cortejos e exibição de bandeiras – não funcionaram propriamente como os muito elogiados (e aparentemente politicamente inócuos) festivais de cultura do multiculturalismo oficial canadiano. Pelo contrário, mostraram a criação de indivíduos cada vez mais «hifenizados», ou seja de cipriotas gregos e cipriotas turcos, em vez de cidadãos cipriotas, e serviram sobretudo para enraizar sentimentos mutuamente negativos na consciência individual e colectiva. Nessas celebrações, eram usados os hinos e bandeiras nacionais gregas e turcas, mas não os símbolos nacionais de Chipre que, ainda hoje, não tem um hino nacional (o que até poderá ser um motivo de elogio para os entusiastas de entidades políticas pós-nacionais...). Esta «diversidade» lembrava naturalmente às massas que as suas fidelidades comunitárias estavam acima do incipiente Estado cipriota. Naturalmente que, com este tipo de actuações, «quaisquer perspectivas de desenvolvimento de uma cultura política de apoio e de legitimação de massa para o novo Estado foram enfraquecidas». Talvez o elemento mais destrutivo da República de Chipre tenha sido o facto de as elites das duas comunidades não terem aproveitado esta oportunidade para abandonar os seus antigos e conflituais objectivos de *enosis* e *taksim*. Desta forma, perdeu-se a possibilidade, numa altura crucial da vida do novo Estado, de criar cipriotas e uma consciência cívica de «cipriotismo» que teria de passar pela construção de uma cidadania comum e igualitária, abstraindo da diferença étnica e religiosa, em vez dos indivíduos «hifenizados», obcecados com identidades comunitaristas que foram promovidos no espírito da Constituição de 1960. A diversidade cultural e linguística adquiriu também contornos algo bizarros que hoje nos fazem até lembrar as disputas constitucionais na Bélgica (e a incapacidade de flamengos e valões se entenderam para formar governo, após as eleições parlamentares de 10 de Junho 2007...), existindo diversas dificuldades e mal-entendidos provocados por problemas de linguagem. Como lembra também aqui Joseph S. Joseph (*ibidem*, p. 30), a prática era imprimir em grego, turco e inglês os documentos públicos com carácter duradouro. Devido a dificuldades de domínio de grego e/ou turco por muitos dos participante no governo e na administração pública, os trabalhos que envolviam equipas com membros das duas comunidades eram conduzidos em inglês. Todavia, o problema de «terem participantes incapacitados por inadequação linguística não era invulgar. O mais ilustrativo exemplo foi o Gabinete onde o Vice-Presidente Küçük (um

Entre a soberania limitada e a divisão da ilha 127

médico educado na Suíça), não falava inglês, enquanto o conhecimento de inglês do Presidente Makarios era limitado (tinha estudado Teologia em Bóston durante dois anos). O desempenho de conjunto da administração pública foi também afectado por similares problemas.»

Prelúdio para a catástrofe: o conflito de 1963-1964

Dada a situação de impasse a que a vida política cipriota tinha chegado e a impossibilidade de, em muitos aspectos cruciais para o funcionamento do novo Estado, aplicar o dispositivo constitucional, o Presidente Makarios tomou a iniciativa de avançar com uma revisão da Constituição. Para esse efeito, em Novembro de 1963, remeteu ao Vice-Presidente Küçük, um memorando contendo uma proposta com treze pontos de modificação da Constituição (ver Anexo 5). Entre os principais aspectos nela contidos, previa-se a abolição do direito de veto presidencial e vice-presidencial, a abolição de maiorias separadas no Parlamento, o estabelecimento de municipalidades unificadas nas maiores cidades da ilha, a implementação de uma administração pública unificada, sendo integrada por cipriotas gregos e turcos na mesma proporção da população. Quer dizer, no essencial a proposta de Makarios levava à implementação de estruturas de um Estado unitário, abandonando a lógica bi-comunitária que servira de base à Constituição de 1960. Aparentemente, esta iniciativa de modificação do texto constitucional não terá sido um mero acto isolado do Presidente cipriota, mas uma acção enquadrada num plano mais vasto dos cipriotas gregos – que ficou conhecido como o «Plano Akritas»[3] –, com o intuito de reverter o impasse constitucional e a situação de conflito a seu favor. Seja qual for a realidade, a verdade é que a iniciativa de Makarios, mesmo entre os próprios cipriotas gregos, não foi isenta de críticas, por razões ligadas à

---

[3] O texto do que terá sido o «Plano Akritas» está disponível em *The Cyprus Conflict,* http://www.cyprus-conflict.net/akritas_plan.htm. Para uma versão e comentários cipriotas turcos sobre este plano ver Necati Ertekün (1981 [1984], pp. 7-17 e 165-173), que o reproduz no seu livro indicando como fonte um artigo de um historiador grego (Aristos Katsis), que terá sido publicado no jornal cipriota grego *Phileleftheros* de 10 de Novembro de 1979.

previsível recepção negativa e alarme que estas mudanças em bloco iriam provocar na comunidade cipriota turca. Quer dizer, a discordância não foi tanto face ao conteúdos da proposta de alteração da Constituição mas sobretudo face ao processo adoptado. Para os críticos, teria sido preferível uma abordagem negocial gradualista ao problema. De facto, a proposta foi particularmente mal recebida do lado cipriota turco e pela própria Turquia, acabando por marcar o início de uma nova escalada de tensão entre as duas comunidades e servir de pretexto para interferências externas nos assuntos internos da República de Chipre. A primeira interferência externa veio do lado da Turquia que, mesmo antes de os cipriotas turcos se terem pronunciado sobre a mesma, rejeitou em bloco as mudanças constitucionais propostas por Makarios (posteriormente, Küçük emitiu também uma declaração formal no mesmo sentido, de rejeição total das mesmas e recusando qualquer tipo de negociação). Sem grande surpresa, a segunda interferência externa veio do lado da Grécia que, em resposta à intervenção turca, saiu em defesa dos cipriotas gregos. Como facilmente se pode também antever, a intervenção externa das duas «pátrias» exacerbou as tensões intra-comunitárias, assistindo-se, durante o mês de Dezembro de 1963, ao rebentar da hostilidade aberta e dos actos de violência entre as duas comunidades. Os confrontos continuaram durante os primeiros meses de 1964, tendo morrido perto de duas centenas de cipriotas turcos e mais de 130 cipriotas gregos. Para além disso, outros duzentos cipriotas turcos e mais de quarenta cipriota gregos foram dados como desaparecidos (presumivelmente terão morrido). Foi também nesta altura que uma personagem extremista da direita nacionalista radical, Nikos Giorgiades (usualmente conhecido pelo seu nome de guerra, Nikos Sampson) – o futuro líder do golpe contra o Presidente Makarios, em 1974 –, que tinha sido combatente da EOKA nos anos 50[4], começou a adquirir uma nefasta notoriedade, ao liderar uma milícia cipriota grega envolvida em acções destrutivas e várias atrocidades (agressões físicas, raptos e mortes) contra os

---

[4] Tendo já nessa altura sido julgado e condenado a prisão perpétua, por acusações de envolvimento na morte de elementos da polícia e posse ilegal de armas, sendo libertado após a independência de 1960. Para um obituário de Nikos Sampson ver o artigo de Paul Lewis no *New York Times* de 11 de Maio de 2001 disponível em http://query.nytimes.com/gst/fullpage.html?res=9506E3DD103BF932A25756C0A9679C8B63

cipriotas turcos, sobretudo no bairro Omorfita/Küçük Kaymakl de Nicósia. Nikos Simpson, que acabou por ser uma personagem central na tragédia de 1974, que marca ainda hoje o destino da ilha, pode ser considerado uma espécie de versão cipriota grega do conhecido líder da extrema-direita turca, Alparslan Türkeş[5] (de nascimento um cipriota turco[6] e também este com um nome de guerra fictício, sendo o seu nome original Ali Arslan ou Hüseyin Feizullah, consoante as versões), associado, na Turquia, a organizações paramilitares como os «Lobos Cinzentos», as quais, de alguma maneira, serviram de inspiração às forças paramilitares cipriotas turcas do TMT.

Como resultado deste graves incidentes, começaram a surgir movimentos significativos de populações deslocadas e/ou refugiadas, sobretudo da parte dos cipriotas turcos, e a verificar-se um crescente acantonamento étnico das mesmas. Algumas dezenas de aldeias só cipriotas turcas ou mistas e outras localidades foram abandonadas, quer espontaneamente, devido aos confrontos e sentimentos de insegurança, quer por iniciativa das forças paramilitares cipriotas turcas (TMT e outras milícias), afluindo esses milhares de deslocados sobretudo à capital, Nicósia, e a Kyrenia. Para além deste sofrimento das populações cipriotas, sobretudo das cipriotas turcas, outro aspecto trágico destes acontecimentos foi uma espécie de repetição do que acontecera em 1955 com as (poucas) populações gregas que ainda viviam em Istambul a serem objecto de represálias, com proveniência, directa ou indirecta, das autoridades turcas. «Essas medidas

---

[5] O *curriculum* de Alparslan Türkeş – conhecido pelo seu círculo de amigos e colegas mais próximos como o *Albay* (coronel) – está também cheio de acções radicais de direita ultra-nacionalista e até de actos violentos, nos quais este terá tido um envolvimento, pelo menos indirecto (nomeadamente na morte de activistas políticos, intelectuais e sindicalistas da esquerda turca, na conturbada segunda metade dos anos 70). Este coronel, que se tornou conhecido como o porta-voz do golpe de Estado de 1960, através do qual foi deposto o governo de Adan Menderes, publicou em 1965 um panfleto – a *Doutrina das Nove Luzes* – contendo princípios de superioridade turca ideologicamente pro-fascizantes. Ironicamente, nos anos 90, adquiriu uma reputação de «respeitável» de «homem de Estado», através do *Milliyetci Hareket Partisi* (MHP)/Partido da Acção Nacionalista da Turquia. Este partido é actualmente liderado por Devlet Bahçeli, que iniciou uma linha de fusão do nacionalismo turco com o Islão religioso-político, e está também presente Parlamento turco com 14,3% dos sufrágios e 71 deputados, obtidos nas legislativas de 2007 (foi o terceiro partido mais votado).

[6] Nasceu em Nicósia, em 1917, numa família de emigrados do Cáucaso, que se fixou em Kayseri, na Anatólia.

incluíram centenas de deportações, encerramento de várias dezenas de lojas, retirada de autorizações de trabalho e confiscação de propriedades. Nas ilhas de Imbros e Tenedos (Bozcaada), cuja população abrangia sobretudo gregos, diversas restrições educacionais foram impostas, incluindo a proibição do ensino da língua grega. O Patriarca de Constantinopla/Istambul foi acusado de colaboração com o governo grego e de 'levar a cabo actividades subversivas em larga escala dentro da comunidade grega, de forma a prejudicar o prestígio e a segurança da Turquia.' O Patriarcado foi colocado sob pressão e a sua editora encerrada. Alguns dos seus bispos e padres foram também perseguidos e expulsos do país» (Joseph S. Joseph, 1985 [1997], p. 41).

Nos acontecimentos de 1963/1964, os contingentes militares das duas Potências Garantes (as «mães-pátrias») estacionados na ilha, não tiveram propriamente um papel dissuasor e, menos ainda, funcionaram como uma força neutral de pacificação. Pelo contrário, envolveram-se directa e partidariamente no conflito. No caso do contingente turco, este deslocou-se do seu aquartelamento para se posicionar ao longo da estrada que ligava Nicósia a Kyrenia. Simultaneamente, aviões turcos começaram a sobrevoar Nicósia, tendo sido também dada ordem à marinha de guerra para se deslocar para Chipre. Na sequência deste agravamento da situação e de uma previsível acção militar turca, o Presidente Makarios anuiu na intervenção dos soldados britânicos estacionados nas bases soberanas de Dekhelia e Akrotiri, como força de interposição entre as partes em conflito. O Reino Unido tomou também a iniciativa de propor uma força de manutenção de paz composta por tropas das três Potências Garantes (ver Anexo 3). Apesar da proposta ter sido bem recebida pela Grécia e a Turquia, resultava óbvio que as forças destes países não podiam assegurar qualquer força de manutenção de paz credível, pelo envolvimento directo que já tinham no conflito que decorria no terreno. Face a esta situação, a 15 de Fevereiro de 1964, os representantes de Chipre e do Reino Unido pediram uma acção urgente do Conselho de Segurança das Nações Unidas. Nesta sequência, a 4 de Março, o Conselho de Segurança adoptou por unanimidade a Resolução n.º 186, que recomendava a criação da *United Nations Peacekeeping Force in Cyprus* (UNFICYP)/Força de Manutenção de Paz das Nações Unidas em Chipre, com o consentimento do governo cipriota. Para o seu comando foi indigitado o general indiano, Prem Singh Gyani.

Todavia, a UNFICYP só entrou em funcionamento a 27 de Março, por não existirem até essa data tropas suficientes para a operacionalizarem. Entretanto, dada a precariedade da situação no terreno, os britânicos tinham, como já referimos, as suas próprias tropas a actuarem como força de interposição, tendo estas, após a resolução do Conselho de Segurança, sido incorporadas na UNFICYP, que se constituiu com um total de cerca 6.000 efectivos oriundos, para além do Reino Unido (que assegurava mais de metade da força), do Canadá, da Suécia, da Irlanda, da Finlândia, da Dinamarca e da Áustria[7]. Foi no contexto destas acções de interposição entre os beligerantes que o comandante das tropas britânicas na ilha, o major-general Peter Young, traçou num mapa de Nicósia, com uma caneta verde, uma linha separadora entre as duas comunidades na capital (esta zona neutral ficou conhecida como «linha verde» e ainda hoje divide as duas partes de Nicósia). Com esta separação das duas comunidades na capital, os cipriotas turcos aproveitaram também para expulsar a totalidade da comunidade arménia[8] de Nicósia, que se situava no seu lado da «linha verde», com o pretexto que esta se tinha aliado aos cipriotas gregos.

Como não existia um exército cipriota, o Presidente Makarios começou a formar uma Guarda Nacional, introduzindo a conscrição e ignorando o veto do Vice-Presidente Küçük. Os fornecimentos de armamento vieram da ex-Checoslováquia, tendo o comando da força sido entregue a um general do exército grego. Durante o mês de Abril, Makarios deslocou-se a Atenas para um encontro com o Primeiro-Ministro grego na época, Andreas Papandreou. Nesse encontro terá também ficado acordado o envio clandestino de equipamento militar e de alguns milhares de «voluntários» (na realidade membros das Forças Armadas gregas) para Chipre e delineada a doutrina do «Centro Nacional» por Papandreou (se a Grécia se comprometia a defender Chipre em caso de uma agressão turca, os cipriotas gregos deveriam consultar a Grécia – o «Centro Nacional» – antes de se envolverem em qualquer iniciativa). Importa também recordar que, após o envio das forças de manutenção de paz das Nações Unidas para Chipre, e

---

[7] Sobre a criação da UNFICYP ver http://www.unficyp.org/history/hist_establish.htm

[8] Ecoando, também aqui, a tragédia das deportações e massacres (na linguagem actual genocídio), que os arménios otomanos sofreram às mãos do governo dos jovens turcos durante a I Guerra Mundial (1915-1917).

face à recusa do contingente militar turco em voltar para o seu aquartelamento nos arredores de Nicósia, Makarios denunciou unilateralmente o Tratado de Garantia de 1960 (ver Anexo 3), considerando-o sem efeito, posição na qual foi na altura secundado pela diplomacia grega do governo de Papandreou (a posição diplomática de Chipre e, sobretudo, da Grécia, é hoje mais matizada, como mostram as respostas ao inquérito feito pelo ex-diplomata britânico William Mallinson, 2005, p. 150).

Apesar da actuação da UNFICYP no terreno, a situação voltou a agravar-se no início do Verão de 1964, quando, no mês de Junho, começou a transparecer que o governo turco estava a preparar uma operação de invasão, tendo iniciado uma ponte militar entre a Turquia e Chipre com o objectivo de separar as duas comunidades e efectuar a partição da ilha. A invasão turca só foi evitada porque o Presidente dos EUA, Lyndon Johnson informou, numa dura missiva diplomática, o Primeiro-Ministro turco, Ismet Inönü, de que não aprovaria o uso de qualquer arma fornecida pelos norte-americanos numa intervenção unilateral em Chipre (na óptica nacionalista turca isto foi visto como uma «traição» do seu poderoso aliado ocidental, provocando uma viragem da política externa do país, até aí de pendor claramente pro-NATO), nem sairia em sua defesa em caso de uma intervenção soviética. Simultaneamente, o governo grego foi também advertido de que a Grécia não seria protegida pelos EUA, em caso de uma guerra com a Turquia. A rápida (e ríspida) intervenção norte-americana junto destes dois membros da NATO teve o efeito positivo de fazer recuar a Turquia nas suas intenções de invasão de Chipre e de levar gregos e turcos a aceitarem a mediação norte-americana no conflito.

Entretanto, Georgios Grivas, que liderara a campanha militar da EOKA nos anos 50 mas tinha sido afastado da ilha com a independência de 1960, voltou a reaparecer na ilha, primeiro para comandar o contingente militar grego e, pouco depois, para chefiar a recém formada Guarda Nacional. Se a acção de Grivas pôs de facto alguma ordem na confusão que reinava devido às várias milícias que actuavam sem qualquer controle, a sua actuação acabou também por estar na origem de uma nova situação crítica que colocou, mais uma vez, a Grécia e a Turquia à beira da guerra. Com o intuito de ganhar controle sobre a situação no terreno na generalidade do território cipriota, lançou, em Agosto desse mesmo ano, um ataque militar ao enclave Kokkina/Erenköy, situado junto ao mar que, aparentemente, estava a ser usado pelos cipriotas turcos para receberem armas e efectivos paramilitares treinados pela Turquia (isto, pesar dos esforços pendentes da UNFICYP, para negociar um acordo de cessar fogo entre as partes). Em retaliação, a Força Aérea da Turquia atacou as posições cipriotas gregas, usando não só bombas convencionais como bombas com *napalm*. Makarios respondeu avisando a Turquia que, se não cessasse as hostilidades num prazo de duas horas, ordenaria um ataque a todos os cipriotas da ilha e apelou também a um apoio do governo soviético para resolução da crise. A situação acabou por se resolver com um cessar fogo, tendo a Turquia terminado com os bombardeamentos aéreos e a Guarda Nacional abandonado o objectivo de tomar o controlo de Kokkina/Erenköy. Desta crise resultou também uma lição geopolítica importante: Chipre era extremamente vulnerável à acção das forças militares da Turquia (a cerca de 75 km de distância, no ponto mais próximo) enquanto que, pela sua distância da Grécia continental (cerca de 800 km), estava fora do raio de acção da Força Aérea grega que, assim, estava impossibilitada de actuar, pelo menos em tempo útil. Para além das lições geopolíticas, a estabilização da situação que começou a ocorrer após o Verão de 1964 mostrou uma fractura ainda maior no já (muito) pouco operacional Estado cipriota, pois, a partir da separação das duas comunidades em Nicósia, feita pela «linha verde», o já débil governo nunca mais se voltou a reunir em conjunto até hoje. Os ministros cipriotas gregos e turcos mantiveram-se em lados opostos da capital e da ilha. Estes últimos abandonaram unilateralmente o governo, com o argumento de que não existia, devido à crise constitucional, nenhum governo legal em Chipre mas apenas entidades provisórias de ambos os lados, pendentes do restabelecimento da ordem constitucional (ou da criação de uma nova situação legal). Contudo, esta posição não foi aceite pelos cipriotas gregos que continuaram firmemente a sustentar a existência de um governo democraticamente eleito e legítimo, representando a grande maioria da população. Esta posição foi confirmada, a nível internacional, pela Assembleia Geral das Nações Unidas – resolução 2077 (XX) de 18 de Dezembro de 1965[9] –, o que naturalmente reforçou a legitimidade do

---

[9] O texto da resolução 2077 (XX) de 18 de Dezembro de 1965, da Assembleia Geral d as Nações Unidas está disponível no *site* Ministério dos Negócios Estrangeiros da República de Chipre em http://www.mfa.gov.cy/mfa/mfa2006.nsf/All/135E9FFE5D119EF AC22571B60039260C/$file/Resolution%202077.pdf?OpenElement

governo de Makarios e da República de Chipre, nesta fase difícil da sua existência e da sua própria continuidade como Estado.

Interregno: os actores reconfiguram as suas estratégias

No período subsequente à grave crise de 1963-1964 ocorreram vários desenvolvimentos relevantes, quer no plano da diplomacia internacional, relacionados sobretudo com dois dos actores mais directamente ligados à questão (os EUA e ONU), quer no plano interno da política cipriota, pelo abandono, pelo menos na linguagem oficial, do projecto de *enosis*. Começando pela diplomacia internacional, duas referências se impõem: o Plano Acheson e os esforços de mediação das Nações Unidas, protagonizados por Galo Plaza (um antigo presidente do Equador). Quanto ao primeiro plano, este marca uma fase de crescente envolvimento directo dos EUA na questão cipriota. O seu arquitecto, Dean Acheson, que foi Secretário de Estado de Harry Truman, e na altura era conselheiro do Presidente Lyndon Johnson, foi uma personagem central na construção da rede de alianças norte-americanas durante a Guerra-Fria, direccionadas para uma lógica de *containment* da ex-URSS. Dean Acheson avançou, paralelamente à conferência de Genebra de Agosto de 1964, com uma solução que ficou conhecida como o «plano[10] da dupla *enosis*». Esta solução levaria, na prática, à dissolução da República de Chipre e à repartição da ilha entre a Grécia e a Turquia. Conforme explica Joseph S. Joseph (1985 [1997], p. 64--65), as suas principais disposições podem-se sintetizar da seguinte maneira:

1. Chipre unir-se-ia com a Grécia;
2. À Turquia seria dada uma base militar significativa na ilha, que seria uma parte indispensável da Turquia continental;
3. Chipre seria dividido em oito cantões, com os cipriotas turcos controlando dois deles;
4. A Grécia cederia a minúscula ilha de Kastellorizo (Méis), que fica junto à costa turca [a 2km], à Turquia.

---

[10] O texto do Plano Acheson, nas suas diferentes versões, está disponível em *The Cyprus Conflict*, http://www.cyprus-conflict.net/www.cyprus-conflict.net/acheson_plan.html

Face ao tipo de solução proposto por Dean Acheson, a Turquia mostrou algum interesse pela proposta norte-americana tendo concordado também que o plano servisse como base para negociações. Todavia, o governo grego, após ter auscultado Makarios sobre o assunto (que viu com desagrado a proposta norte-americana), recusou discutir o mesmo na base de projectos de «dupla *enosis*», insistindo que a solução a encontrar teria de ser conforme aos princípios da Carta das Nações Unidas (independência, soberania e direito do povo cipriota em definir livremente o seu futuro). Como também nota o referido professor da Universidade de Chipre, «o plano Acheson reflectia as preocupações e objectivos dos EUA sobre Chipre. Procurava satisfazer os objectivos nacionais conflituais da *enosis* e partição, e eliminar as fontes de fricção greco-turcas. Com a dissolução do Estado cipriota, Makarios e o AKEL, com a sua política pro-soviética seriam também eliminados da cena política cipriota». Para além disso, o objectivo fundamental norte-americano de «colocar Chipre sob controlo da NATO seria atingido» (*idem*, p. 65).

Em relação à mediação das Nações Unidas – a opção preferida por Makarios (que ficou conhecido nos círculos políticos de Washington como o «Fidel Castro do Mediterrâneo», pela sua política «não alinhada» e *flirt* com os soviéticos) –, Galo Plaza, que sucedeu ao diplomata e ex-Primeiro- -Ministro finlandês Sakhari Tuomioja, entretanto falecido, apresentou, em Março de 1965, após um ano de conversações com ambas as partes, um relatório[11] detalhado sobre o problema. Nesse documento, criticava os cipriotas gregos e os cipriotas turcos pelo que considerava ser a falta de empenho de ambos em chegar a um compromisso político. A aspiração dos cipriotas gregos pela *enosis* foi considerada o principal obstáculo à solução do problema de Chipre (todavia, o teor do documento denotava, também, uma certa compreensão pela vontade de *enosis*, na lógica do princípio de autodeterminação dos povos que implicava a possibilidade de estes poderem dispor do seu futuro livremente, incluindo das eventuais relações de união com outros Estados). Por outro lado, o relatório considerava

---

[11] O texto integral do «Relatório para o Secretário-Geral do Mediador das Nações Unidas», assinado por Galo Plaza, está também disponível em *The Cyprus Conflict*, http:/ /www.cyprus-conflict.net/www.cyprus-conflict.net/galo_plaza_report.html

também as pretensões federais cipriotas turcas e da Turquia como sendo um obstáculo importante à solução – desde logo porque implicariam uma deslocação forçada de populações –, a qual deveria ser encontrada no quadro de um Estado independente e soberano mais próximo de um modelo de tipo unitário. O relatório criticava também os Acordos de Zurique e de Londres, bem como o dispositivo segregacionista da Constituição de 1960, a que estes deram origem. Estes esforços diplomáticos das Nações Unidas foram infrutíferos, pois a Turquia e os cipriotas turcos tiveram uma reacção extremamente negativa ao relatório, exigindo o afastamento de Galo Plaza, que consideravam ter ultrapassado as suas funções. É esta também a argumentação que podemos ler no livro do cipriota turco Necati Ertekün (1981 [1984], pp. 20--21), *The Cyprus Dispute and the Birth of the Turkish Republic of Northern Cyprus*/A Disputa de Chipre e o Nascimento da República Turca do Norte de Chipre (1984), um ex-juiz do Supremo Tribunal da República de Chipre, conselheiro legal de Rauf Denktaş, e que foi também Ministro dos Negócios Estrangeiros da «KKTC». Em reacção a esta atitude de obstrução do mediador das Nações Unidas, os cipriotas gregos adoptaram, também, uma posição simétrica de força, afirmando que, no caso deste ser afastado, não aceitariam outro mediador substituto. Em consequência, o Secretário-Geral das Nações Unidas, o birmanês U Thant, viu-se sem qualquer alternativa diplomática viável, pelo que este esforço de mediação se gorou.

Um outro desenvolvimento importante deste período ocorreu no plano interno da política, sendo uma provável consequência da crescente internacionalização da questão cipriota. No decurso de 1964 Makarios passou a rejeitar oficialmente o objectivo da *enosis*, o qual, implicitamente, tinha estado subjacente a grande parte das suas acções políticas nos primeiros tempos após a independência de 1960. Este abandono, pelo menos na linguagem oficial, não foi feito de forma isolada mas de uma maneira concertada com o governo da Grécia. Como vimos, até pela luta armada da EOKA, este era um factor de grande mobilização dos cipriotas gregos e que impulsionava enormes paixões e carga emocional, agitando o sentimento de pertença ao mundo helénico. Porquê, então, a rejeicção oficial do objectivo da *enosis* por Makarios, pelo qual toda uma geração se tinha sacrificado? Joseph S. Joseph aponta as seguintes razões (1985 [1997], pp. 46-47):

Entre a soberania limitada e a divisão da ilha 137

i) a defesa da *enosis* que, na prática, significava a anexação de Chipre pela Grécia, «tinha conotações coloniais e era incompatível com o movimento mundial de autodeterminação e descolonização»; quer dizer, os governos grego e cipriota adoptaram uma política de autodeterminação e independência na «expectativa de ganharem o apoio do Terceiro Mundo e outros países de Leste nos fóruns internacionais, especialmente nas Nações Unidas»;

ii) a *enosis* estava excluída dos Tratados fundadores de Zurique e Londres, dos quais, quer a Grécia, quer a Turquia, eram signatários. Prosseguir a *enosis* em desrespeito dos mesmos dava à Turquia um pretexto para invadir a ilha;

iii) existia um crescente movimento favorável a um Chipre independente, entre a população cipriota grega; este movimento estava sobretudo associado ao AKEL que, na altura, era o maior partido político cipriota, representando cerca de 35% do eleitorado, e a liderança de Makarios não podia, naturalmente, ignorar uma força política desta dimensão (a oposição do AKEL à *enosis* era sobretudo de base ideológica, pois o partido comunista na Grécia era considerado ilegal e o país era membro de uma «aliança imperialista», a NATO);

iv) o abandono da *enosis* também pode ser atribuído, pelo menos em parte, a factores pessoais, pois Makarios, «o ambicioso arcebispo celibatário», tornou-se presidente após longas aventuras e exílios e o seu carismático carácter tornou-o popular e de confiança entre os cipriotas; para além disso, Makarios tinha-se também tornado uma figura de proa do movimento pela autoderminação e do Movimento dos Não Alinhados (juntamente com Tito da Jugoslávia, Nasser do Egipto e Sukarno da Indonésia), o que não era compatível com a lógica da *enosis.*

Como facilmente se pode imaginar, uma coisa é eliminar, por razões sobretudo pragmáticas, o discurso da *enosis* da linguagem diplomática, como fez Makarios, outra coisa é apagar o sentimento favorável à mesma, enraizado na população (de Chipre e da Grécia), bem como do próprio discurso político interno e das forças políticas que não compreendiam, ou se recusavam a aceitar, esta reconfiguração estratégica. Para além disso, a interrogação que naturalmente se levanta aqui é saber se esta mudança era sustentada por uma intenção real de alteração de rumo – ou seja, correspondia a uma verdadeira vontade de dar prioridade à construção de uma República de Chipre independente e soberana – ou era apenas um forma de camuflar o objectivo prioritário que, apesar da rejeição proclamada, continuava a ser a *enosis*. Esta questão tem importância, pois, como vimos anteriormente, a vontade de partição turca, a *taksim*, desenvolveu-se, em grande parte, como reacção à dinâmica da *enosis*. Isto significa que, se os cipriotas gregos abandonavam esse objectivo, se poderiam também começar a criar condições para construir um verdadeiro «cipriotismo», em vez das lógicas comunitaristas opostas, de identidades «hifenizadas». A verdade é que, infelizmente, isto não aconteceu, seja porque os cipriotas gregos (e a própria Grécia) não mostraram claramente, pelas suas acções, que se tinham mesmo afastado da *enosis*, seja porque os cipriotas turcos (secundados pela Turquia) interpretaram essa mudança apenas como uma manobra de «camuflagem» das verdadeiras intenções, ou também porque não estavam predispostos a abandonar o seu próprio objectivo prioritário que era *taksim*.

Rumo à catástrofe: a ditadura dos coronéis
e o golpe de Estado pro-*enosis*

Os acontecimentos do Verão de 1974, que levaram a um golpe de Estado para afastar o Presidente Makarios bem como à posterior invasão da ilha pela Turquia, entroncam, em grande parte, nos conturbados desenvolvimentos internos da Grécia, a partir da segunda metade da década de 60. Em 1965, o jovem (apenas 25 anos de idade) e provavelmente bastante inexperiente monarca, Constantino II, acabou por ficar associado a uma situação de instabilidade política interna e dar origem a uma crise constitucional grave (que ficou conhecida como a «*Apostasia* de 1965»). Importa lembrar que, nessa época, a política interna do país se encontrava fortemente polarizada entre o monárquico e conservador Constantino Karamanlis, que foi várias vezes Primeiro-Ministro e liderava o centro direita, e Giorgios Papandreou, líder do centro esquerda republicano, também várias vezes Primeiro-Ministro e que se considerava herdeiro do legado político e republicano de Eleftherios Venizelos. A crise desencadeou-se quando, após um escândalo – conhecido como o «escândalo Aspida», por relação com um grupo de oficiais de centro-esquerda que pretenderia assumir posições de controlo no exército, dominado, desde a guerra civil grega, por oficiais do centro direita – ter envolvido também o nome do filho de Giorgios Papandreou, Andreas Papandreou (algo que nunca se provou). Nesta sequência o Ministro da Defesa, Petrous Garouflias, foi obrigado a resignar tendo-se levantado o problema da sua substituição. Giorgios Papandreou decidiu chamar a si o cargo de Ministro da Defesa, cumulando-o com o de Primeiro-Ministro. Como o rei Constantino II não aceitou a sua nomeação, com o argumento da existência de um conflito de interesses, e Giorgios Papandreou recusasse qualquer outra escolha, este acabou por se demitir, levando à queda do governo. Na opinião pública passou a dar-se um batalha entre os partidários e críticos do rei (Papandreou lançou o *slogan* «o rei reina mas o povo governa»), tendo Constantino II tentado formar governos usando os «apóstatas» do partido de Papandreou. A realidade é que destas iniciativas do rei não saiu qualquer governo estável, entrando a Grécia num clima de grande instabilidade política. Finalmente, em Abril de 1967, Constantino II decidiu convocar eleições para 28 de Maio desse mesmo ano, de forma a tentar encontrar uma saída eleitoral para a crise. Todavia, os resultados mais prováveis apontavam para que o partido União do Centro de Giorgios Papandreou (e do seu filho, Andreas Papandreou que começava a afirmar-se também na política grega) saísse vencedor, sem, no entanto, atingir uma votação suficiente para formar governo sozinho. A confirmar-se esse resultado, isso implicaria um provável governo de coligação com outro partido mais à esquerda, a Esquerda Democrática Unida (que os sectores mais conservadores da sociedade grega viam como um disfarce para o ilegalizado partido comunista). Este foi o pretexto para o golpe de estado efectuado a 21 de Abril de 1967, no mês anterior às eleições, por um grupo de oficiais do exército de direita, liderados pelo Brigadeiro Stylianos Pattakos e pelos Coronéis George Papadopoulos e Nikolaos Makarezos, inaugurando um período ditatorial que durou até 1974 e ficou conhecido como a «ditadura dos coronéis». Ironicamente, este período conturbado da história da Grécia moderna está também associado ao fim da monarquia. O monarca ainda tentou afastar a junta militar do poder, através de um contra-golpe lançado a 13 de Dezembro de 1967, a partir da cidade de Kavala, no Norte da Grécia, que acabou por falhar e levar Constantino II a fugir para o exílio, nunca mais tendo voltado como rei à Grécia (isto apesar de, formalmente, a Grécia ter continuado a ser uma monarquia até 1 de Junho de 1973).

A referida opção «não alinhada» de Makarios e a política de *flirt* com os soviéticos, para contrabalançar a Turquia e a aliança desta com os EUA, através da NATO, acabou por tornar o problema de Chipre ainda mais complexo. O resultado foi uma extremamente intrincada mistura de linhas de conflito interno e externo, este último marcado pela disputa entre as duas superpotências, em ambiente de Guerra Fria. Recorda-se que, durante a crise de 1964, quando a Turquia bombardeou as posições gregas e cipriotas gregas à volta do enclave Kokkina/Erenköy, Makarios já tinha apelado a um apoio soviético. Em finais de 1967, uma nova crise, grave, pôs à beira de um conflito militar a Grécia e a Turquia, com as repercussões que se podem imaginar para a *pax americana* na região. Na sua origem esteve um incidente de relativamente pequena dimensão. Na aldeia de Kophinou, situada no sul da ilha, num ponto de encontro entre as estradas de Larnaca, Limassol e Nicósia, a população cipriota turca bloqueava há vários meses a passagem das forças policiais cipriotas gregas na mesma. Giorgios Grivas tomou em mãos a iniciativa para resolver o problema enviando as suas forças para a região. Para desobstruir a passagem, estas envolveram-se em confrontos com os paramilitares cipriotas turcos (dos quais resultaram cerca de duas dezenas de vítimas do lado cipriota turco e a morte de dois cipriotas gregos). Em reacção a estes incidentes, a Turquia ameaçou intervir militarmente se as tropas da UNFICYP não afastassem imediatamente as forças gregas e cipriotas gregas da área. Embora os confrontos tivessem cessado em seguida, o assunto teve um impacto enorme na Turquia. A cobertura da imprensa, numa forte linguagem emotiva, alimentou desejos de retaliação na opinião pública, sucedendo-se várias manifestações em prol de uma acção militar. Neste ambiente emotivo e de crescente tensão, a Grande Assembleia Nacional autorizou uma intervenção militar, começando a ser mobilizadas tropas para a fronteira terrestre com a Grécia, na Trácia, embarcações de guerra no mar Egeu, com vista à sua deslocação para Chipre, e a ser efectuados preparativos na base aérea de Incirlik, próximo de Adana, com aviões a sobrevoarem o espaço aéreo cipriota. A escalada de tensão só não terá terminado num confronto militar directo entre as duas Potências garantes devido a uma nova e enérgica acção diplomática dos

EUA – Lyndon Johnson enviou Cyrus Vance para a região, que acabou por conseguir um acordo entre a Grécia, a Turquia e a República de Chipre. Este acordo previa, entre outros aspectos, a retirada da ilha das tropas gregas e turcas que excediam os contingentes previstos no Tratado de Aliança (ver Anexo 4), o aumento do contingente militar da UNFICYP e a dissolução da Guarda Nacional (ironicamente, Makarios, que nunca chegou a implementar esta disposição do acordo, efectuando a dissolução da Guarda Nacional, acabou por ser vítima do golpe de estado que esta efectuou em 1974...).

Nesse mesmo ano de 1967, e anteriormente a essa crise, a junta militar grega tinha feito, nos bastidores diplomáticos, uma proposta ao governo da Turquia, para a resolução «definitiva» do problema de Chipre, sem qualquer auscultação da vontade e obtenção do acordo prévio do governo cipriota de Makarios. Esta manobra da junta é descrita pelos jornalistas britânicos, Brendan O' Malley e Ian Craig no livro *The Cyprus Conspiracy. America, Espionage and the Turkish Invasion*[12]/A Conspiração de Chipre. América, Espionagem e a Invasão Turca (1999), numa obra em que, por vezes, o leitor se sente quase como se estivesse a assistir a um *thriller*[13] de conspiração e espionagem, no âmbito da política internacional. Segundo estes dois jornalistas, a junta militar teria proposto secretamente à Turquia uma espécie de nova versão da «dupla *enosis*» prevista no plano Acheson, não se tendo o acordo concretizado devido às exigências turcas de, em vez de uma base militar na ilha, como lhe estava a ser proposto, obter duas bases militares ocupando cerca de 10% do território (1999, p. 127):

> Após terem reaberto contactos militares com os turcos sobre a questão de Chipre na reunião da NATO de Junho, tiveram conversações com o governo turco na fronteira de Evros, em Setembro. Os turcos julgaram que o pensamento militar dos coronéis levá-los-ia

---

[12] Este é essencialmente um livro acusatório da *realpolitik* dos EUA, sobretudo da protagonizada pelo ex-Secretário de Estado norte-americano, Henry Kissinger. Segundo Brendan O' Malley e Ian Craig, existia um plano secreto de partilha da ilha em caso de radicalização do conflito, pelo que os EUA não se esforçaram por impedir a invasão turca no Verão de 1974 (a qual até lhes terá sido conveniente dado o *flirt* com os soviéticos e opção pelos não alinhados de Makarios).

[13] Evoca imagens que fazem, de alguma maneira, lembrar *North by Northwest*/Intriga Internacional, de Alfred Hitchcock – ou o filme JFK de Oliver Stone –, tendo como pano de fundo a espionagem na Guerra Fria, procurando os autores sustentar uma tese baseada em «teorias da conspiração» contra Chipre.

ao reconhecimento da necessidade de dividir Chipre para manter os comunistas afastados e evitar que a ilha se tornasse num satélite soviético. Os gregos ofereceram aos turcos uma base militar, se estes aceitassem a *enosis* para o resto da ilha. Mas o Primeiro-Ministro [Süleyman] Demirel pediu duas bases em 10% do território da ilha. Os americanos teriam feito acordo desta maneira, mas os gregos não. Tudo o que foi acordado em Evros foi apenas uma declaração para salvar a face, apelando a maior cooperação e esforço para encontrar uma solução.

Por tudo o que foi exposto, não é muito surpreendente que as relações entre Makarios e o governo da junta militar na Grécia evoluíssem para um clima de crescente desconfiança e atrito, que se tornou ostensivo a partir do início dos anos 70 (apesar de tudo, desde a crise de 1967 até aí tinham existido relações razoáveis, sobretudo devido à acção prudente do Ministro dos Negócios Estrangeiros da junta, Panyotis Pipinelis). Todavia, duas ocorrências alteraram completamente esta situação: a morte do próprio Panyotis Pipinelis e o regresso de Giorgios Grivas a Chipre, em finais de 1971, para liderar uma ressuscitada EOKA, agora designada EOKA-B. No caso da junta grega, a morte de Pipinelis deu lugar à crescente influência do nacionalista extremado e adepto resoluto da *enosis*, o Brigadeiro-General Dimitrios Ioannides – que já comandava a temida polícia militar –, também no âmbito da configuração da política externa (em finais de 1973, Ioannides tornou-se no principal poder no governo da Grécia, após um golpe dentro da própria junta em que o chefe de Estado oficial foi o general Phaedon Gizikis). Este crescente endurecer da posição da junta militar grega criou uma posição curiosa para a liderança de Makarios em Chipre: embora por razões diferentes, o governo grego, o governo turco e o governo norte--americano estavam contra Makarios. Para se salvaguardar e tentar reforçar a sua posição Makarios jogou mais uma vez com a aproximação à União Soviética (visitando-a em Junho de 1971) que, no essencial, apoiou as suas posições sobre a independência de Chipre, a retirada das forças estrangeiras e o encerramento das bases britânicas (na prática, acessíveis também pela NATO). Uma questão interessante que aqui se coloca é a de saber se estas posições se baseavam em afinidades ou, pelo menos, nalgum tipo de simpatias ideológicas do Presidente cipriota face ao regime soviético (seria, de facto, o «padre vermelho» que a junta detestava?), ou se resultavam mais

Entre a soberania limitada e a divisão da ilha 143

da procura de um aliado «objectivo» importante para a sua causa, na lógica diplomática fria da *realpolitik*. Para William Mallinson, era sobretudo esta última explicação que permitia compreender correctamente o comportamento de Makarios (2005, p. 71):

> Enquanto Grivas era fortemente anticomunista, deve-se recordar também que Makarios o era igualmente. A grande diferença é que Makarios era um político hábil que precisava do apoio dos partidos de esquerda e de Moscovo. Embora Grivas tivesse o forte apoio de um núcleo duro de nacionalistas enosistas e a liderança da Guarda Nacional fosse detida por nacionais gregos, o apoio de Makarios era muito mais alargado, sendo, deste ponto de vista, mais um espinho do seu lado – ainda que um espinho perigoso – do que um desafio político sério para Makarios.

Seja qual for a melhor interpretação para as posições políticas e diplomáticas do Presidente cipriota, a verdade é que se tornou convicção da junta que, para resolver o problema de Chipre, seria necessário afastar Makarios do poder. Aparentemente, isso foi tentado por vários meios, que não foram exclusivamente políticos e pacíficos. (Por exemplo, em Março de 1970, o helicóptero de Makarios foi atingido por disparos, tendo o Ministro do Interior, Polycarpos Yorgardjis, sido acusado de envolvimento no atentado e aparecido morto, pouco tempo depois, em circunstâncias não clarificadas). A principal pressão política foi exercida durante 1972, com o envio de uma nota sugerindo o afastamento do Ministro dos Negócios Estrangeiros, Spyros Kyprianou, e outros oponentes da junta militar grega no governo cipriota, e para criar, em sua substituição, um governo de «unidade nacional» composto por todas as sensibilidades do «nacionalismo heleno-cipriota» (ou seja, deveriam ser excluídos o AKEL e outros sectores que não se reviam na *enosis*). Nessa nota intimidativa era-lhe lembrado que o «Centro Nacional» era Atenas e não Nicósia. Mas a pressão também veio de dentro da sociedade cipriota, ao que tudo indica também por instigação da junta. No seu livro sobre a igreja cipriota e as suas relações com o Estado, Georghios Theodoulou (2005, p. 118-120), descreve aquilo que ficou conhecido como o «golpe eclesiástico». Este teve início em Março de 1972, quando, no decurso do Sínodo Sagrado, os três bispos da Igreja de Chipre (Kition, Kirenya e Pafos) ordenaram a Makarios para resignar como

Presidente, com o argumento da incompatibilidade entre as funções eclesiásticas e as seculares à frente do Estado. O conflito prolongou-se durante cerca de um ano, pois Makarios recusou-se a acatar as directivas dos bispos. Na sua carta de resposta aos três bispos este afirmava que a sua «consciência 'grega' e a sua «vocação de etnarca não lhe permitiam abandonar o seu povo num altura de perigo, e considerava a sua resignação como uma traição». Entretanto, foi eleito novamente Presidente em inícios de 1973, tendo rejeitado a nova decisão do Sínodo Sagrado, composto pelos três bispos cipriotas, de o destituir, argumentando o seu carácter inconstitucional. Em resposta convocou ainda um Sínodo Maior da Igreja Ortodoxa, onde estiveram representados dois Patriarcas, incluindo o Patriarca Ecuménico de Istambul/Constantinopla, quatro arcebispos e oito bispos, que anulou a destituição de Makarios (e na sequência da mesma foram também eleitos novos bispos e afastados os anteriores das suas dioceses). Apesar destas vitórias contra os seus opositores, este continuava a ter algumas fragilidades internas, nomeadamente ao nível do comando e lealdade das forças policiais e da Guarda Nacional (controlada por oficiais gregos), ambas bastante infiltradas pela EOKA-B.

A 2 de Julho de 1974, o Presidente da República de Chipre, Makarios, dirigiu ao seu homólogo grego, o general Ghizikis, uma missiva diplomática particularmente dura e acusatória, denunciando publicamente a acção na ilha de grupos patrocinados pela junta militar, que estavam a pôr em causa o regime e a continuidade do Estado cipriota. Atente-se neste excerto da mesma que é reproduzido por Georghios Theodoulou no seu livro (2005, p. 160-16):

> Lamento dizê-lo Senhor Presidente, mas a raiz do mal é muito profunda e chega até Atenas. Aí esta é alimentada e a partir daí é conservada e espalha-se crescendo como uma árvore do mal, sendo o fruto amargo que os cipriotas gregos hoje estão a provar. E de forma a ser mais absolutamente específico afirmo que os membros do regime militar da Grécia apoiam e dirigem as actividades da organização terrorista EOKA-B. Isto explica o envolvimento de oficiais gregos da Guarda Nacional em acções ilegais, conspirações e outras situações inaceitáveis [...] Não posso dizer que tenha especial simpatia por regimes militares, especialmente na Grécia, que deu nascimento e é o berço da democracia. Mas mesmo neste caso eu não me afasto do princípio da cooperação [...] Continuaria em silêncio em relação à

responsabilidade do governo grego no presente drama de Chipre, se fosse o único a sofrer no desenrolar deste drama. Mas encobrir o assunto e o silêncio não são permissíveis quando todo o helenismo cipriota está a sofrer, quando os oficiais gregos da Guarda Nacional instigados por Atenas estão a suportar a EOKA-B em actividades criminais, as quais incluem assassínios políticos e têm por objectivo geral a dissolução do Estado.

O teor explosivo desta carta teve provavelmente o efeito de levar a junta a decidir pôr em prática planos que provavelmente já existiriam há algum tempo, com o objectivo de afastar Makarios do poder, mas desta vez com recurso ao uso da força militar. A 15 de Julho de 1974, elementos da Guarda Nacional, liderada pelos seus oficiais gregos, cercaram e atacaram o palácio presidencial em Nicósia, depondo o governo democraticamente eleito que estava em funções. O Presidente Makarios, que inicialmente tinha sido dado como morto, acabou por conseguir sair do palácio e fugir para Pafos, onde foi resgatado por um helicóptero da força área britânica para a Base Soberana de Akrotiri, tendo depois sido transferido para Malta e levado para Londres. Nikos Sampson, que já liderava a EOKA-B desde Janeiro desse mesmo ano, devido à morte de Giorgios Grivas, foi instalado na Presidência da República (após um processo algo rocambolesco em que os líderes do golpe andaram à procura de um rosto para a chefia do Estado). A partir daí, o rumo dos acontecimentos adquiriu uma dinâmica que rapidamente extravasou do controlo dos actores directos (a junta militar grega/Guarda Nacional e os apoiantes de Makarios), ganhando uma dimensão internacional que envolveu a Turquia – a Potência Garante que se tornou potência invasora –, o Reino Unido (a outra Potência Garante) e naturalmente as duas superpotências da Guerra Fria (EUA e ex-União Soviética), num jogo diplomático-estratégico cujos contornos, ainda hoje, não são totalmente claros.

A catástrofe: invasão turca, divisão da ilha e deslocação forçada

Olhando retrospectivamente para os acontecimentos de 15 de Julho de 1974, é inevitável chegarmos à conclusão de que, se a Turquia tinha de facto um intenção de intervir directamente em Chipre para estabelecer controlo sobre uma parte da ilha, dificilmente poderia ter uma ocasião mais propícia para o efectuar do que após o golpe que afastou Makarios do poder e instalou um governo ilegítimo em sua substituição. A ordem para a intervenção militar da Turquia foi dada pelo então Primeiro-Ministro, Bülent Ecevit (que voltou a estar à frente dos destinos da Turquia entre 1999 e 2002), tendo tido um papel importante nessa decisão Necmettin Erbakan, o primeiro líder de um partido islamista a chegar ao poder em toda a história da República da Turquia, ironicamente num governo de coligação com a esquerda secularista e de tipo social-democrata, de Bülent Ecevit. Importa todavia notar que, inicialmente, o governo turco procurou seguir, pelo menos na aparência formal, o dispositivo do Tratado de Garantia (ver Anexo 3) o qual refere no seu artigo IV que a Grécia, a Turquia e o Reino Unido se comprometem «a consultar reciprocamente», face às «medidas necessárias para assegurar a observância dessas provisões». De facto, o Primeiro-Ministro turco começou por consultar o governo britânico, na pessoa do seu Ministro dos Negócios Estrangeiros, James Callaghan, no sentido de este intervir também em Chipre. Todavia, os britânicos, quer por razões «técnicas», como a disponibilidade efectiva de apenas cerca de 3.000 soldados nas Bases Soberanas, quer provavelmente pela falta de vontade de se envolverem numa operação militar custosa, seja em termos financeiros e de equipamentos, seja em termos de reais possibilidades de perdas de vidas humanas (a memória da luta de guerrilha da EOKA nos anos 50 e dos confrontos intracomunitários de 1963/1964 provavelmente pesou nessa situação), não mostraram disponibilidade para esse efeito. Face à retracção britânica para uma eventual intervenção militar, Bülent Ecevit enviou, a 18 de Julho, um ultimato ao governo grego a exigir a resignação de Nikos Sampson, a retirada dos oficiais gregos da Guarda Nacional e a manutenção da independência de Chipre. Todavia, a junta grega não cedeu a estas exigências confiando provavelmente que, no limite, uma intervenção diplomática norte-americana pararia a movimentação turca para a invasão da ilha, tal como acontecera anteriormente por duas vezes, em 1964 e 1967. Na realidade, este mostrou ser um erro de cálculo fatal para a sobrevivência da própria junta grega, mas teve também consequências trágicas no futuro cipriota. Se este erro de cálculo foi, de alguma maneira, induzido por sinais que teriam sido dados pelos norte-americanos, nomeadamente pelos serviços da CIA, com quem a junta manteria contactos na época, como

Entre a soberania limitada e a divisão da ilha   147

sugerem Brendan O' Malley e Ian Craig (1999, p. 168), ou se foi um má avaliação do rumo dos acontecimentos que apenas é imputável aos próprios, é um assunto objecto de discussão e controvérsia. A questão é também difícil de responder porque nessa mesma altura o Partido Republicano e a administração de Richard Nixon estavam envolvidas no escândalo do *Watergate*, estando o Presidente Nixon com um processo de destituição em marcha que, naturalmente, enfraquecia o seu governo e o obrigava a concentrar sobretudo em questões internas. Neste contexto de clara fragilidade do poder presidencial coloca-se a questão de saber se Henry Kissinger[14], que directamente interveio nas movimentações diplomáticas internacionais subsequentes ao golpe de 15 de Julho, não adoptou uma atitude claramente dissuasora da intervenção militar da Turquia por não ter condições políticas para o fazer – como é a tese que este essencialmente sustenta no seu livro *Years of Renewal*/Anos de Renovação 1999, quando dá a sua versão dos acontecimentos ocorridos em Chipre, aquando da invasão de1974[15]; ou então se a razão foi típica da *realpolitik* (de que Kissinger é um admirador confesso...), como acusam, entre outros[16],

---

[14] Após uma carreira como académico na Universidade de Harvard (1954-1959), Henry Kissinger ocupou os prestigiados lugares de Conselheiro de Segurança Nacional (1969-1975) e de Secretário de Estado (1973-1977), sob as presidências de Richard Nixon e Gerald R. Ford, cargos que desempenhava quando a crise cipriota do Verão de 1974 eclodiu.

[15] No livro *Years of Renewal*/Anos de Renovação 1999, Kissinger dedica um capítulo inteiro ao assunto sob o título «Chipre, o estudo de um caso de conflito étnico» (provavelmente por reacção à publicação do já citado livro acusatório dos jornalistas britânicos, Brendan O' Malley e Ian Craig). No seu relato da crise do Verão de 1974, Kissinger (1999, p. 178) refere que se viu colocado na delicada posição de ter de mediar uma situação de guerra eminente, entre dois aliados dos EUA e membros da Aliança Atlântica. Afirma também que as «paixões que o animavam tinham raízes tão profundas a ponto de se tornaram incompreensíveis para quem quer que não pertencesse aos dois grupos étnicos envolvidos». E que Chipre foi «um caso precursor dos conflitos entre grupos étnicos», os quais se tornaram «cada vez mais frequentes e ameaçadores nas décadas subsequentes» (a referência que este faz dirige-se aos conflitos étnico-religiosos da ex-Jugoslávia que, cerca duma década e meia depois, ensombraram o final da Guerra-Fria na Europa), em antigos territórios do Império Otomano e da «questão do Oriente».

[16] Ver, por exemplo, o artigo assinado por Larisa Alexandrovna e Muriel Kane sob o título *Intelligence officers confirm Kissinger role in Turkish invasion* disponível em http://rawstory.com/news/2007/Intelligence_officials_confirm_Kissinger_role_in_0626.html

148   *A Questão de Chipre*

Brendan O' Malley e Ian Craig ou Christopher Hitchens, pelo que a «incapacidade» em deter a intervenção militar da Turquia teria sido uma atitude calculista norte-americana[17], de quem a via como não totalmente desinteressante (Makarios ficava afastado e com ele a influência soviética; com a presença da Turquia na ilha o território ficava também, indirectamente, sob controlo da NATO).

Independentemente de qual tenha sido na realidade este obscuro jogo político-diplomático, a verdade é que Bülent Ecevit e o seu Ministro dos Negócios Estrangeiros, Turan Günes, invocaram publicamente a parte final do artigo IV do Tratado de Garantia para legitimar a sua intervenção militar unilateral. Recorda-se que ficou estabelecido no Tratado de Garantia (curiosamente por sugestão da própria Turquia nas negociações dos Acordos de Zurique e Londres....), que «se uma acção comum ou concertada se mostrar inviável, cada um dos três Poderes garantes reserva o direito de actuar com o único objectivo de restabelecer a situação criada pelo presente Tratado» (ver Anexo 3). Assim, de 19 para 20 de Julho de 1974 iniciou-se um desembarque de tropas perto de Kyrenia, após um prévio bombardeamento aéreo com *napalm* (a operação «Átila[18]-1»). Para além de violentos combates com a Guarda Nacional que, apesar da situação caótica, procurou resistir à invasão, a chegada e avanço das tropas turcas levou à fuga em massa dos habitantes cipriotas gregos dessa parte da ilha. Entretanto, a 22 de Julho, a mediação efectuada pelo Conselho de Segurança das Nações Unidas conseguiu que os intervenientes chegassem a um cessar-fogo. Todavia, este não foi integralmente respeitado no terreno, sucedendo-se diversos confrontos localizados, sobretudo em enclaves de aldeias habitadas por uma comunidade, rodeadas por zonas habitadas maioritariamente pela outra. Na sequência deste rumo dos acontecimentos, a junta grega, que tinha inicialmente ponderado a possibilidade de atacar militarmente a Turquia,

---

[17] No cipriota grego médio esta percepção de uma culpa norte-americana na invasão turca levou a distúrbios anti-EUA em Nicósia, em 19 de Agosto de 1974, na sequência dos quais o próprio embaixador que tinha sido recentemente nomeado para Chipre foi morto.

[18] O nome «Átila», que foi o nome de código dado pelo exército à operação militar, evoca um personagem que na historiografia nacional turca é idolatrado como um seus maiores heróis do passado étnico pré-nacional. Todavia, isto ocorre em clara antítese com a representação histórica tradicional europeia (e grega) de Atila, que é habitualmente visto um invasor «bárbaro» que se fez notar pela sua grande crueldade.

como pretendia o seu «homem forte», Ioannides, começou a abrir brechas com a oposição da maioria dos oficiais a tal iniciativa considerada desastrosa, pelo que esta acção foi descartada. Face à grave crise política criada pelo golpe de estado de 15 de Julho em Chipre e à impotência da junta em efectuar uma intervenção militar para conter a invasão turca, a 23 de Julho o Presidente Gizikis, após ter convocado um reunião com antigos políticos gregos do regime democrático anterior ao golpe de 1967 e as chefias militares, avançou a entrega do poder aos políticos civis, tendo sido chamado o ex-Primeiro Ministro, Konstantinos Karamanlis, que vivia em Paris, para chefiar o novo governo grego num processo de regresso à democracia (funções que este iniciou a 24 de Julho). No mesmo dia em que a junta decidia entregar o poder aos civis e abrir caminho a um processo de transição para a democracia, em Chipre, Nikos Sampson, resignou também, entregando o poder a Glafkos Klerides, o número dois na hierarquia constitucional da República.

No plano diplomático sucederam-se, sob a iniciativa do Ministro dos Negócios Estrangeiros britânico, James Callaghan, negociações em Genebra com as partes em confronto, com o intuito de restaurar a paz e a ordem constitucional. As primeiras foram iniciadas a 25 de Julho e terminaram sem quaisquer resultados palpáveis, dada a continuidade dos confrontos no terreno, e as segundas decorreram entre 10 e 14 de Agosto. A intervenção militar da Turquia que, num momento inicial, gozara de uma certa simpatia junto da opinião pública a nível internacional, começou a tornar-se crescentemente mal vista e como tendo intuitos agressores. A esta mutação da opinião pública não foi naturalmente estranha a queda da junta militar grega e de Nikos Sampson, bem como o retorno da Grécia e de Chipre ao caminho da democracia. Na mesa das negociações Glafkos Klerides confrontou a Turquia com os argumentos que esta oficialmente invocara para intervir em Chipre – a restauração da ordem constitucional ao abrigo do artigo IV do Tratado de Garantia. Aí a diplomacia turca protagonizada por Turan Günes, «descolou» do argumento inicial da intervenção, dizendo que as condições de (in)segurança que resultaram para os cipriotas turcos do golpe de 15 de Julho e dos acontecimentos subsequentes, implicavam agora o estabelecimento de uma federação de base territorial para a sua garantia. Com base neste novo argumento foi efectuado um ultimato a Glafkos Klerides, para aceitar tal federação de base territorial que incluiria seis cantões em diferentes partes da ilha que ocupariam 34% do território. Sob extrema pressão para evitar uma invasão militar turca em maior escala, Klerides pediu um prazo dois dias para consultar o governo grego e Makarios, que nessa altura se encontrava em Londres. Turan Günes, intransigentemente, negou esse prazo a Glafkos Klerides, levando ao fracasso das negociações. Cerca de uma hora e meia depois, em contravenção com o cessar-fogo acordado com as Nações Unidas, iniciou-se uma nova fase da invasão turca (Átila-2), que acabou por ocupar mais de 36% do território, conquistando Morphou, Lefka e Varosha/Varoxa, nos arredores de Famagusta, e avançando até à «linha Átila» que tinha sido pré-determinada nos planos da invasão militar. Esta segunda invasão levou à partição *de facto* da ilha, através da linha do cessar-fogo de 16 de Agosto de 1974 (que, grosso modo, acaba por corresponder à já referida «linha Átila»). Como assinalou William Mallinson (2005, p. 94) comentando esta mesma situação, «em 1974, o Tratado de Garantia provou não ter qualquer valor para Chipre. O governo turco foi capaz de legitimamente invocar o artigo IV quando o golpe de Sampson ocorreu. Mas quando, após o golpe ter falhado, a Turquia continuou a sua acção expandindo o seu território, tornou-se claro que, longe de restaurar a ordem constitucional e consequentemente apoiar o Presidente provisório Klerides, esta decidiu estabelecer o seu próprio Estado».

Face a estas consequências extremamente negativas para Chipre e para a generalidade da sua população, surge inevitavelmente uma pergunta: a quem atribuir as principais responsabilidades pela partição da ilha feita em 1974, situação que ainda hoje se mantém de facto? Como acontece frequentemente noutros conflitos internacionais, uma resposta série e ponderada (que, ainda assim, pode ser sempre discutível) é bastante mais complexa do que formular uma simples questão deste tipo. Sem menosprezarmos as diferentes perspectivas que naturalmente existem sobre este assunto (nomeadamente as dos protagonistas directamente envolvidos), julgamos que Christopher Hitchens faz uma apreciação ponderada da questão quando afirma que, se Bülent Ecevit «tem retirado as suas forças» após o primeira acção militar, em Julho de 1974, «seria lembrado como aquele que afastou a junta grega, salvou Chipre dos seus desígnios e reconstruiu a imagem da Turquia no Ocidente». Todavia, não foi isso que aconteceu na medida em que este e os seus generais «embarcaram numa política de conquista e anexação» do território cipriota, com a operação «Átila-2». Atente-se neste excerto do seu livro, onde Hitchens explica as razões pelas quais considera que a Turquia acaba por ter a principal responsabilidade neste assunto (1984 [1997]: 101-102):

> Supondo que se adopta a visão mais compreensiva sobre a intervenção turca original – que foi um necessário contra-ataque a um *putsch* grego – supondo que se olha para a minoria turca como não tendo culpa nas perturbações e brutalidade dos anos 60. Supondo que se ignora a longa e tenaz ligação da liderança turca e cipriota turca à partição, sem ter em conta a vontade da maioria. Supondo, para além disso, que se pode esquecer ou descontar o envolvimento dos Estados Unidos na mesma causa. Coloque o caso de poder ter havido – de facto, terão existido – ataques mortíferos aos cipriotas turcos *en masse* por uma liderança consolidada de Sampson. Coloque o caso de o problema de Chipre ser puramente uma questão de segurança dos cipriotas turcos. Admita que a *primeira* intervenção turca de 1974 fez um favor a toda a gente, ao demolir o governo fascista na Grécia e Chipre. Concorde e conceda tudo isto e a *segunda* invasão torna-se mais repreensível que menos. Na altura em que esta teve lugar a 14 de Agosto de 1974, as forças irredentistas gregas tinham caído do poder em Atenas e Nicósia. Estavam em curso negociações e as relações entre as duas comunidades da ilha eram estáveis embora nervosas. O pretexto para a invasão original deixou de existir e se Ecevit tem retirado as suas forças seria lembrado como aquele que afastou a junta grega, salvou Chipre dos seus desígnios e reconstruiu a imagem da Turquia no Ocidente. A pressão moral e real (dada tal demonstração impressiva de força turca) para um acordo generoso e duradouro com os cipriotas turcos teria sido irresistível. Em vez disso, Ecevit e os seus generais embarcaram numa política de conquista e anexação.

O mesmo autor faz ainda uma outra observação mordaz sobre a atitude de um diplomata turco que afirmou que a Turquia apoiava a atitude da Indonésia sobre Timor Leste (de invasão e anexação deste território da ex-colónia portuguesa em 1975), dado encontrar similitudes[19] entre os dois casos (*ibidem*, p. 101): «No Verão de 1983 um porta-voz da embaixada

---

[19] Em certos aspectos a questão de Chipre parecer ter, de um ponto de vista histórico, algumas semelhanças relevantes com a questão da partição da Índia colonial britânica, em 1947. Tal como no caso cipriota, quando os britânicos assumem directamente, em meados

turca em Washington disse ao *Washington Post* que a Turquia apoiava a posição indonésia sobre Timor Leste nas Nações Unidas porque via um «paralelo» com o caso turco em Chipre. O porta-voz estava a ser pouco generoso com o seu próprio governo. Todos os relatórios independentes e verificáveis mostram o governo da Indonésia como sendo culpado de um quase genocídio em Timor Leste, usando a arma da fome e permitindo a morte indiscriminada de civis. É surpreendente que algum governo queira associar-se a si próprio a essa atrocidade».

Para além da questão das responsabilidades dos actores em conflito, há o drama humano das vidas perdidas ou destruídas nesses acontecimentos, avaliadas em 3.400 mortos e cerca de 1.600 desaparecidos do lado cipriota grego e um número indeterminado de vítimas do lado cipriota turco. Aspecto particularmente dramático, a operação militar turca consumou ainda a deslocação de mais de 50 a 60 mil cipriotas turcos para Norte e a retirada forçada de 160.000 a 200.000 cipriotas gregos para Sul. Com pequenas excepções (por exemplo, a permanência residual de algumas centenas de cipriotas gregos em duas aldeias da península de Karpas, no Norte e de pouco mais de um centena de cipriotas turcos no Sul), a ilha foi dividida em duas partes, numa separação que divide também a própria capital, Nicósia, devido a este movimento forçado de populações resultante

---

do século XIX, também um minoria muçulmana – depondo o último soberano da dinastia Mugal – governava uma larga maioria de não muçulmanos (a população hindu). Com a descolonização do pós-II Guerra Mundial, a ideia de uma Índia secular, multireligiosa e democrática, de Mohandas Gandhi e Jawaharlal Nehru (do Partido do Congresso), foi rejeitada pelas organizações muçulmanas do sub-continente indiano (nomeadamente por Allama Iqbal e pela Liga Muçulmana), dando origem ao Paquistão (Estado cuja única razão de ser parece ser o Islão... Isto embora o projecto inicial do seu principal fundador, Muhammad Ali Jinah, tivesse querido imitar o modelo secularista-nacionalista de Mustafa Kemal, na Turquia) e, mais tarde, ainda ao Bangladexe (por cessão do Paquistão, em 1971). O zelo missionário do Paquistão, em termos religioso-políticos, está bem patente num relato de Christopher Hitchens. Este refere que, há alguns anos atrás, o governo paquistanês mostrou intenção de quebrar o embargo internacional e pretendia reconhecer a auto-proclamada «República Turca de Chipre do Norte», designando um embaixador em nome da solidariedade islâmica. A razão porque acabou por abandonar esta ideia também não deixa de ser reveladora dos muitos e complexos problemas do Paquistão (que é essencialmente um Estado falhado): o governo cipriota avisou, em privado, o governo paquistanês que se tal reconhecimento fosse feito, passaria a fornecer fundos e armas aos movimentos secessionistas do Paquistão (por exemplo, o do Baluchistão). Cfr. Christopher Hitchens «Facing the Islamist Menace» in *City Journal* http://www.city-journal.org/html/ 17_1_urbanities-steyn.html

Entre a soberania limitada e a divisão da ilha 153

da invasão turca (o qual, com alguma propriedade, pode ser qualificado como uma «limpeza étnica», embora o uso desta expressão só tenha sido difundido com as guerra da ex-Jugoslávia nos anos 90). Estas duas partes do território cipriota – separadas ainda hoje por uma *buffer zone* (zona tampão) vigiada pelos «capacetes azuis» da UNFICYP, com várias dezenas de postos de observação e pontos de controlo activos em toda a ilha – acabaram por se tornar, em termos étnicos, religiosos e linguísticos, homogéneas (na realidade a parte Sul é hoje um ponto de acolhimento de população migrante já significativa, originária sobretudo dos países Médio Oriente da orla do Mediterrâneo oriental, mas também de outros países asiáticos; e na parte Norte, cerca de metade, ou até mais da população actual, tem origem em migrantes ou colonos provenientes da Turquia).

QUADRO 5

Estimativas de vítimas e deslocados devido à invasão militar turca de 1974

	N.º de vítimas (estimativa)	**N.º de deslocados (estimativa)**
Cipriotas gregos	Total = 5.000 Mortos = 3.400 Desaparecidos = 1600	160.000 a 200.000 (a)
Cipriotas turcos		50.000 a 60.000 (a)

Fonte: Quadro elaborado pelo autor com base em dados recolhidos em:
(a) IDMC-International Displacement Monitoring Centre, http://www.internal-displacement.org/idmc/ website/countries.nsf/(httpEnvelopes)/6B1DB3B0DF6C834E802570B8005A6EAA?OpenDocument

Para além do drama humano dos mortos, feridos e desaparecidos e dos avultados danos materiais em matéria de propriedade (devido a destruição, saque, ocupação, etc.) existem enormes traumas psicológicos que afectaram a população cipriota, grega e turca. Pela dimensão do movimento de refugiados e deslocados (ver quadro supra), este problema tem uma intensidade redobrada do lado cipriota grego. Importa também notar que a maior parte dos que foram vítimas de deslocação forçada para Sul, eram populações rurais, as quais são tipicamente muito ligadas emocionalmente às terras e propriedades onde vivem. Por isso, ter de abandoná-las foi como deixar uma peça da sua própria identidade para trás, mas que, sobretudo os mais velhos, que têm memórias desse passado cada vez mais longínquo, anterior ao Verão de 1974, sonham ainda hoje em recuperar.

5. As tentativas de reunificação
e a integração europeia de Chipre

> [Em matéria de soberania] o plano refere-se ao modelo suíço, o qual tem sido invocado frequentemente pelo lado cipriota turco como um modelo a seguir neste assunto. A Constituição suíça diz que os cantões são soberanos dentro dos limites da Constituição. Ao mesmo tempo não há qualquer dúvida que a Suíça é um só membro soberano da comunidade internacional e que a República Unida de Chipre também o será. Para além disso, o plano diz explicitamente que os Estados constituintes exercerão soberanamente todos os poderes não atribuídos ao governo federal, o que está novamente na linha da posição cipriota turca que tais poderes residuais deverão ser poderes soberanos. Também os Estados constituintes se organizarão livremente sob a sua própria Constituição.
>
> DIDIER PFIRTER (2003, p. 1)

O acordo de princípio sobre uma federação bizonal e bicomunal

Se o Verão de 1974 foi marcado pelo golpe de estado pro-*enosis* e pela posterior invasão militar turca, com a divisão *de facto* da ilha, o início do ano de 1975 teve como facto mais significativo a proclamação, a 13 de Fevereiro, do *Kibris Türk Federe Devleti*/Estado Federado Turco de Chipre, numa espécie de versão turca da (tão criticada) *enosis*. Esta acção unilateral foi condenada como ilegal pelo Conselho de Segurança das Nações Unidas através da resolução n.º 367, de 12 de Março de 1975 (ver Anexo 8), que apelou, também, à continuação das negociações entre as duas comunidades para a reunificação da ilha. Nesta sequência, em finais de Abril de 1975 o Secretário-Geral das Nações Unidas, Kurt Waldheim, lançou uma nova iniciativa diplomática, através de uma missão de bons ofícios. Esta iniciativa teve início na Áustria, em Viena, e levou a que Glafkos Klerides e Rauf Denktaş discutissem em conjunto vários assuntos relacionados com a nova dimensão adquirida pela questão de Chipre, com uma incidência especial nas questões humanitárias derivadas da invasão turca e partição *de facto* da ilha efectuada no Verão do ano anterior. Após várias rondas negociais, os contactos diplomáticos no âmbito desta iniciativa negocial acabaram por ter de ser interrompidos em inícios de 1976. Na origem desse fracasso esteve a não obtenção de quaisquer resultados palpáveis em assuntos nucleares para o problema cipriota, como a forma concreta de governo central a adoptar e a questão territorial. Ainda sob a mediação das Nações Unidas, só no ano seguinte foi possível chegar a um primeiro entendimento de princípio – o Acordo de Alto Nível entre Makarios e Denktaş (ver Anexo 6). Este acordo consagrou um entendimento entre ambas as partes sobre a futura natureza da reunificação política da ilha, prevendo que este seria baseado numa federação composta por dois Estados (e designada por isso «bizonal») e por duas comunidades (daí ser «bicomunal»). Note-se que a consagração do princípio de uma federação bizonal foi uma importante concessão dos cipriotas gregos, que, assim, abandonaram a tese de um Estado unitário, que estava subjacente à proposta de emenda da Constituição de 1963 (ver Anexo 5). Apesar de em si mesmo constituir um avanço, este acordo de princípio deixou várias questões em aberto, que não são propriamente de mero detalhe (dimensão dos estados federados, poderes concretos do governo central que assegurassem uma real unidade do estado, liberdade de circulação e de fixação de residência em toda a ilha, etc.), as quais foram transferidas para posteriores negociações. Este acordo de princípio entre Makarios e Denktaş, foi completado por um segundo acordo feito em 1979, também na sequência de uma iniciativa do Secretário-Geral das Nações Unidas, Kurt Waldheim, celebrado entre Rauf Denktaş e Spyros Kyprianou (que sucedeu a Makarios na Presidência da República de Chipre, após a morte deste em Agosto de 1977). Este segundo Acordo de Alto Nível, para além de reafirmar o primeiro, incluiu disposições específicas sobre assuntos como a desmilitarização da ilha e um compromisso de abstenção de acções desestabilizadoras (ver Anexo 7). Todavia, um novo fracasso sucedeu quando se começou a entrar em negociações de maior detalhe para implementar, no terreno, o acordado, e que implicavam compromissos concretos sobre assuntos específicos. Isso aconteceu relativamente à questão de Varosha/Varoxa (a «baía fantasma» nos arredores de Famagusta, um dos locais mais simbólicos da invasão turca e partição da ilha em 1974), que era um assunto a que os cipriotas davam (e dão) enorme importância em termos de avanço para uma solução negociada. E aconteceu também quando foi necessário precisar o alcance do conceito de «bicomunalidade», confrontando-se aí duas perspectivas antagónicas sobre o conteúdo concreto do mesmo, que não foi possível ultrapassar. Para os cipriotas turcos a «bicomunalidade» traduzia-se em dois estados constituídos puramente segundo uma lógica comunitarista (o estado federal cipriota grego seria *exclusivamente* para cipriotas gregos, tal como o estado federal cipriota turco seria *exclusivamente* para cipriotas turcos). Para os cipriotas gregos os estados seriam *predominantemente*, mas não exclusivamente, compostos por cipriotas gregos ou turcos. Este não é um mero detalhe semântico, como veremos mais à frente no Plano Annan, mas um aspecto com importantes implicações políticas.

A independência da «KKTC» como tentativa de legitimação da *taksim*

No início da década de 80, a questão voltou a complicar-se do ponto de vista diplomático e da procura de uma solução para a reunificação da ilha. Em Maio de 1983 a Assembleia Geral das Nações Unidas aprovou a resolução n.º 37/253 (1983)[1] apelando à retirada de todas as forças de ocupação de Chipre. Como forma de retaliação a esta resolução, que, mais uma vez, deixou a Turquia isolada no plano internacional, os cipriotas turcos – instigados pelo governo turco – ameaçaram declarar a «independência». Apesar deste ambiente de antagonismo particularmente desfavorável às negociações entre as duas comunidades, o então Secretário-

---

[1] O texto da resolução n.º 37/253 (1983) da Assembleia Geral das Nações Unidas está disponível no *site* das Nações Unidas em http://www.un.int/cyprus/Res37253GA.htm

-Geral das Nações Unidas – o diplomata e político peruano, Javier Pérez de Cuéllar –, avançou, ainda em Agosto desse mesmo ano, com um conjunto de propostas de princípio, que previam um compromisso com base num sistema de presidência rotativa (inspirado provavelmente no modelo suíço), o estabelecimento de uma assembleia bi-camaral e de um governo central composto por elementos de ambas as comunidades, na proporção de 60 % de cipriotas gregos e 40% de cipriotas turcos. Em contrapartida a esta presença reforçada no governo central (recorda-se que antes da partição de 1974 os cipriotas turcos não chegavam a 20% da população), seria cedida um percentagem de território em sua posse, numa valor a negociar que se situaria entre os 8% e os 13%. Apesar de ambas as partes terem aceitado esta proposta de Pérez de Cuellar como base negocial, Rauf Denktaş, numa manobra político-diplomática em que tentava obter legitimação *de iure* (ou seja, legitimação face ao Direito Internacional Público) do controlo *de facto* que era exercido na parte Norte da ilha, proclamou unilateralmente a independência da *Kuzey Kibris Türk Cumhuriyeti*/República Turca de Chipre do Norte («KKTC»), a 15 de Novembro de 1983. Um aspecto desta questão que não é inteiramente líquido, é o de saber em que medida esta foi uma manobra autónoma, da iniciativa de Rauf Denktaş e da sua *entourage* cipriota, que ultrapassou o próprio governo da Turquia (aproveitando-se da situação interna resultante do golpe de 1980 do general Kenan Evren e das eleições que, em finais de 1983, levaram à transição do poder para o governo de Turgut Özal); ou, pelo contrário, se este actuou por instigação ou até tendo apoio do governo e do *establishment* militar da Turquia, antes da sua entrega aos civis. Quanto ao objectivo, parece ser bastante claro que foi tentar obter reconhecimento internacional do *statu quo*, provavelmente na expectativa de que, numa lógica de solidariedade islâmica com os «irmãos» turcos, ou por outras razões mais pragmáticas de *realpolitik*, esta iniciativa fosse progressivamente legitimando o *statu quo* criado pela invasão turca de 1974, ou seja a *taksim*. Todavia, nesse aspecto, as coisas não correram como o esperado para a liderança cipriota turca. Só a Turquia reconheceu a «KKTC» como Estado «independente». De resto, a regra foi a condenação generalizada desta tentativa de legitimação da *taksim*. Ainda no âmbito das Nações Unidas, e tal como já acontecera na Assembleia Geral, pouco dias depois desta acção unilateral, o Conselho de Segurança, pela resolução n.º 541 de 18 de Novembro (ver Anexo 9), condenou-a formalmente como

As tentativas de reunificação e a integração europeia de Chipre   159

ilegal, considerando-a também como um passo errado no sentido de encontrar uma solução para o problema cipriota. Naturalmente que Rauf Denktaş – que, entretanto, ascendeu a Presidente da «KKTC» – e o governo cipriota turco que este chefiava, não partilhavam deste ponto de vista. Numa carta endereçado ao Secretário-Geral das Nações Unidas, onde este foi informado oficialmente desta decisão, era dito que a iniciativa não só não era um obstáculo a um entendimento entre as partes, como até dava mais garantias que, numa futura reunificação, o Estado cipriota seria verdadeiramente federal, como tinha ficado plasmado no Acordo de Alto Nível com Makarios, em 1977...

O Projecto de Acordo Quadro e o «Conjunto de Ideias»

Apesar da declaração unilateral de «independência» da República Turca de Chipre do Norte ter tido inevitáveis repercussões negativas no processo negocial, em Setembro de 1984 as negociações acabaram por ser reatadas, novamente sob a égide do Secretário-Geral Nações Unidas. Nestas foram confirmados os princípios anteriormente acordados de uma federação bizonal e bicomunal (onde os cipriotas turcos teriam um estado federado, agora definido como ocupando cerca de 29% do território) que, em termos internacionais, seria não alinhada pelo que as tropas estrangeiras se retirariam também da ilha. Esta nova iniciativa diplomática acabou também por falhar já em 1985, por desentendimento entre Spyros Kyprianou e Rauf Denktaş sobre o rumo posterior a dar às negociações, mantendo-se as partes em posições negociais irredutíveis. No ano seguinte, durante o mês de Março, Pérez de Cuéllar avançou com uma nova iniciativa diplomática para tentar desbloquear o impasse em torno da questão cipriota – o Projecto de Acordo Quadro[2]. Todavia, também esta acabou num fracasso. Foi vista

---

[2] O texto do *Draft Framework on Cyprus*/Projecto de um Acordo Quadro sobre Chipre, avançado pelo Secretário Geral as Nações Unidas, em 29 de Março de 1986, juntamente com a carta de resposta de Spyros Kyprianou, de 20 de Abril desse mesmo ano (onde este formulava várias objecções ao mesmo, propondo alternativas para as negociações), estão disponíveis em *The Cyprus Conflict*, http://www.cyprus-conflict.net/draft%20 agreement%201986.htm/

160   *A Questão de Chipre*

pelos cipriotas gregos como insuficiente dado não conter disposições específicas sobre assuntos tidos como cruciais, entre os quais se encontram a questão da retirada das forças militares turcas, o problema dos emigrantes/colonos oriundos da Turquia fixados no Norte de Chipre, e a falta de garantias em matéria de liberdade de movimentos, de fixação de residência e de aquisição de propriedade.

Uma nova tentativa de relançar as negociações ocorreu em Agosto de 1998. O Secretário-Geral das Nações Unidas apelou às duas partes para um encontro em Genebra. Como base para a nova ronda de conversações, estas chegaram a um entendimento para abandonar o Projecto de Acordo Quadro e retomar os princípios estabelecidos nos Acordos de Alto Nível de 1977 e 1979 (ver Anexos 6 e 7). Todavia, o processo negocial acabou também por não dar quaisquer resultados palpáveis, pois, nessa mesma altura, a República de Chipre anunciou a sua intenção de avançar com um pedido de adesão às Comunidades/União Europeia, em nome de toda ilha (o pedido formal foi apresentado mais tarde, em 4 de Julho de 1990). O anúncio desta iniciativa gerou uma forte oposição da parte de Rauf Denktaş e do governo da Turquia que contestavam a sua legitimidade e bloquearam as negociações. Assim, foi necessário esperar pelo ano seguinte, onde o ambiente internacional de final de Guerra-Fria provavelmente ajudou a que, em Julho de 1989, Pérez de Cuéllar apresentasse mais uma iniciativa – designada como «Conjunto de Ideias» –, num esforço de facilitar as negociações para um acordo compreensivo de reunificação. Na sequência da mesma, e apesar de uma certa resistência inicial dos cipriotas turcos, acabou por se efectuar em 1990 um encontro entre Rauf Denktaş (em representação dos cipriotas turcos) e George Vasiliou, o Presidente da República de Chipre na época (em representação dos cipriotas gregos). O envolvimento activo de Vasiliou nas negociações de reunificação que então se iniciaram e a sua defesa das propostas efectuadas pelas Nações Unidas teve consequências importantes para a sua posição na política interna cipriota, resultando daí a sua não manutenção do cargo de Presidente da República (Glafkos Clerides saiu vitorioso na disputa eleitoral de 1993 entre ambos).

O plano Annan de reunificação

Os esforços para encontrar uma solução para o problema de Chipre foram retomados em 1999, no quadro das Nações Unidas. No final desse

As tentativas de reunificação e a integração europeia de Chipre 161

mesmo ano, no âmbito da União Europeia, o Conselho Europeu de Helsínquia rejeitou que uma solução do mesmo fosse uma condição *sine qua non* para a sua entrada na UE. Nesse mesmo Conselho, foi também atribuído à Turquia o estatuto de país candidato à União Europeia, tendo as duas decisões uma conexão política directa. Esta nova iniciativa diplomática para a reunificação de Chipre tomou a forma de negociações entre o Presidente da República de Chipre, Glafkos Klerides (em representação da comunidade cipriota grega), o líder dos cipriotas turcos Rauf Denktaş, e o representante do Secretário-Geral das Nações Unidas, Álvaro de Soto. As negociações culminaram no plano do Secretário-Geral das Nações Unidas, Kofi Annan, que foi inicialmente apresentado a público a 11 de Novembro de 2002 (Plano Annan I). Dado este não ter deixado satisfeitas as partes em conflito, embora por razões substancialmente diferentes, foi, após um processo negocial bastante difícil e atribulado, sujeito a várias alterações (estas, na óptica dominante cipriota grega, terão aproximado, ainda mais, o documento inicial das posições cipriotas turcas e da Turquia, como sustenta Andreas Theophanous, 2004, pp. 199-205), que culminaram, durante os primeiros meses de 2004, no Plano Annan V (ver Anexo 10).

Em termos gerais, pode dizer-se que a solução proposta se baseava numa lógica constitucional federal, do tipo federação «fraca», ou seja, de um Estado unificado com governo federal investido de poderes soberanos minimalistas, face à larga autonomia conferida aos Estados constituintes. Na sua essência, o modelo foi delineado como um arranjo constitucional entre três Estados – a nova República Unida de Chipre (que substituiria a actual República de Chipre, a qual, nessa transformação, seria dissolvida) e dois Estados constitutivos (um cipriota grego e o outro cipriota turco). Para além disso, o sistema de equilíbrio de poderes traçado previa que os dois Estados constituintes tivessem possibilidade de usar o seu veto em questões internas e internacionais da nova República Unida de Chipre. Em termos de funções jurisdicionais de soberania, o Supremo Tribunal seria composto por um número idêntico de juízes designados pelos Estados constituintes aos quais se juntariam três juízes estrangeiros que, em caso de situações de impasse entre os juízes nacionais, funcionariam como árbitros para o desempate das mesmas. Relativamente à sensível questão da população e das propriedades, a solução delineada permitia que percentagem substancial dos emigrantes/ colonos oriundos da Turquia, actualmente fixados na parte Norte, pudessem também permanecer no território do novo Estado unificado, se assim o desejassem. E que os antigos proprietários pudessem recuperar as suas propriedades, ou, na impossibilidade disso ser feito, ser indemnizados pela sua perda, segundo um sistema algo complexo, que seria gerido por uma Comissão das Propriedades. O Plano Annan V foi sujeito a referendo em 24 de Abril de 2004. Todavia, se do lado dos cipriotas turcos o Plano teve uma votação maioritariamente favorável de 64,91%, já do lado dos cipriotas gregos a votação foi esmagadoramente contra a aprovação do mesmo, com 75,83% dos votos expressos a rejeitarem o plano de reunificação proposto.

As atitudes das forças políticas face ao plano Annan
As forças políticas cipriotas gregas

Um aspecto importante da questão da reunificação é o da atitude das várias forças políticas face à mesma, nomeadamente face ao Plano Annan, quer do lado dos cipriotas gregos, quer do lado dos cipriotas turcos. Existe uma homogeneidade de posições «comunitárias» ou encontramos, ao longo do espectro político, sensibilidades e posições significativamente heterogéneas sobre este assunto? O que é considerado uma solução verdadeiramente justa do problema? Até que ponto se está disposto a fazer concessões à outra parte, aceitando, por exemplo, alguns aspectos individualmente considerados como injustos, em nome duma solução que possa ser tida como razoável no seu conjunto?

Começando pelo lado cipriota grego, e, conforme explica Zenon Stavrinides (2005, p. 2), em termos gerais, uma solução justa «seria aquela que cancelaria todos os efeitos da invasão e ocupação turca e restauraria Chipre no *statu quo ante*». Assim, tal solução implicaria, em concreto, a retirada total dos 35.000 a 43.000 soldados turcos; implicaria, também o regresso dos cerca de 120.000 (ou até actualmente mais), emigrantes/colonos turcos existentes no Norte da ilha à Turquia; incluiria a possibilidade de todos os cipriotas gregos que viveram no Norte recuperarem as suas casas e propriedades, bem como de viverem em segurança e se deslocarem livremente e sem quaisquer restrições nessa parte do território; daria garantias internacionais credíveis sobre a segurança, independência e soberania de Chipre, excluindo, no entanto, o direito de intervenção unilateral de qualquer país, especialmente da Turquia; implementaria um modelo constitucional de Estado unificado do tipo federação bicomunal e bizonal, mas optando também por uma federação forte, em que o seu funcionamento não poderia ficar dependente da possibilidade de veto em todos os assuntos importantes (por exemplo, em áreas como a segurança, a política externa, os assuntos económicos e fiscais, etc.) da minoria cipriota turca. Se esta é a percepção generalizadamente partilhada do que seria, pelo menos em termos ideais, uma solução justa para o problema, isto não significa, no entanto, que todas as forças sociais e políticas cipriotas gregas a achem realizável e tenham também por objectivo político uma solução que concretize, na prática, todas essas aspirações. Assim, podemos distinguir, ainda que de forma simplificada, duas grandes sensibilidades políticas face ao grau de concessão que, pelo menos teoricamente, estão dispostas a efectuar para obter a reunificação da ilha, cujas posições se podem sintetizar e apresentar da maneira que efectuamos a seguir (Zenon Stavrinides, 2005, p. 3-4):

i) O grupo dos «maximalistas» (ou «anti-realistas»), consiste, sobretudo, em termos de forças políticas, no DIKO do ex--Presidente da República, Tassos Papadopoulos (actualmente liderado por Marios Garoyian, que foi também recentemente eleito Presidente da Câmara dos Representantes), e no EDEK, de Yiannakis Omirou. Aqui inserem-se aqueles que entendem que um acordo apenas poderá ser aceitável se contemplar todos, ou praticamente todos (ou seja, num grau muito elevado do tipo 85% a 90%) os aspectos anteriormente mencionados. Quaisquer concessões para além disso são tendencialmente vistas como inaceitáveis se não mesmo humilhantes, pelo que, quando as negociações e possibilidades reais de acordo se afastam destes parâmetros, a postura negocial tende a ser recusá-lo e lutar por um outro tipo de acordo de reunificação, tentando convencer a comunidade internacional da justeza da sua posição;

ii) O grupo dos «pragmáticos» (ou «realistas») abrange, grosso modo, em termos de forças políticas, o DISY, fundado por Glafkos Klerides, o AKEL de Demetris Christofias (o actual

Presidente da República, após a vitória nas recentes eleições de Fevereiro de 2008) e os Democratas Unidos do ex-Presidente George Vasiliou. A percepção dominante deste grupo politicamente bastante heterogéneo é que, se a divisão *de facto* da ilha se mantiver por muito tempo, acabará por consolidar-se e ser aceite pelo resto do mundo, «começando por um determinado número de Estados islâmicos que serão os primeiros a estender *de jure* o reconhecimento à KKTC». Ocorrendo isto num futuro, eventualmente não muito distante, naturalmente que a liderança cipriota turca, tal como a Turquia, ficarão (ainda) menos propensas a fazer concessões em qualquer plano de reunificação. À luz desta análise, argumenta-se então que «o lado cipriota grego deve ter vontade de aceitar, ainda que certamente com relutância, um acordo que dê à sua comunidade 80% ou 70 % dos elementos de um acordo verdadeiramente justo (por exemplo, talvez pequenos contingentes de tropas turcas e gregas possam ficar na ilha, e talvez nem todos os refugiados possam ser capazes de voltar às suas antigas casas e propriedades naquilo que continuaria a ser um Estado dominado por turcos da federação)».

Note-se que, na prática, as coisas não são tão simples como esta sistematização das posições cipriotas gregas pode sugerir aos menos familiarizados com a realidade cipriota. As eleições presidências de 2003 e o referendo sobre o Plano Annan em 2004 mostram bem isso (sobre as eleições presidências de 2008 ver o postfácio). Neste último acto eleitoral, se funcionasse automaticamente este tipo de posições sobre a reunificação, a maioria dos votos expressos teriam sido certamente favoráveis ao mesmo, o que não aconteceu (note-se que os «pragmáticos» DISY, AKEL e Democratas Unidos representam, consistentemente, 60% ou mais do eleitorado cipriota grego – ver quadro 6). Todavia, aquilo a que assistimos foi, por um lado, a uma divisão do eleitorado do DISY, em que uma parte não aceitava o Plano Annan como uma boa solução; e, por outro lado, a uma tomada de posição do AKEL que, apesar das suas tradicionais posições mais conciliadoras e predispostas a concessões aos cipriotas turcos, acabou por ser desfavorável ao Plano Annan (isto embora inicialmente tenha dado sinais de que poderia até aceitá-lo).

Quanto às eleições presidenciais de 16 de Fevereiro de 2003, importa relembrar que, já nesse acto eleitoral, o Plano Annan de reunificação foi o principal tema da campanha dos diferentes candidatos, tendo este acabado também por definir o resultado das eleição a favor de Tassos Papadopoulos. Note-se que a eleição presidencial tem uma particular importância na República de Chipre devido ao sistema de governo que foi instituído pela Constituição de 1960. Nesse sistema, o poder executivo é exercido pelo Presidente da República e pelo Vice-Presidente (lugar previsto no artigos 1.º e 39.º da Constituição[3] especificamente para um cipriota turco, mas que não é ocupado, desde finais de 1963, devido ao conflito entre as duas comunidades), através do Conselho de Ministros. Nessas eleições presidenciais, os dois candidatos mais fortes eram Glafkos Klerides do DISY – o Presidente da República então em exercício e principal negociador cipriota grego do plano Annan –, e Tassos Papadopoulos do DIKO. Glafkos Klerides foi apoiado pelo seu próprio partido (o DISY) e pelo pequeno partido do ex-Presidente da República, George Vasiliou, os Democratas Unidos. No essencial, a sua base de apoio aceitava o Plano do Secretário- -Geral das Nações Unidas, embora defendendo a necessidade de (relativamente) pequenas alterações. (Todavia, importa notar que o próprio campo político de Glafkos Klerides não estava unificado, pois, na corrida presidencial entrou um outro candidato da mesma área – Alecos Markides, o Procurador-Geral da República –, com uma posição crítica em relação ao plano Annan). Por sua vez, Tassos Papadopoulous corporizava uma opinião pública bastante mais crítica e avessa ao dispositivo do Plano Annan. A lógica dominante dos seus apoiantes era que o Plano podia servir de base para as negociações de reunificação, mas não fornecia uma solução adequada, a não ser que fosse sujeito a um conjunto de alterações bastante significativas. Para além do seu próprio partido, o DIKO, de centro direita, Tassos Papadopoulos (conhecido internamente pelas suas posições «maximalistas» na questão da reunificação), obteve, também, o apoio do EDEK, a esquerda social-democrata tradicionalmente «maximalista»; e obteve ainda, de forma talvez um pouco mais surpreendente, o apoio do

---

[3] Cfr. texto da Constituição de Chipre que está disponível em língua inglesa no *site* da Universidade de Berna em http://www.servat.unibe.ch/law/icl/cy00t___.html

Partido Comunista (AKEL) que, conforme já referimos, oscilou entre a aceitação do Plano Annan e a sua recusa, acabando por adoptar esta última posição. Face a esta base de apoio alargada (e também bastante heterogénea) de Tassos Papadopoulos, não é surpreendente que este tenha vencido as eleições presidenciais de 2003 logo à primeira volta, obtendo 51,5% dos sufrágios (Glafkos Klerides teve apenas 38,8% e Alecos Markides 6,6%).

QUADRO 6

A eleição para a Câmara dos Representantes (Parlamento)
de 21 de Maio de 2006

Partidos	Percentagem (%)	Lugares no Parlamento
«Anorthotikon Komma Ergazemenou Laou»/ Partido Progressista do Povo Trabalhador (AKE)	31,1%	18
«Dimokratikos Synagermos»/Ajuntamento Democrático (DISY)	30,3%	18
«Dimokratikon Komma»/Partido Democrático (DIKO)	17,9%	11
«Kinima Sosialdimokraton Eniaia Dimokratiki Enosi Kentrou»/Movimento para a Social Democracia (KS-EDEK)	8,9 %	5
«Evropaiko Komma»/Partido Europeu	5,8 %	3
«Kinima Oikologon Perivallontiston»/Movimen Ecológico e Ambiental	2,0%	1
«Enomeni Dimokrates»/Democratas Unidos	1,4 %	0

Fonte: Quadro elaborado pelo autor através de dados obtidos em Governo de Chipre (2006) http://www.vouleftikes2006.gov.cy/index.aspx?ci=en-GB

As forças políticas cipriotas turcas

Até um passado muito recente, a cena política cipriota turca era praticamente desconhecida no exterior (à excepção, naturalmente, da Turquia), devido à omnipresença de Rauf Denktaş – o fundador e «Presidente» quase *ab eternum* do «Estado Federado Turco de Chipre»/«KKTC» (entre 1976 e 2003) – conhecido também pela sua atitude de intransigência negocial nas negociações de reunificação. A força política por si fundada, o *Ulusal Birlik Partisi*/Partido da Unidade Nacional (UBP), que ideologicamente se pode integrar na área da direita nacionalista e conservadora muçulmana – e hoje é dirigida oficialmente por Tahsin Ertuğruloğl –, esteve consistentemente no poder até 2003 (Denktaş procurou apresentar-se como uma figura suprapartidária e «pai da nação», evocando uma espécie de Atatürk cipriota turco). Inserindo-se numa linha político-ideológica nacionalista e conservadora (muçulmana) similar à da UBP, encontra-se também um outro partido de menor dimensão – o *Toplumcu Kurtulus Partisi*/Partido Populista/Comunitário de Libertação (TKP), que actualmente tem a chefiá-lo Hüseyin Angolemli –, e que já foi parceiro de coligação governamental do UBP. Para além destes partidos, a cena política cipriota turca é ainda marcada por outros movimentos como o *Demokrat Partisi*/Partido Democrático (DP), liderado pelo filho de Rauf Denktaş (Serdar Denktaş), um partido que tende a adquirir importância política acrescida quando os resultados das legislativas implicam a formação de governos de coligação (o que aconteceu, por exemplo, nas eleições parlamentares de finais de 2003). Uma outra força política importante é o *Cumhuriyetçi Türk Partisi*/Partido Republicano Turco (CTP) de Mehmet Ali Talat (que assumiu a liderança entre 1996 e 2005) e de Ferdi Sabit Soyer – o líder formal do partido desde 2005. Trata-se de um partido originalmente fundado por Burhan Nalbantoğlu em 1970, que surgiu como uma força de oposição a Fazıl Küçük e Rauf Denktaş. Mais tarde, já durante a década de 80, foi sobretudo marcado por uma orientação ideológica pro-soviética. Nessa altura, sob a liderança de Özker Özgür, houve até algumas tentativas de aproximação ao AKEL (com a participação de delegados em reuniões conjuntas), o partido dos cipriotas gregos visto como ideologicamente mais próximo. Com o fim do regime comunista soviético, o CTP passou progressivamente a apresentar-se como sendo um partido de esquerda, mas agora «à ocidental», numa versão social-democrata/socialista. Mais recentemente deixou também de ser uma força da oposição interna ao regime de Denktaş, pare se converter no principal partido de poder (invertendo o papel com o UBP, que agora foi relegado a principal força de oposição).

Se a política cipriota turca entrou nos últimos anos na fase pós-Rauf Denktaş, não há qualquer dúvida que este, pelo menos até um passado muito recente, era uma personagem incontornável no rumo da «KKTC». A sua acção política foi tradicionalmente marcada pela grande proximidade face à tutela turca, conseguindo este, apesar de tudo, preservar uma certa margem de manobra, pela popularidade que gozava na «mãe-pátria» e proximidade junto dos círculos dirigentes. Importa lembrar que Rauf Denktas teve, de forma continuada, fortes apoios institucionais como o do MGK, o poderoso Conselho Nacional de Segurança da Turquia, tradicionalmente dominado pelo *establishment* militar. Para além disso, e tal como faz notar Gilles Bertrand (2003, p. 100), Denktaş esteve também muito ligado à extrema direita nacionalista (MHP) e ao movimento islamista-conservador turco (primeiro na forma do *Refah Partisi* e depois na versão do *Fazilet Partisi*). «Necmettin Erbakan foi um dos partidários mais entusiastas da intervenção militar de 1974, nunca deixando de prestar o seu apoio à 'KKTC' quando foi Primeiro-Ministro. No seio da direita de tipo liberal (ANAP e DYP), Rauf Denktaş apenas viu opor-se-lhe Turgut Özal». À esquerda, Mümtaz Soysal, figura da esquerda kemalista, professor de Direito Constitucional da Universidade de Ancara, editorialista no jornal *Hürriyet*, ex-deputado e ex-Ministro dos Negócios Estrangeiros, foi também conselheiro pessoal do Presidente da «KKTC». Mas esta forte ligação aos meios políticos da Turquia pode ainda constatar-se pelo facto de, tipicamente, dentro do governo turco, o assunto cipriota ter um tratamento privilegiado. Sintomático desse tratamento é, por exemplo, o facto de este ter sido reiteradamente confiado não ao Ministro dos Negócios Estrangeiros, mas a um Ministro de Estado. Esse cargo foi, por exemplo, ocupado pelo actual Presidente da República da Turquia e membro dirigente do AKP, Abdullah Gül, «ex-deputado do *Fazilet Partisi* da muito nacionalista Kayseri, na Capadócia, sob Necmettin Erbakan)». Para além destes apoios de fundo, a «KKTC» é muito dependente economicamente da Turquia, que financiará directamente pelo menos um terço do orçamento da parte Norte de Chipre.

As tentativas de reunificação e a integração europeia de Chipre   169

«Por outro lado, a embaixada turca em Nicósia terá um orçamento superior ao da 'KKTC', um elemento que os opositores não deixam de assinalar, com anedotas sobre as intervenções do embaixador nos debates de apoio» ao regime de Denktaş. Quanto à presença dos emigrantes/colonos turcos no Norte de Chipre, este relembra também que esta tem importantes implicações na vida política, pois um grande número destes adquiriu a «nacionalidade» pelo que tem direito de voto. «Para o exercer, basta-lhe, por exemplo, apresentar-se três meses antes do escrutínio eleitoral, na altura da inscrição nas listas eleitorais. É por isso possível que um certo número de partidários de Rauf Denktaş tenham vindo especialmente da Turquia para se inscreverem, voltando depois para votarem três meses mais tarde. Contudo, é certo que os partidos de esquerda obtêm também votos entre os colonos. Esta participação dos colonos anatolianos nas eleições, desde 1976, falseia, por isso, os resultados, na medida em que se torna praticamente impossível conhecer a opinião dos cipriotas turcos sozinhos quanto à partição».

Tal como aconteceu com os cipriotas gregos, a questão da reunificação da ilha e as discussões em torno Plano Annan e de uma possível adesão à UE marcaram também a agenda política e os próprios resultados das eleições efectuadas em 2003 («legislativas») e em 2005 («presidenciais»). Já em 2002 se começaram a notar sinais de que a tradicional omnipresença de Rauf Denktaş na cena política cipriota turca começava a estar em causa. Um primeiro sinal ocorreu quando Ali Arel, o Presidente da Câmara de Comércio cipriota turca, liderou um movimento apartidário de apoio à continuação das negociações do Plano Annan e à adesão à UE. Em termos políticos, os resultados deste movimento (que, na prática, era crítico da liderança de Denktaş nestes dois importantes assuntos) foi sobretudo capitalizado pelo Partido Republicano Turco de Mehmet Ali Talat, que nas eleições municipais desse mesmo ano teve um bom *score* eleitoral, sobretudo nas principais cidades (Nicósia/Norte, Kyrenia e Famagusta). Para além disso, em finais de 2002 e inícios de 2003, houve também manifestações públicas importantes de apoio ao Plano Annan e à adesão à UE. Por todas estas razões de crescente pressão (e crítica) interna já apontadas, mas também, certamente, por razões externas ligadas ao decurso das negociações de Plano Annan, Denktaş avançou, a 23 de Abril de 2003, com uma iniciativa algo surpreendente, sobretudo se nos lembrarmos das

170   *A Questão de Chipre*

suas tradicionais posições de criar obstáculos à reunificação. Assim, este decidiu aligeirar as restrições à livre circulação de pessoas entre as duas partes da ilha (a reacção de ambas as comunidades foi outra surpresa positiva, na medida em que milhares de pessoas atravessaram a «linha Átila» sem incidentes de relevo). Para além de tentar com esta medida aliviar as pressões internas, as razões tácticas de Denktas estiveram ainda ligadas à ideia de melhorar a sua imagem no plano internacional (mostrando boa vontade na resolução do conflito), à procura de benefícios económicos (mais despesa de turistas e outros visitantes) e, provavelmente também, à ideia de um reconhecimento, ainda que indirecto, da «KKTC» (a passagem implicava mostrar passaporte na linha divisória que separa as duas comunidades).

Apesar destas manobras tácticas interna e externas, a liderança Rauf Denktaş associada à primazia da UBP como força política cipriota turca, começou a esvair-se nas eleições parlamentares de finais de 2003. Note-se que, apesar dos «ventos de mudança», verificou-se, em termos de assentos parlamentares, um empate entre as forças políticas pro-Denktaş e os seus opositores. Neste quadro político instável, a liderança do governo foi assumida por Mehmet Ali Talat, que passou a ser o rosto cipriota turco na recta final das negociações do Plano Annan, efectuadas em inícios de 2004 (à última hora, a Turquia julgou conveniente deixar cair o seu velho aliado Denktaş...). Mas foram as eleições presidenciais e parlamentares ocorridas no ano de 2005 que confirmaram esta tendência. Nas legislativas de 20 de Janeiro, o CTP foi vencedor com 44,5% tendo o UBP obtido 31,7% dos votos). Nas presidenciais de 17 de Abril a «KKTC» conheceu, pela primeira vez no seu historial, um líder que não Denktaş: Mehmet Ali Talat foi eleito com 55,8% dos sufrágios (o candidato do UBP, Derviş Eroğlu, o Primeiro--Ministro *de facto* entre 1985 e inícios de 2004, teve apenas 22,8%, sendo o segundo mais votado)[4].

---

[4] O resultados aqui referidos das eleições na «KKTC» são os disponibilizados pela Wilkipédia em http://en.wikipedia.org/wiki/Elections_in_the_Turkish_Republic_of_Nor thern_Cyprus. Não tivemos oportunidade de confirmar a sua exactidão por outra fonte oficial (todavia, em rigor, também não há propriamente resultados «oficiais», tal como estamos habituados a classificá-los, devido ao facto da «KKTC» não ser um Estado reconhecido no plano internacional).

Os principais obstáculos à reunificação
A alteração demográfica e a restituição das propriedades

Entre os inúmeros obstáculos que é necessário transpor para se chegar a um entendimento entre as duas comunidades cipriotas – entre os quais, por exemplo, a reunificação económica[5] da ilha não é um problema menor –, existem dois relativamente mal conhecidos (ou, pelo menos, bastante subestimados) da opinião pública europeia e ocidental, que, na prática, têm uma relação bastante directa entre si. Um primeiro é a questão da repatriação das populações que a Turquia tem enviado, há cerca de três décadas, da Anatólia para o Norte de Chipre. Esta situação é analisada com algum detalhe no livro de Gilles Betrand sobre o conflito heleno-turco, num capítulo que este dedica especificamente ao problema cipriota. Vale a pena determo-nos um pouco sobre a parte em que é analisado o problema de saber se estamos perante colonos ou imigrantes. Tal como este começa por assinalar (2003, p. 95-96), «esta questão de terminologia está no cerne do problema. A tese defendida pelas autoridades turcas e cipriotas turcas é que os turcos se deslocam para Chipre porque a economia aí é florescente, e é preciso preencher o vazio deixado pelos cipriotas gregos. Para além do

---

[5] Um desses obstáculos é, sem dúvida, o problema da muito significativa disparidade económica entre a parte Sul da ilha – a única que está efectivamente sob a autoridade do governativa da República de Chipre e que *de iure* e *de facto* é membro da UE – e a parte Norte sob a gestão *de facto* da «KKTC». Quando a República de Chipre aderiu em 2004 à UE tinha um PIB/per capita de cerca de 80% na média europeia, sobretudo devido a um importante crescimento dos sector dos serviços e em especial do turismo, que é a principal actividade económica sectorial. A parte Norte que se encontra sob gestão *de facto* da «KKTC» é hoje substancialmente mais pobre (curiosamente, antes da partição de 1974 tinha uma boa parte das principais actividades económicas aí concentradas, quer em termos de produção agrícola, quer em termos de serviços e de turismo). Em 2004, na altura da adesão da República de Chipre, o seu PIB/per capita era cerca de 1/3 do verificado na parte Sul. A partir de 2003, verificaram-se também algumas melhorias na situação económica da parte Norte, devido ao levantamento parcial dos obstáculos à livre circulação entre as duas partes da ilha, que levou alguns milhares de cipriotas gregos e outros turistas a visitarem a «KKTC». Para além disso, calcula-se que cerca de 10.000 cipriotas turcos trabalhem actualmente com regularidade na parte Sul. Para mais desenvolvimentos sobre este assunto ver o livro editado por Andreas Theophanous e Yiannis Tirkides (2006), *Accession to the Eurozone and the Reunification of Cyprus Economy*.

mais, existem diferentes migrações com proveniência na Turquia. Para alguns, mas certamente não para a maior parte, a instalação em Chipre resultou de uma escolha individual: pode tratar-se de pessoas que vieram trabalhar temporariamente para a ilha, por vezes mesmo antes de 1974, e que aí se fixaram, casando com cipriotas turcos(as), e que têm filhos nascidos em Chipre. Para outros, e aparentemente é esse o caso da maioria, a instalação em Chipre reveste-se de um carácter organizado: o governo turco recrutou camponeses da Anatólia para virem repovoar as aldeias gregas abandonadas e voltar a cultivar os campos. Alguns são militares. Aldeias inteiras, particularmente aquelas que votam nos partidos mais nacionalistas, foram deslocadas para Chipre. Finalmente, para os restantes, a imigração é bastante recente, podendo ser temporária ou sazonal, tratando- -se de uma mão-de-obra pouco ou nada qualificada (condutores de táxis colectivos, serventes e trabalhadores agrícolas). Esta imigração não é forçosamente legal, no sentido em que as pessoas não solicitaram auto- rização de trabalho e que têm poucas esperanças de obter a nacionalidade, nomeadamente devido à sua origem curda. Esta mão-de-obra imigrada têm um papel mais 'tradicional': ela é 'flexível', podendo ser autorizada ou reenviada para a Turquia rapidamente; constitui uma mão-de-obra barata para os empresários cipriotas turcos e turcos instalados na ilha. Isto contribui para o desemprego dos cipriotas turcos sem qualificação, mas mais exigentes em termos de salário e de condições de trabalho». Face a esta composição demográfica e às razões que estão por detrás dos fluxos populacionais oriundos da Anatólia para a «KKTC», Gilles Bertrand sustenta que a maioria destes imigrantes podem, de forma apropriada, ser designados por colonos (*idem*, p. 96):

> A maioria destes «imigrantes» podem por isso ser chamados «colonos» devido ao facto do carácter parcialmente organizado da migração pelo poder central, que não deixa de fazer lembrar o sistema otomano de deslocação forçada e maciça de população [o método do *sürgun*]. O objectivo é aqui o de completar a purificação étnica, «tur- quificar» os cipriotas turcos e, sobretudo, de aumentar a proporção de «turcos» na população da ilha com o objectivo de reivindicar uma parte mais importante do poder nos futuros e hipotéticos órgãos fede- rais ou confederais que são negociados com os cipriotas gregos. Trata- -se de legitimar o tamanho da zona Norte [...]

As tentativas de reunificação e a integração europeia de Chipre

Quer dizer, este fluxo populacional alimenta, segundo parece, de forma deliberada, um processo de alteração da estrutura demográfica cipriota tradicional, tornando de resolução extremamente difícil o problema de saber quem são os «cipriotas turcos de origem» ou aqueles que podem ser legitimamente considerados cipriotas turcos, devido à generosa política de concessão da «nacionalidade» da «KKTC» às populações oriundas da «mãe-pátria» turca que se foram fixando no Norte da ilha. No seu livro, Gilles Bertrand descreve ainda, com algum detalhe, como funcionava essa atractiva política que transformava rapidamente (e, tanto quanto se sabe, continua a transformar) turcos da Turquia em cipriotas turcos com a «nacionalidade» da «KKTC» (*ibidem*, p. 97):

> A legislação em vigor na «KKTC» permite conceder facilmente a cidadania aos turcos que se vieram instalar na ilha. Cinco anos de residência permitem obter essa cidadania. Mas diversas leis permitiram concessões maciças de bilhetes de identidade cipriotas turcos. Desde 1975, os veteranos da intervenção turca, assim como os membros das famílias dos militares mortos durante a intervenção podem obter a cidadania cipriota turca. Mais recentemente, uma lei de 27 de Maio de 1993 permitiu, por exemplo, a concessão de bilhetes de identidade a 5.000 turcos poucos meses antes das eleições legislativas (12 de Dezembro de 1993). Por vezes, os nomes dos lugares de nascimento destes novos cidadãos são mudados com o objectivo de impedir toda a eventualidade, quer dizer, a eventualidade de um acordo intra-comunitário prevendo o regresso dos «anatolianos» à Turquia.

E acrescenta ainda alguns detalhes surpreendentes da política interna turca (pelo menos para a generalidade da opinião pública europeia e os não especialistas deste assunto), sobre as razões da grande «popularidade» dos bilhetes de identidade cipriotas turcos, bem como a quem estes eram negados (aos curdos), ou preferencialmente concedidos (aos homens de negócios turcos que viajavam frequentemente para o estrangeiro) (*ibidem*):

> Esta questão da colonização de Chipre é de tal maneira importante que o Parlamento turco votou uma lei, a 17 de Novembro de 1992, permitindo a toda a pessoa detentora de uma autorização de trabalho na «KKTC» escapar ao serviço militar na Turquia. Todavia, o Ministério turco do Interior, a quem a autorização devia ser pedida

para mudar de nacionalidade, indicou (para não dizer ordenou), às autoridades cipriotas turcas que estas não deviam passar essa autorização aos cidadãos turcos de origem curda, de forma a estes não poderem obter essa cidadania. Finalmente, o bilhete de identidade cipriota turco é muito procurado, nomeadamente entre os homens de negócios turcos viajando com frequência ao estrangeiro. Alguns Estados (nomeadamente a Grã-Bretanha até Janeiro de 1998) e outros membros da *Commonwealth*, reconheciam, com efeito, este bilhete de identidade como «documento de viagem» e os seus portadores não tinham por isso necessidade de visto de entrada, ao contrário dos portadores de passaportes turcos.

Tudo isto poderiam ser considerados meros detalhes ou curiosidades antropológicas e sociológicas sobre a população do Norte de Chipre, se não fossem as suas óbvias e importantes repercussões políticas. Desde logo, há uma relação directa com o problema da recuperação das casas e de outras propriedades que tiveram de ser abandonadas pelos seus proprietários aquando da sua divisão em 1974 (que afecta sobretudo os cipriotas gregos, pela maior dimensão da vaga de refugiados). Muitas delas foram entregues e estão ocupadas não só por refugiados cipriotas turcos, como, numa parte substancial, também por «imigrantes»/colonos vindos da Anatólia, o que agrava mais o problema.

QUADRO 7

Estimativas da população cipriota turca na «KKTC»

Ano/autoria da estimativa	Cipriotas turcos/população da «KKTC»
1960	
Último censo oficial feito para toda a população da ilha	104 320 Cipriotas turcos (muçulmanos) (no mesmo censo foram registados 473 265 Cipriotas gregos/cristãos)
1974	
Estimativa: i) feita pelo governo da República da Chipre; ii) feitas pelo investigador canadiano Richard A. Patrick	i) 114 960 Cipriotas turcos ii) 119 147 Cipriotas turcos
1992	
Estimativa mencionada no relatório do parlamentar espanhol Alfonso Cuco, do Comité para a Emigração, os Refugiados e a Demografia (Conselho da Europa)	Pop. Total = 171 500 (dados fornecidos pela administração Cipriota turca) Cipriotas-turcos «genuínos»= ?
1996	
Primeiro censo oficial conduzido pelas autoridades cipriotas turcas e avaliado pelo Instituto Estadual de Estatística da Turquia	Pop. Total = 200 587 Cidadãos da «KKTC» = 164 460 Nascidos na «KKTC» = 137 398 Nascidos na Turquia = 30 702
2003	
Estimativa mencionada no relatório do parlamentar finlandês Jaakko Laakso, do Comité para a Emigração, os Refugiados e a Demografia (Conselho da Europa)	Pop. Total = 203 200 Cipriotas turcos «genuínos» = 87 600 «Colonizadores» turcos = 115 000

Fonte: Quadro elaborado pelo autor através de dados obtidos em Parlamento do Reino Unido – Select Comitte on Foreign Affairs/Written Evidence (2005), How Many Turkish Cypriots remain in Cyprus, http://www.parliament.the-stationery-office.co.uk/pa/cm200405/cmselect/cmfaff/113/113we33.htm

Para além disso, existe ainda uma outra relação directa com a constituição do próprio corpo eleitoral da «KKTC», pelo que, legitimamente, se pode levantar uma dúvida: quem votou no referendo de 2004? Foram só os cipriotas turcos de origem e aqueles que podem ser legalmente considerados cipriotas turcos face ao normativo vigente do Direito Internacional Público, ou foram também os «imigrantes»/colonos oriundos de Anatólia, devido à generosa concessão da «nacionalidade» da «KKTC»? E se estes últimos também votaram, o seu peso no conjunto do universo eleitoral foi reduzido ou estes constituíam um peso significativo, podendo a sua votação ter um contributo decisivo no resultado final?

QUADRO 8

A evolução do corpo eleitoral da «KKTC» segundo o governo de Chipre

Ano	Votantes inscritos	Estimativa de votantes de origem não cipriota (%)
1976	75.871	—
1981	84.693	—
1985	94.277	—
1990	103.100	—
1995	113.398	—
2000	126.678	—
2004	143.639 (a)	55%
2005 (Fevereiro)	147.249	—
2005 (Abril)	147.823	—
2006 (Junho)	151.635	—

Fonte: Ministry of Foreign Affairs of the Republic of Cyprus (2006) – adaptação
(a) Número de votantes inscritos na altura do referendo de 2004 sobre o Plano Annan V de reunificação

Conforme fez notar num documento que analisa a solução constitucional para Chipre o *International Expert Panel*/Painel de Peritos Internacionais – que é uma equipa internacional de juristas especializados em questões constitucionais e de Direito Internacional Público[6], reunidos

---

[6] Os membros do *International Expert Panel*/Painel de Peritos Internacionais (uma iniciativa da Universidade de Genebra especialmente direccionada para o problema constitucional de Chipre que foi posteriormente apresentada também no Parlamento

As tentativas de reunificação e a integração europeia de Chipre

numa iniciativa da Universidade de Genebra –, o Plano Annan permitiu também aos «imigrantes»/colonos votar, desviando-se dos princípios da legalidade internacional usuais nesta matéria e das próprias soluções que as Nações Unidas já utilizaram em questões comparáveis, como, por exemplo, nos territórios palestinianos da Cisjordânia e faixa de Gaza, ou no referendo para a autodeterminação de Timor Leste (2005, p. 6):

> Igualmente com consequências sérias foram as disposições do Plano em relação aos colonos da Turquia, dificilmente consistentes com a lei internacional. Primeiro, o Plano permitiu aos colonos votar no referendo cipriota turco, apesar de estes últimos constituírem agora a maioria dos habitantes do Norte e mesmo apesar de isto ser reconhecido como uma força constitucional decisiva de uma consequência ilegal, de uma agressão ilegal. As Nações Unidas não consideraram a possibilidade de os colonos votarem em eleições internas de auto-determinação noutras situações tais como a Cisjordânia e a faixa de Gaza, o Sara Ocidental e Timor Leste. Segundo, o estatuto dos colonos é legitimado, sendo, além do mais, permitido que um grande número destes permaneça no Norte. É desnecessário dizer que, em qualquer solução para a disputa, os colonos devem ser tratados de uma forma consistente com a lei internacional dos Direitos Humanos.

Mas não é só a questão da profunda alteração da estrutura demográfica e a sua legitimação implícita pelo Plano Annan que levanta problemas políticos delicados (dificultando, naturalmente, o entendimento entre as duas comunidades) e sérias reservas quanto à legalidade, face ao Direito Internacional, da solução preconizada. Também na questão da restituição

---

Europeu), são os seguintes: Andreas Auer da Suíça (*Professor of Constitutional Law, University of Geneva*); Bossuyt Mark da Bélgica (*Professor of International Law, University of Antwerp);* Peter Burns do Canadá (*Former Dean of the UBC Law Faculty, Professor of Law, University of British Columbia, Vancouver*); Alfred De Zayas dos Estados Unidos da América (*Geneva School of Diplomacy, Former Secretary, UN Human Rights Committee*); Silvio-Marcus Helmons da Bélgica (*Emeritus Professor of Université Catholique de Louvain, Public International Law and Human Rights*), George Kasimatis da Grécia (*Emeritus Professor of University of Athens, International Law Honorary President of the International Association of Constitutional Law*), Dieter Oberndoerfer da Germany (*Professor Emeritus, Political Science, University of Freiburg*), Malcolm N. Shaw do Reino Unido (*The Sir Robert Jennings Professor of International Law, University of Leicester*).

das propriedades aos seus proprietários originários, desapossados pela invasão turca e partição da ilha em 1974, encontramos um problema parecido. Assim, o mesmo Painel de Peritos Internacionais da Universidade de Genebra critica de forma bastante dura a maneira (notoriamente política e mais preocupada com os imperativos da *realpolitik* do que com as normas do Direito Internacional Público...), que foi encontrada para solucionar este intrincado problema da restituição das propriedades, deixando clara a sua (muito duvidosa) conformidade com a legalidade internacional e com as próprias normas e princípios da UE (*idem*, p. 7-8):

> O Plano Annan teria impedido o direito de todos os cipriotas gregos deslocados de regressarem às suas casas e teria limitado significativamente o direito dos cipriotas gregos de terem a sua própria propriedade no Norte ou de recuperarem a sua propriedade. Para além disso, o Plano Annan procurou negar o direito de recurso ao Tribunal Europeu dos Direitos Humanos aos proprietários privados dos seus próprios direitos (tal como é determinado pelo Tribunal), através do expediente de declarar a «República Unida de Chipre» o Estado responsável, absolvendo, desta forma, a Turquia e afirmando que as queixas pendentes deveriam ser retiradas com o argumento que sob o Plano existiam remédios adequados para este problema. Paralelamente a isto, o artigo 6 do Anexo IX do Acordo Fundador contido no Plano Annan dispunha que a UE subscreveria o Plano aceite pelas partes e que isto resultaria na adopção de lei primária. A implicação disto seria, na sua essência, a impossibilidade de o Tribunal de Justiça da UE desafiar o Plano, com base na violação de princípios fundamentais da UE.

Sendo uma discussão estritamente jurídica[7] do Plano Annan uma matéria que pela sua própria especificidade e complexidade técnica ultra-

---

[7] Para uma análise e discussão jurídica detalhada (mas também política) sobre as negociações e dispositivo final consagrado no Plano Annan, feita numa perspectiva próxima das posições diplomáticas cipriotas gregas, ver o livro de Claire Palley, *An International Relations Debacle. The UN Secretary-General's Mission of Good Offices in Cyprus 1999--2004*, que foi publicado em 2005. (A autora é um ex-membro britânico da Sub-Comissão das Nações Unidas sob a Prevenção da Discriminação e Protecção das Minorias, entre 1998 e 1998, e foi também consultora para os assuntos constitucionais da Presidência da República de Chipre, ente 1980 e 2004).

As tentativas de reunificação e a integração europeia de Chipre

passa os objectivos deste trabalho, vale a pena, ainda assim, assinalar que esta sumária análise sugere que, se este eventualmente tivesse avançado, politicamente iríamos assistir, com grande probabilidade, a enormes batalhas jurídicas em torno do mesmo. E, situação que não deixa de ser particularmente irónica devido ao facto deste ser patrocinado pelas próprias Nações Unidas (uma organização que deveria zelar pelo bom cumprimento da legalidade internacional), provavelmente as primeiras controvérsias e disputas judiciais seriam relacionadas até com a sua conformidade face ao Direito Internacional Público e à própria Carta das Nações Unidas... É aliás esta a ilação óbvia que resulta da apreciação feita pelo *International Expert Panel*/Painel de Peritos Internacionais (2005, p. 4-5).

A presença militar da Turquia

Uma das situações que mais chama a atenção no conflito de Chipre é a importante presença militar turca no Norte da ilha. Na linguagem oficial do governo da Turquia esta presença militar é qualificada como sendo uma «operação humanitária». Mesmo aceitando esta qualificação (que julgamos inapropriada), verifica-se que há um número de efectivos muito superior a outras operações humanitárias correntes. Veja-se, por exemplo, o caso actual da Bósnia-Herzegovina (com 51.129 Km2 e cerca de 4,5 milhões de habitantes) onde está estacionada uma força humanitária – a SFOR – que é liderada pela NATO.

Esta força tem actualmente cerca de 12.000 efectivos no terreno. Outra comparação interessante pode ser feita com o Afeganistão, um país com 647.500 km2 e cerca de 32 milhões de habitantes, cuja situação conturbada envolve frequentemente situações de confronto militar com os talibãs e outros grupos rebeldes. O total de efectivos da ISAF, integrada por países membros da NATO é de 31.000. Porquê, então, entre 35.000 a 43.000 soldados da Turquia, num território de pouco mais de 3.300 km2 e com uma população de 200.000 a 250.000 habitantes (entre cipriotas turcos de origem e «imigrantes»/colonos)? A questão é ainda mais premente se pensarmos que a República de Chipre já é membro da União Europeia e que a própria Turquia é um país candidato. Será crível que a República de Chipre – que nem tem um exército propriamente digno desse nome –, vá

180   *A Questão de Chipre*

QUADRO 9
A força militar turca na «KKTC» em termos comparativos

Forças Armadas/Forças de manutenção de paz	Número de efectivos
Forças Armadas turcas no Norte de Chipre («KKTC»)	(Estimativa)
	35.000 (+ 4.500 cipriotas turcos) a 43.000 (a)
Força de manutenção de paz das Nações Unidas em Chipre (UNFICYP)	Militares = 857
	Polícias = 65
	Total = 922 (b)
Forças Armadas britânicas em Chipre (bases militares de Akrotiri/Episkopi e Dhekelia)	(Estimativa)
	3500 (c)
Forças Armadas da República de Chipre (Guarda Nacional cipriota) – *de facto* restritas ao Sul da ilha e compostas apenas por cipriotas gregos	Exército = 10.000
	Marinha (aprox.) = 150
	Força Aérea (aprox.) = 500
	Total = 10.650 (d)
Força de Estabilização da Bósnia-Herzegovina – SFOR (liderada pela NATO)	12.000 (e)
Força Internacional de Segurança e Assistência no Afeganistão (ISAF) – composta por membros da NATO	31.000 (f)

Fonte: Quadro elaborado pelo autor com base em dados recolhidos em:
(a) Today's Zaman (18 de Agosto de 2007) e Van Coufoudakis, Cyprus. A Contemporary Problem in Historical Perspective (2006, p. 18)
    Wikipedia http://en.wikipedia.org/wiki/Turkish_Military_Forces_in_Northern_Cyprus
(b) UNFICYP, http://www.un.org/Depts/dpko/missions/unficyp/facts.html
(c) Wikipedia, http://en.wikipedia.org/wiki/UK_sovereign_base
(d) Charles Heyman, The Armed Forces of the European Union (2007) http://www.armedforces.co.uk/Europeandefence/examplecyprus.htm
(e) NATO, http://www.nato.int/sfor/docu/d981116a.htm
(f) NATO. http://www.nato.int/issues/afghanistan/061004_update.pdf

invadir militarmente a «KKTC»? Será que a UE não dá garantias à Turquia quanto à protecção da minoria cipriota turca? Mas, sendo assim, como compreender a vontade de adesão da Turquia à UE, quando esta mostra, pela sua atitude, não confiar na própria UE (que, ironicamente, é provavelmente quem mais se preocupa, a nível mundial, com os direitos das minorias e com a criação e implementação de medidas efectivas para a sua protecção)?

A destruição do património cultural na «KKTC»

Em 2005, na 59ª Assembleia Geral das Nações Unidas, o Primeiro-Ministro espanhol José Luis Rodriguez Zapatero propôs uma iniciativa que ficou conhecida como a «Aliança das Civilizações»[8] à qual rapidamente se juntou, como co-impulsionador, o Primeiro-Ministro turco, Recep Tayyip Erdoğan. Segundo os seus autores, o principal objectivo desta iniciativa é contribuir para eliminar o clima de suspeição e de fraco entendimento que tem existido, sobretudo entre as sociedades islâmicas e ocidentais, procurando, ainda, encontrar um terreno comum que una as diversas culturas e grupos étnicos e religiosos, baseado na tolerância, entendimento, respeito mútuo e coexistência pacífica. Sendo este objectivo importante e louvável, é de esperar, em especial nos países que impulsionaram directamente esta iniciativa diplomática, a existência de um particular empenhamento e actuação em consonância com os mesmos. Infelizmente, caso da Turquia, a realidade da sua actuação em diversas áreas não contribui muito para credibilizar esta iniciativa. Mesmo sem entrarmos em questões que vão para além do âmbito deste trabalho – como os massacres e atrocidades (na linguagem actual, genocídio) cometidos contra os arménios em 1915-1917 (que a Turquia continua oficialmente a negar) e o problema curdo – verificamos que a sua actuação em Chipre contradiz, de alguma maneira, o proclamado objectivo da aliança de civilizações, nomeadamente em termos de respeito, aceitação e tolerância das outras culturas e do seu património histórico (que deveria ser pertença de toda a humanidade). Vejamos os factos. No seu livro *The Destruction of Memory. Architecture at War*/A Destruição da Memória. Arquitectura em Guerra (2006), Robert Bevan dedica algumas páginas à destruição[9] do património histórico-cultural e

---

[8] Desde Abril de 2007 que o ex-Presidente da República Portuguesa, Jorge Sampaio, exerce o cargo de Alto-Representante para a Aliança de Civilizações, para o qual o foi nomeado pelo actual Secretário-Geral das Nações Unidas, Ban Ki-moon.

[9] Sobre a destruição do património cultural no Norte de Chipre ver também o livro da correspondente regional dos jornais *Irish Times* (de Dublin) e *Middle East International* (de Londres), Michael Jansen (2005), *War and Cultural Heritage. Cyprus after the 1974 Turkish Invasion*, onde é feito um relato bastante pormenorizado da mesma, sendo ainda incluído um anexo fotográfico que mostra alguns exemplos do estado actual desse património.

religioso do Norte de Chipre. Como este começa por assinalar (2006, pp. 163-164), «os ataques à cultura material grega no Norte foram um sinal precoce das intenções da Turquia ficar permanentemente em Chipre, em vez de, como esta afirmava, ser uma intervenção temporária para proteger a minoria turca no Norte da ilha. A destruição da herança grega foi uma segurança contra uma futura *enosis*; a zona norte rapidamente deixou de ser identificada como grega mas, por contraste, os monumentos islâmicos têm sido salvaguardados e até reparados». Em 1974, nos meses subsequentes à invasão militar e partição do território, a grande maioria das 502 igrejas ortodoxas[10] «algumas de origem bizantina, foram vandalizadas, saqueadas demolidas ou utilizadas para novos usos como mesquitas, estábulos, latrinas, armazéns e um cinema». Para além desta devastação, «praticamente todos os lugares com nomes gregos foram mudados para turco. A destruição foi metódica, com monumentos gregos seculares, sítios arqueológicos e cemitérios também visados. Ícones, mosaicos e outros artefactos datando de tempos recuados, como o século VI, surgiram nos mercados mundiais de arte em elevados números». Ainda segundo Robert Bevan, investigações feitas em 1976 pelos jornais londrinos *The Times* e *The Guardian*, foram ambas claras a mostrar que os danos causados não foram apenas vandalismo ocasional e negligência mas acções sistemáticas». Note-se que esta situação não parou nos anos imediatamente a seguir a 1974. «Uma reportagem posterior do *Times,* de 1980, encontrou mais evidências da dessacralização: numa igreja próxima de Famagusta, usada como latrina, encontrava-se uma Bíblia que estava a ser usada como papel higiénico. Em 1990 o *Frankfurt Allgemeine Magazin* encontrou o mosteiro arménio de Sourp Magar, que data do ano 1.000, em ruínas com um *grafitti* celebrando os 'executores vitoriosos' que causaram o dano. Mais recentemente, em 2001, o Conselho da Europa interveio para parar os planos de converter o mosteiro de Sourp Magar num hotel» (*idem*, p. 166).

A descrição efectuada por Robert Bevan, sobre a destruição sistemática do património cultural heleno-cristão no Norte de Chipre é confirmada pelo recente trabalho de campo dos investigadores franceses do

---

[10] Sobre a pilhagem das Igrejas ortodoxas no Norte de Chipre ver ainda o artigo de Chris Norris publicado na *BBC News* «Shame of Cyprus´s looted churches» (18 de Janeiro de 2002), http://news.bbc.co.uk/2/hi/europe/1768274.stm

CNRS, Étienne Copeaux e Claire Mauss-Copeaux, efectuado durante vários anos nessa parte da ilha. Num capítulo sugestivamente intitulado «Matar os mortos» (2005, pp. 87-106), descrevem com bastante minúcia a situação deprimente em que este património se mantém ainda hoje, com uma ou outra excepção – por exemplo nas aldeias de Ftericha (Ilgaz) e Kzafani (Ozanköy), os residentes ingleses protegeram as igrejas; ou nos centros turísticos mais frequentados onde as igrejas foram transformadas em museus, como o mosteiro e a igreja do Apóstolo Barnabé em Salamina (Ammochostos) Kyrenia, ou ainda na aldeia muçulmana de Kampyli (Hisarköy) onde uma igreja maronita se encontra em bom estado (*idem*, p. 87-88). Veja-se como estes investigadores do CNRS começam por descrever o ataque à memória histórica e as acções de vandalização do património arquitectónico, incluindo o desrespeito pelo valor universal de não profanação de cemitérios e das campas dos mortos (*ibidem*, p. 87):

> No contexto tenso da partição de 1974, a turquificação da parte norte tornou-se um ponto essencial da política turca. As vias escolhidas como a imposição de uma nova toponímia ou a construção de uma rede de edifícios monumentais são habituais e banais. Pelo contrário, numa situação de paz, incluindo de paz armada, a gestão turca do património dos *rum* [cipriotas gregos] é incompreensível [...]. A maior parte dos edifícios de culto ortodoxo e quase todos os cemitérios foram devastados, profanados, depois abandonados nesse estado. Expressão da identidade profunda da sociedade *rum* e das suas convicções, as igrejas foram pilhadas, os seus ícones foram roubados, os edifícios frequentemente saqueados. Atacando os lugares sagrados da Igreja Ortodoxa, os profanadores visaram os guias da comunidade *rum*, em geral os porta-estandarte ardentes do nacionalismo e da *enosis*. Os cemitérios, reputados invioláveis, uma vez que o respeito dos mortos é um princípio que funda a humanidade, deveriam ter escapado ao frenesim destrutivo. Contudo em Chipre o tabu universal foi violado: os jazigos sagradas, últimos refúgios da memória, foram também profanados. O silêncio sobre a identidade dos vândalos dura desde há trinta anos.

Como Étienne Copeaux e Claire Mauss-Copeaux fazem ainda notar, «não se trata de uma responsabilidade parcial ou acidental. A distribuição da profanação pelo conjunto do território acusa a autoridade que aí se exerce. Esta não só deixou fazer como velou para que isso fosse feito em todo o lado: o cemitério profanado, da mesma forma que a bandeira, é a marca do poder de 1974. Desde então, a devastação que rebentou não foi apagada por um arranjo ou uma colocação em ordem. As autoridades da 'KKTC' deixaram o gesto profanador congelado e afixado na paisagem. Deixando os lugares nesse estado, procuram manter a memória do conflito e perpetuar a recusa da alteridade» (*ibidem*, p. 87). Por tudo isto, um dos aspectos mais estranhos deste apagamento da memória do passado é o generalizado silêncio que paira sobre os acontecimentos. Este «muro de silêncio» não envolve apenas os que exercem de facto o poder no Norte da ilha – e a população cipriota turca, provavelmente pelos constrangimentos a que se encontra sujeita – mas, e de forma bastante mais surpreendente, abrange também académicos de diferentes áreas como historiadores, politólogos, sociólogos ou antropólogos (*ibidem*, p. 104):

> O escândalo e a indignação que nos nossos dias suscita todo o caso de profanação de um cemitério, de um túmulo ou estela comemorativa levam a interrogar-nos sobre o extraordinário silêncio que envolve a destruição dos cemitérios de Chipre. O silêncio dos cientistas é também surpreendente. Os historiadores, fascinados pelas ruínas e os lugares de memória, os turcólogos apaixonados pelos túmulos, a arte funerária e os cemitérios nunca se interessaram por estas ruínas nem por esses cemitérios. Politólogos, sociólogos, antropólogos, todos respeitam o tabu. Contudo, o acontecimento suscita numerosas questões sobre os responsáveis, as suas motivações políticas e as consequências dos acontecimentos sobre os cipriotas. Ao fazerem executar estas profanações, os actores da intervenção de 1974 (o exército, os nacionalistas, os executantes) pretendiam conscientemente tornar a nova situação irreversível? Obtendo da população local um silêncio que estes pretendiam cúmplice, esperavam estes comprometê-la para tornar a reconciliação impossível?

Para além destas interrogações incómodas pode levantar-se ainda uma outra: será por falta de recursos financeiros que a «KKTC» e a Turquia não recuperam o património destruído ou vandalizado? Sendo esse um dos argumentos que por vezes também são invocados não, podemos deixar de notar um contraste flagrante. No Norte de Chipre a continuidade do património histórico, não turco-islâmico, nomeadamente do património

As tentativas de reunificação e a integração europeia de Chipre   185

religioso cristão ortodoxo tem a sua existência seriamente ameaçada pela situação já descrita. Todavia, para a diáspora turca na Alemanha, a governamental Associação Turco-Islâmica para os Assuntos Religiosos (DITIB), pretende financiar a construção de uma mesquita que rivaliza, em dimensão e altura, com a catedral de Colónia, estando a ser projectada com dois minaretes em estilo otomano turco[11]. Estas duas atitudes bem contrastivas do governo turco mostram uma forma bastante *sui generis* de empenhamento na aliança de civilizações e, sobretudo, de difundir uma atitude de respeito mútuo e confiança entre os diversos grupos étnicos, religiosos e culturais.

O anacronismo das Potências Garantes

No seu relato pessoal sobre as negociações que levaram ao Plano Annan, publicado sob o título *Cyprus. The Search for a Solution*/Chipre. À Procura de uma Solução (2005), David Hanny, que foi o Representante Especial Britânico nesta negociação que envolveu as três Potências Garantes, faz a seguinte reflexão sobre «o que correu mal» (David Hannay, 2005, p. 228):

> Ninguém que tenha participado numa negociação falhada pode esquivar-se à questão sobre o que correu mal. Na realidade, não deve fazê-lo porque as respostas a esta questão serão necessárias para a próxima pessoa ou organização que retomar o assunto. Nem chega apontar o dedo a uma pessoa ou país com a exclusão dos outros, como sendo responsável pelo falhanço, pois as coisas raramente são assim tão simples. As negociações para o acordo de Chipre podem ter sido muitas coisas, mas simples é que não foram.

Esta reflexão mostra, de forma apropriada, que é demasiado simplista encarar o problema do fracasso da reunificação de Chipre numa óptica de tentar encontrar um «culpado» (pessoa ou país), com «a exclusão de outros» intervenientes que também contribuíram, directa ou indirectamente, para o

---

[11] Ver o artigo «Turks' plans to build mosque in Germany divides religions» (6 de Julho de 2007) in *Today´s Zaman*, http://www.todayszaman.com/tz-web/detaylar.do?load=detay&link=115950

186   *A Questão de Chipre*

fracasso do processo. Mas o que David Hannay não fez de forma convincente, nem no seu relato das negociações diplomáticas que levaram ao Plano Annan, nem na análise (geralmente bastante lúcida), das estratégias negociais dos diferentes protagonistas, foi discutir algumas das razões mais profundas que muito provavelmente contribuíram para o seu fracasso. Desde logo, ao nível de uma importante questão de partida que envolve uma difícil mas necessária reflexão auto-crítica: pode um diplomata britânico ser visto como um elemento neutral no conflito que opõe cipriotas gregos (e a Grécia) aos cipriotas turcos (e à Turquia) e ser visto também como um elemento que genuinamente está a contribuir para a procura de uma solução justa e equitativa? Pode, sem distorcer a imagem de conjunto, David Hannay excluir-se a si próprio e ao (Reino Unido) de papel de *player* neste conflito, como acaba por fazer no seu livro, onde identifica e faz uma apreciação dos *players*/intervenientes no capítulo 2 (para David Hannay os *players* são *apenas* os cipriotas gregos e turcos e a Grécia e Turquia)? Vale a pena talvez recordar aqui o que há algum tempo atrás um outro britânico (de ascendência cipriota grega) – Peter Loizos –, escreveu sobre o que, a sua óptica, eram as responsabilidades de diversos actores envolvidos, directa ou indirectamente, neste conflito. Em relação ao caso do Reino Unido, este fez notar o seguinte (2001, pp. 81-82):

> A responsabilidade britânica na situação actual tem longas raízes históricas. Primeiro, houve uma contínua aliança com os cipriotas turcos particularmente desde 1900-1931. Durante este período, quando o Conselho Legislativo esteve em funcionamento, os britânicos podiam usualmente contar com o apoio cipriota turco contra os membros gregos. A aliança não foi formada com o objectivo de criar um violento conflito étnico no futuro; foi antes uma relação *ad hoc* que assegurou ao governo colonial uma quase maioria no Conselho. Não é claro o que os cipriotas turcos receberam em recompensa, se é que receberam alguma coisa. Mas a aliança permitiu-lhes expressar o antagonismo à ideia de *enosis*, frequentemente invocada pelos gregos. Foi também uma forma de expressarem a «lealdade» turca à Grã-Bretanha, um padrão com reminiscências do «lealismo» do Ulster de *Orange*. Sejam quais tenham sido os motivos turcos para a aliança, teve a consequência de enfatizar uma tradição na qual as duas comunidades tomaram lugares opostos na política. Os britânicos não as educaram numa parceria, jogaram com os antagonismos existentes.

Mas não é só esta memória histórica de uma aliança *ad hoc* de britânicos com cipriotas turcos no período colonial, apesar de tudo já distante temporalmente, que condiciona o papel do Reino Unido na resolução da questão cipriota (nem existe apenas entre os cipriotas gregos, pois cipriotas turcos invocam também, de vez em quando, os seus próprios motivos de desconfiança ...). Se nos deslocarmos para a política do presente e, mais especificamente, para as actuais negociações de adesão da Turquia à UE, verificamos que o Reino Unido, sob o governo de Tony Blair e actualmente de Gordon Brown, tem sido um dos apoiantes mais entusiásticos da adesão turca, multiplicando-se em declarações públicas nesse sentido. Isto, ao contrário, por exemplo, do que aconteceu com a adesão da República de Chipre onde os britânicos tiveram uma atitude diplomática bastante mais discreta e cautelosa. Por outro lado, no Plano Annan, no n.º 5 do artigo 1.º (ver Anexo 10), encontramos esta disposição bastante peculiar para um Estado soberano que, face aos princípios que regem os Direito Internacional Público e a própria Carta das Nações Unidas, deveria ter liberdade para definir a sua política externa:

> Chipre manterá laços especiais de amizade com a Grécia e a Turquia, respeitando o equilíbrio estabelecido em Chipre pelo Tratado de Garantia, pelo Tratado de Aliança e este Acordo, e, como Estado-membro da União Europeia, *apoiará a adesão da Turquia à União*[12].

Se é difícil imaginarmos um qualquer outro Estado de Direito democrático e soberano a aceitar esta disposição – que, note-se, implica obrigatoriamente seguir uma orientação de política externa sem qualquer possibilidade de, por exemplo, atender à vontade democraticamente expressa do seu próprio povo de optar por um eventual rumo em sentido diferente –, ficam-nos naturalmente dúvidas sobre a bondade de algumas disposições do Plano Annan. E não deixa também de ser curiosa a atitude da UE nesta questão, uma organização sempre tão empenhada em escrutinar minuciosamente e em denunciar as desconformidades e infracções face à legalidade europeia e internacional, e que aqui se remeteu a uma (comprometedora) atitude de silêncio.

---

[12] O itálico no texto é da nossa autoria.

Quem (não) deseja um Estado reunificado, independente e soberano?

Face a tudo o que analisamos anteriormente, e, especialmente, ao fracasso de Plano Annan, surge uma interrogação final que é a de saber se a reunificação num Estado independente e soberano é (ainda) o objectivo desejado pelas partes em conflito. A este propósito, e recordando os erros cometidos nas décadas de 50 e 60 do século passado, Peter Loizos (2001, p. 79-80), relembra que «ambas as comunidades iniciaram a independência com o pé errado. Os cipriotas turcos teriam preferido a *taksim*, partição, e os cipriotas gregos a *enosis*», a união com a Grécia. Quer dizer, em termos históricos, o objectivo de um Estado unificado, independente e soberano em Chipre, não foi a primeira opção de nenhuma das comunidades em conflito. E hoje, quais são as preferências? Do lado dos cipriotas gregos (e da Grécia) parece-nos que a ideia de *enosis* foi *realisticamente* abandonada. Provavelmente o marco definitivo dessa viragem foi a tragédia provocada pelo golpe de estado instigado pela junta militar grega em 1974, que abriu a porta à invasão da Turquia e à partição da ilha. Para além disso, o próprio nível de vida da população cipriota grega, actualmente em média superior ao PIB/per capita da Grécia, também contribuiu para tornar menos atractiva essa ideia de unificação com o Estado grego. Assim, actualmente, do lado cipriota grego (tal como do lado Grécia, onde a atractividade do ideal da *enosis* deu lugar ao objectivo mais realista de um Estado independente em Chipre), o «óptimo de Pareto»[13], para utilizarmos uma linguagem emprestada pela teoria económica, tende a ser generalizadamente visto como um Estado unificado, independente e soberano (se não de tipo unitário, pelo menos baseado na existência de um poder federal forte). Claro que os cipriotas gregos poderão ser criticados pela sua postura maximalista[14] na

---

[13] Estamos a referir-nos, por analogia, ao conceito de óptimo em termos de eficiência económica proposto por Vilfredo Pareto no século XIX, segundo o qual um determinada situação poderá ser considerada óptima quando não for possível melhorá-la mais (ou, em termos mais gerais, quando não for possível melhorar a situação de um determinado agente económico sem afectar negativamente a situação de outros).

[14] Para uma crítica cipriota grega do Plano Annan sob um prisma maximalista do que deveria ser a reunificação da ilha ver, entre outros, Van Coufoudakis (2006), *Cyprus. A Contemporary Problem in Historical Perspective.*

obtenção deste objectivo, para utilizarmos a expressão de Zenon Stavrinides, que os levou a votar maioritariamente contra o Plano Annan, por não satisfazer plenamente (ou seja, pelo menos a 85%-90%) a sua ideia do que deveria ser um Estado unificado, independente e soberano. Todavia, o que parece bastante claro é a falta de substância das críticas que pretendem interpretar esse resultado como uma falta de vontade na reunificação. O que se poderá dizer, com fundamento, é que a estratégia dos cipriotas gregos (e da Grécia) passa pela multilateralização do conflito, tentando multiplicar o seu poder negocial face à Turquia, através da UE, sabendo que, no limite, poderão vetar a sua adesão, como forma de pressão de conseguir uma reunificação de acordo com um plano que contemple o essencial dos seus pontos de vista.

E do lado cipriota turco e da Turquia? Aqui a questão é mais complexa e adquire outros contornos. Desde logo, porque o objectivo privilegiado do passado, que era a *taksim*, ou seja a partição, apesar de não ter sido plenamente atingido devido ao não reconhecimento internacional da «KKTC», é *de facto* uma realidade no terreno há mais de três décadas. Depois, porque, embora os cipriotas turcos tenham na parte económica um estímulo atractivo para reunificação que não têm os cipriotas gregos (o Sul da ilha é três vezes mais próspero e faz já parte da UE), e a liderança actual de Mehmet Ali Talat seja mais aberta à negociação (o que é notório se o padrão de comparação for o ex-líder Rauf Denktaş ...), o poder de decisão está em última instância na Turquia. Assim, um dos aspectos cruciais da questão cipriota é a atitude da Turquia face ao actual *statu quo* (a partição de facto da ilha). Pela análise que tivemos oportunidade de efectuar, fica a nítida sensação que, se não fosse o problema do não reconhecimento internacional da «KKTC», com todos as implicações negativas que continua a ter, quer em termos de esforço económico para suportar a economia cipriota turca, quer pelos custos políticos para a imagem internacional da Turquia, particularmente na actual conjuntura em que ambiciona aderir à UE, a questão de Chipre estaria satisfatoriamente resolvida. Assim, se nos tentarmos colocar na posição dos sucessivos governos turcos, percebemos facilmente que estes, quando partem para as negociações de reunificação – tal como aconteceu com as patrocinadas pelo ex-Secretário Geral das Nações Unidas, Kofi Annan –, não abandonaram o clássico objectivo da obtenção de legitimidade internacional para «KKTC», com as menores concessões possíveis face aos ganhos resultantes da «operação humanitária» de 1974. Com a ascensão dos islamistas-conservadores do AKP ao poder, em finais de 2002, esta posição tornou-se um pouco mais matizada e (teoricamente) mais flexível e aberta ao compromisso do que no passado. Todavia, importa notar que não ocorreu verdadeiramente uma mudança substantiva de objectivos (comparável, por exemplo, ao abandono cipriota grego da *enosis*). Essencialmente foi adoptada uma estratégia mais pragmática que, vendo realisticamente não ser aconselhável, no quadro de uma aproximação à UE (e com o objectivo da obtenção de uma data para abertura das negociações de adesão), tentar alcançar abertamente o «óptimo de Pareto» (dois Estados legalmente reconhecidos em Chipre), optou por entrar activamente no jogo da reunificação. Assim, a negociação diplomática foi deslocada do objectivo de obter uma confederação de dois Estados soberanos reconhecida internacionalmente, para o objectivo de uma federação fraca que, em termos práticos, permitisse uma quase independência da «KKTC». Nessa solução, os cipriotas turcos ficariam então numa situação comparável, por exemplo, à que actualmente vivem os curdos do Norte do Iraque (ou os albaneses do Kosovo face à Sérvia, depois da intervenção da NATO em 1999), que são virtualmente independentes. Teoricamente existiria um Estado unificado e com um governo federal que asseguraria, pelo menos na aparência, a soberania externa e tranquilizaria a opinião pública internacional e os Estados que lidam internamente com movimentos e simpatias pro-secessão (como a Espanha, a Rússia, etc.). Um dos paradoxos mais curiosos desta situação é que aquilo que a Turquia tem por objectivo para Norte de Chipre, é precisamente o mesmo que nega veementemente no seu próprio território (e no Norte do Iraque), às populações curdas[15].

Por outro lado, como o Plano Annan V fracassou (podendo, aos olhos da opinião pública internacional, a culpa da rejeição ser atirada para os

---

[15] Porque é que os curdos, que são a maior minoria étnica do antigo Império Otomano, não são considerados pela Turquia um grupo nacional distinto e têm também direito ao seu próprio Estado constituinte? Qual o critério que permite considerar os cipriotas turcos um grupo nacional e, ao mesmo tempo, nega similar característica aos curdos da Turquia? A língua, a religião, a etnia, o passado histórico, a vontade dos próprios, a sua auto identificação?

cipriotas gregos), e em 2005 se iniciaram formalmente as negociações de adesão à UE, a Turquia voltou a ter condições políticas para assumir abertamente seu «óptimo de Pareto» e reivindicar o reconhecimento da «KKTC» (ou, pelo menos, um *up-grade* do seu *status* internacional). Esta estratégia aparece de forma nítida, não nas relações da Turquia com a UE, onde é mais matizada e subtil pela própria presença da Grécia e de Chipre nessa organização (países que, por razões óbvias, estão atentos às atitudes diplomáticas turcas e sempre predispostos a denunciá-las e, se possível, a contrariá-las), mas nas relações com o resto do mundo, sobretudo o não europeu e ocidental. Um instrumento privilegiado dessa diplomacia «paralela» a que os europeus aparentemente não prestam muita atenção (ou fingem convenientemente não ver...) é a Organização da Conferência Islâmica (OCI), que se tem mostrado um fórum particularmente interessante e dado resultados animadores para a actual orientação da política externa turca. Atente-se neste excerto de um artigo publicado na revista *Diplomat* dirigida por Kaya Dorsan, e destinada aos diplomatas turcos e outros interessados na política externa do país (2006, p. 2):

> No que concerne às relações da Turquia com a Organização [da Conferência Islâmica], a OCI tem sido um dos aspectos mais importantes da política externa multidimensional da Turquia. O interesse turco e o envolvimento nas actividades da OCI ganhou um novo ímpeto, com a eleição do professor Ekmeleddin İhsanoğlu como Secretário-Geral na 31ª Conferência de Ministros dos Negócios Estrangeiros em Istambul, em Junho de 2004, na primeira eleição livre de toda a história da OCI. Dentro desta Conferência, a Turquia também assumiu a presidência rotativa até Julho de 2005 e apoiou activamente as iniciativas do Secretário-Geral, İhsanoğlu, para um pacote de reformas amplamente aceite.

Especificamente quanto ao *up-grade* da situação da «KKTC», no mesmo artigo é descrita a seguinte tomada de posição da OCI, em conformidade com os interesses turcos na questão cipriota (*idem*, p. 3):

> Um outro avanço na Conferência de Istambul foi a adopção da Resolução sobre a situação de Chipre a qual permitiu ao «povo muçulmano turco de Chipre» participar na OCI sob o nome de «Estado Cipriota Turco», tal como encarado pelo plano compreensivo de solução do Secretário-Geral das Nações Unidas. No seu 32 encontro, em

Sana, em Junho de 2005, a Conferência do Ministros dos Negócios Estrangeiros implementou a decisão da 31ª Conferência, e insistiu com os Estados-Membros para removerem o isolamento político, económico e cultural dos cipriotas turcos, com vista a suportar a justa causa destes que constituem uma parte integral do mundo islâmico.

Em relação à minoria muçulmana da Trácia oriental grega o papel da OCI enquanto instrumento de política externa da Turquia (*ibidem*):

> A melhoria da situação da minoria turca na Trácia ocidental na Grécia tem também estado na agenda da OCI durante anos. A OCI aprovou dezenas de resoluções para este efeito, com o objectivo de salvaguardar os direitos básicos da minoria turca, provenientes de tratados bilaterais e multilaterais dos quais a Grécia faz parte.

A estratégia da Turquia de usar a solidariedade muçulmana a favor do *up-grade* do *status* da «KKTC» tem dado alguns resultados na OCI e fora dela, entre os quais se destacam os seguintes: i) dentro dessa organização o estatuto já passou de mera «comunidade» para «Estado observador»; ii) foram celebrados acordos de cooperação económica e cultural entre a «KKTC» e alguns Estados pós-otomanos, ou que gravitam próximo do espaço político-cultural da Turquia e têm relações económicas com esta (Macedónia, Azerbaijão e Quirguistão); iii) ocorreu uma aproximação aos «irmãos» árabes-muçulmanos da Síria que, numa reviravolta de 360 graus na sua política externa, decidiram criar uma ligação regular de *ferry-boat* para o Norte de Chipre, quebrando desta forma a anterior solidariedade entre os ex-colonizados pelos otomanos (Grécia e países árabes) contra a Turquia; iv) promoção da visibilidade internacional da «KKTC» e da sua legitimidade face à opinião pública, através de actos simbólicos como, por exemplo, a entrega em 2006, por Mehmet Ali Talat, da taça ao vencedor do grande prémio de Fórmula 1 da Turquia; v) tentativa de obter ligações regulares a aeroportos e portos de outros países muçulmanos e não muçulmanos, bem como de acordos de cooperação económica, comercial ou cultural. Face a estas estratégias complexas e multifacetadas dos actores em conflito, resta saber se Chipre, a mítica ilha de Afrodite, não se tornará numa nova caixa de Pandora para a UE, que tem nas mãos um complexo *puzzle* herdado da questão do Oriente sem saber como o resolver.

Conclusão

> O que vai acontecer agora? Vai depender muito das perspectivas de adesão da Turquia à UE. Se a candidatura da Turquia prosperar, à medida que a adesão da Turquia se tornar mais próxima, uma solução para o problema de Chipre tornar-se-á numa necessidade; e é difícil ver qualquer solução afastando-se muito do Plano Annan que foi tão amplamente apoiado. Mas se a candidatura da Turquia se for abaixo ou for bloqueada não é fácil ser tão optimista.
>
> DAVID HANNAY (2005, p. 246)

A pertença de Chipre ao mundo helénico e romano da Antiguidade Clássica e a posterior difusão e implantação do Cristianismo, marcaram profundamente a sociedade e a cultura cipriota e a sua matriz predominantemente helénico-cristã que se enraizou ao longo da Alta Idade Média, sob a influência conjugada do Império Bizantino e do Cristianismo Ortodoxo. A influência ocidental surgiu mais tarde, no final século XII, pela via da Cristandade latina, quando as cruzadas colocaram Chipre em contacto directo com o Ocidente medieval. Ao reinado latino dos cavaleiros francos da casa Lusignan, sucedeu, século XV, outro poder ocidental, a República de Veneza, que transformou a ilha numa praça de armas e colónia do Mediterrâneo oriental. Na segunda metade do século XVI (1571), o Império Otomano, o maior poder imperial e colonial da época, conquistou-a aos venezianos, tornando desta forma o Levante num lago otomano. Com esta conquista, Chipre ficou desligado da evolução subsequente do Ocidente europeu em etapas cruciais da sua maturação moderna, até às últimas décadas do século XIX.

Os otomanos implantaram na governação da ilha o sistema do *millet* baseado no pensamento político clássico islâmico e tendo como base a Xária. Tal como os imperialismos ocidentais posteriores, o Império Otomano legitimava-se através da sua própria *mission civilisatrice*: o estabelecimento do Estado islâmico e a expansão da *umma* muçulmana. Assim, a população foi organizada com base na sua religião, o principal critério de separação entre governantes e governados e não com base na raça ou etnia como aconteceu tipicamente nos impérios coloniais europeus. Face a esta ideologia teocrática as «religiões do Livro» (cristãos, judeus e zoroastrianos), eram oficialmente reconhecidas e submetidas ao poder muçulmano. Os cristãos ortodoxos gregos (a esmagadora maioria da população cipriota), foram enquadrados no estatuto teológico-jurídico de *dhimmis*, fazendo parte do *rum millet* e sendo submetidos às regras da *dhimmitude* derivadas da Xária (*Sharia*). O governo otomano usou o método do *sürgun*, deslocando compulsivamente populações da Anatólia para a ilha, numa lógica de tipo colonial, baseada em intuitos económicos e estratégicos. Tal como nos Balcãs e noutros territórios maioritariamente povoados por populações cristãs, a hábil estratégia de dominação dos *dhimmis* cipriotas foi bem sucedida até ao início do século XIX. Sob o impacto das Revoluções Francesa e Americana, das ideias seculares de nação e de nacionalismo, da cidadania e dos direitos do homem oriundas da Europa Ocidental, surgiu uma crescente consciência ideológica, sobretudo entre as camadas cultas do *rum millet*, de um estado de inaceitável submissão ao *dar-al-Islam* e de uma opressão da *tourkokratia* vista como um «período das trevas». No caso das populações heleno-cristãs, na qual se inclui a maioria da população cipriota, o marco simbólico desta viragem foi a revolta grega contra o Império Otomano, iniciada em 1821 na Moreia/Peloponeso.

Em finais do século XIX (1878) deu-se uma sucessão de poderes imperiais e coloniais em Chipre, com passagem da ilha do Império Otomano para o Império Britânico. Este reatar da história cipriota com o mundo ocidental ocorreu quando a *realpolitik* britânica tinha por objectivo aliar-se ao «homem doente da Europa», dado tal estratégia servir melhor os seus interesses no Mediterrâneo oriental. Face à derrota otomana na guerra russo-turca de 1877, e para ajudarem à defesa do Império contra uma

Conclusão

eventual acção militar da Rússia, os britânicos pediram (e obtiveram), a administração de Chipre. Pelo tratado celebrado entre os dois impérios, o sultão otomano mantinha-se (teoricamente) detentor da soberania sobre a ilha e a concessão da administração aos britânicos estava ligada a um não retorno das «províncias arménias» do Leste da Anatólia à soberania otomana. Na prática isto nunca veio a ocorrer desta maneira, pois os acontecimentos da I Guerra Mundial colocaram britânicos e otomanos em alianças opostas e levaram à derrota destes últimos e à extinção do Império em 1923.

Sob o governo colonial britânico a ideia de *enosis* com a Grécia, que ficou latente entre os cristãos cipriotas desde a altura da sublevação da Moreia/Peloponeso em 1821, voltou a despertar e a manifestar-se de forma mais ou menos continuada. Com algumas excepções, as reivindicações pro-*enosis* foram geralmente pacíficas até à década de 50 do século XX. Uma das significativas excepções ocorreu em Outubro de 1931 (a *oktovriana*), com manifestações violentas contra o poder colonial britânico. Marcando um padrão que se repetiu até à independência de 1960, as manifestações e sinais de rebelião dos cipriotas foram uma característica praticamente só existente na população heleno-cristã (mais tarde designada por cipriota grega). Do lado da população muçulmana (mais tarde designada por cipriota turca), a atitude generalizada oscilou entre a passividade e o apoio, implícito ou explícito, ao poder britânico. Foi durante a década de 50 que as reivindicações pela autodeterminação/*enosis* adquiriram uma intensidade e carácter conflitual até então inexistente. Naturalmente que a isso não foi estranho o ambiente da época, largamente favorável à descolonização e à autodeterminação dos povos. Os acontecimentos ocorridos no ano de 1955 foram os mais marcantes do futuro da ilha, sobretudo pelo início da luta armada contra o poder britânico feita pela EOKA, de Georgios Grivas. Nos bastidores esta foi apoiada pelo governo da Grécia, cada vez mais irritado com a intransigência britânica em manter o controlo sobre Chipre. As acções de guerrilha e sabotagem foram, de um ponto de vista militar, bem sucedidas. Em termos políticos o seu sucesso foi mais mitigado. Por um lado, conseguiram atingir o objectivo político de levar os britânicos a conceder a independência; por outro lado, provocaram «danos colaterais» nas relações com a população de confissão muçulmana (que agora se começava a ver a si própria com a identidade de cipriota turca) e não se revia na luta pela autodeterminação/*enosis*. Esta trazia à memória não só o sofrimento das populações muçulmanas dos Balcãs durante as guerras de libertação dos *dhimmis* cristãos do «jugo otomano», como a *megali idea*, a «grande ideia» de reunificação das populações helénicas num único Estado e a guerra heleno-turca de 1919-1922, pelo controlo da Ásia Menor.

Talvez por tudo o que foi referido, do lado cipriota turco a reacção também não foi a melhor. Em 1957 surgiu um grupo paramilitar, com o apoio nos bastidores da Turquia: o TMT. Este não foi apenas uma reacção à EOKA, mas também o resultado de um conjunto de esforços para criar um espírito «comunitarismo político» da parte das elites cipriotas turcas, mais ou menos inspirado em ideais de panturquismo. Estes ideais irre-dentistas tinham voltado a reemergir no discurso público da Turquia, após terem sido oficialmente contidos durante o período Atatürk, com a excepção da hábil manobra político-diplomática que levou à anexação do ex-território otomano do *sandjkak* de Alexandreta (o actual Hatay turco).

Do lado britânico houve uma tentativa de reverter a seu favor as clivagens comunitárias, com consequências bastante negativas para o futuro das populações cipriotas. No contexto estratégico de Chipre, os cipriotas turcos e o TMT surgiam, aos olhos britânicos, num papel algo similar ao que na Irlanda do Norte tinham os grupos protestantes (serviam de con-trapeso aos nacionalistas católicos que se identificavam com a República da Irlanda). Assim, o governo colonial britânico actuou frequentemente com base numa «aliança objectiva» com os cipriotas turcos e a Turquia, numa lógica de *divide and rule*, para prolongar o seu poder sobre a ilha com o menor custo possível. É aliás esta estratégia que explica a orientação diplomática britânica, prosseguida a partir de meados dos anos 50, de abrir a porta à Turquia nas negociações sobre o futuro de Chipre, quando, pelo Tratado de Lausana, era líquido que esta não tinha qualquer direito sobre o território.

Os Acordos de Zurique e de Londres levaram à independência de Chipre em 1960, sob a presidência do arcebispo-etnarca Makarios e a vice--presidência do médico e líder comunitarista, Fazil Küçük. Estes foram essencialmente o resultado de uma negociação tripartida entre o Reino Unido, a Grécia e a Turquia, onde os principais interessados – os ciprio-tas –, apenas tiveram a possibilidade de «pegar ou largar» o mesmo. Os Acordos deram origem a um Estado teoricamente soberano e independente, mas que, na prática, ficou mais próximo de um Estado semi-soberano ou de

Conclusão

um protectorado, numa fórmula de concordância duvidosa com os princípios subjacentes à Carta das Nações Unidas. Este resultado deve-se à tentativa de compatibilizar interesses de terceiros, ou seja, em graus variáveis, do Reino Unido, da Turquia e da Grécia (as Potências Garantes), e não propriamente de atender aos interesses da população cipriota. Quanto à Constituição de 1960, foi derivada dos mesmos textos e instituiu um sistema de democracia de tipo comunitário-sectário, contendo vários ingredientes para não funcionar. Para além da pouca adequação do texto constitucional, a sociedade cipriota continuava impregnada do legado imperial e colonial otomano, que se manteve, em grande parte, durante a administração colonial britânica. Esta prolongou no tempo a tradição teocrática do sistema dos *millets*, sob a forma (aparentemente) liberal e secular de uma *indirect rule* que, na prática, promoveu os comunitarismos e o seu espírito sectário, em vez de uma identidade cipriota unificada, abstraindo da diferença cultural e étnico-religiosa.

Assim, sem grande surpresa, surgiu uma grave crise em finais 1963 que teve origem directa na proposta de Makarios para a modificação da Constituição (no sentido da implementação de estruturas de um Estado unitário baseado na regra da maioria), originando, nas ruas, graves confrontos intra-comunitários que se prologaram nos primeiros meses do ano de 1964. É esta situação que está na origem da formação da mais antiga força manutenção de paz das Nações Unidas, ainda a actuar no terreno: a UNFICYP. O ano de 1964 foi marcado também por uma tentativa de invasão turca da ilha evitada pela intervenção directa do Presidente dos EUA, Lyndon Johnson, junto do governo de Ismet Inönü. E pelo Plano Acheson (a «dupla *enosis*»), que procurava satisfazer os objectivos conflituais grego-turcos da *enosis* e *taksim* e salvaguardar o objectivo fundamental norte-americano de colocar Chipre sob controlo da NATO. Este acabou por fracassar, tal como muitos outros, pois a questão de Chipre tem-se mostrado um atoleiro para a diplomacia internacional...

Os acontecimentos de 1967, na Grécia, que levaram ao poder uma ditadura militar nacionalista e ferozmente anti-comunista, estão na origem, ainda que de forma indirecta, do golpe de 1974, que deu origem à invasão turca e partição da ilha. No governo da junta militar grega formou-se a convicção de que, para resolver o problema de Chipre, seria necessário afastar Makarios, o «padre vermelho». A 15 de Julho de 1974, elementos da Guarda Nacional, liderada pelos seus oficiais gregos, cercaram e atacaram o palácio presidencial em Nicósia, depondo o governo democraticamente eleito. Nikos Sampson, que liderava uma ressuscitada EOKA-B, foi instalado na Presidência. A partir daí, o rumo dos acontecimentos adquiriu uma dinâmica que extravasou do controlo dos actores directos, ganhando uma dimensão internacional que envolveu a Turquia – a Potência Garante que se tornou potência invasora –, o Reino Unido (a outra Potência Garante) e, naturalmente, as duas superpotências da Guerra Fria (EUA e ex-União Soviética), num jogo diplomático-estratégico de contornos ainda hoje algo obscuros.

A Turquia invocou publicamente a parte final do artigo IV do Tratado de Garantia para legitimar a sua intervenção militar unilateral (esta possibilidade, curiosamente, tinha sido inserida, por sugestão da própria Turquia, nas negociações dos Acordos de Zurique e Londres....). A operação «Átila-1» iniciada a 20 de Julho, terminou (provisoriamente) a 22 de Julho com um cessar-fogo. Nas negociações diplomáticas que em seguida decorreram (tendo já caído a junta militar na Grécia e o governo de Nikos Sampson em Chipre), a diplomacia turca afastou-se do argumento inicial da intervenção. Passou a sustentar que as condições de (in)segurança que afectavam os cipriotas turcos implicavam o estabelecimento de uma federação de base territorial para a sua garantia. Com este novo argumento foi dado um ultimato a Glafkos Klerides, para aceitar tal federação, que incluiria seis cantões em diferentes partes da ilha que ocupariam 34% do território, o que levou ao fracasso das negociações. A operação «Átila-2», que de imediato foi desencadeada, continuou as acções militares no sentido de criar *de facto* o que não fora obtido na mesa das negociações, agora sob a forma de uma partição e criação de uma zona mono étnico-religiosa a Norte (pelo fluxo de refugiados e outros deslocados também acabou por acontecer o mesmo a Sul). Se, na primeira intervenção, a Turquia pode invocar, com alguma plausibilidade, questões humanitárias como motivação da sua intervenção, a operação «Átila-2» não deixa muitas dúvidas de que estas foram apenas uma parte das suas motivações (se não mesmo pretextos), existindo outros objectivos estratégicos ligados à vontade de controlo da ilha.

À partição *de facto* seguiram-se as tentativas de legitimação *de iure*. Em 1975 foi proclamado o «Estado Federado Turco de Chipre» (numa

Conclusão

espécie de versão turca da *enosis*), e, em 1983, a «República Turca de Chipre do Norte». Paralelamente, continuaram a decorrer, ainda que de forma intermitente, negociações que foram produzindo alguns (modestos) resultados, acabando sempre por fracassar no objectivo último da reunificação. Entre estas encontram-se o Acordo de Alto Nível entre Makarios e Denktaş (1977) que estabeleceu que a futura reunificação política da ilha seria baseada numa federação bizonal e bicomunal. Após várias outras tentativas mais ou menos inconsequentes efectuadas ao longo dos anos 80 e 90, os esforços para encontrar uma solução foram retomados em 1999, mais uma vez no quadro das Nações Unidas. Nessa mesma altura ocorreu também um passo decisivo para a «europeização» da questão cipriota. Estando as negociações para a adesão da República de Chipre à UE já em curso, o Conselho Europeu de Helsínquia decidiu que a solução do problema da divisão da ilha não seria uma condição *sine qua non* para a integração. Ao mesmo tempo, foi atribuído à Turquia o estatuto de país candidato à União Europeia, tendo as duas decisões uma conexão política directa.

Foi neste contexto de crescente «europeização», que a iniciativa diplomática do Secretário-Geral das Nações Unidas para a reunificação de Chipre tomou a forma de negociações entre Glafkos Klerides e Rauf Denktaş, assistida pelos «bons ofícios» de Álvaro de Soto, o representante do Secretário-Geral. As negociações desembocaram no Plano Annan I que foi inicialmente apresentado a público em finais de 2002. Os obstáculos e reservas das partes a diversas disposições inicialmente previstas deram lugar à elaboração de outras versões, a última das quais – o Plano Annan V – , foi sujeita a referendo simultâneo nas duas partes da ilha, em 24 de Abril de 2004. Do lado dos cipriotas turcos a votação foi maioritariamente favorável, enquanto do lado dos cipriotas gregos a votação foi esmagadoramente contra a aprovação.

Porque falhou o Plano Annan? Para além do óbvio, que foi a votação negativa dos cipriotas gregos, a resposta não é fácil de dar. Desde logo há naturalmente explicações bastante diferentes sobre as razões do seu fracasso no objectivo de reunificar a ilha. Todavia, vale a pena rever alguns dos (muitos) obstáculos que é necessário transpor para se chegar a um entendimento consistente e duradouro entre as duas comunidades cipriotas, sobretudo aqueles que são mal conhecidos e subestimados pela opinião pública europeia. Um primeiro é a questão da repatriação dos «imigrantes»/ colonos fixados no Norte de Chipre e com origem na Turquia. Este fluxo populacional alimenta um processo de alteração da estrutura demográfica cipriota tradicional. Este problema tem repercussões directas num segundo, que é o da recuperação das propriedades pelos seus anteriores proprietários, pois muitas delas estão ocupadas não só por refugiados cipriotas turcos, como também por «imigrantes»/colonos, o que agrava consideravelmente a situação. Alimenta ainda um terceiro problema, que é o da distorção do corpo eleitoral da «KKTC», existindo um número significativo, se não mesmo já maioritário de votantes, que não são cipriotas turcos de origem (podemo-nos interrogar como seria o resultado do referendo de 2004, sem o voto desses «imigrantes»/colonos). Um quarto problema está ligado a uma tentativa de apagamento da memória identitária heleno-cristã na «KKTC», tendo praticamente todos os lugares com nomes gregos sido mudados para turco. Mais grave do que isso, o património cultural foi alvo de destruição, com monumentos gregos seculares, sítios arqueológicos e cemitérios e igrejas ortodoxas vandalizados. A grande maioria destas últimas ou foram saqueadas, ou demolidas, ou convertidas em mesquitas, ou ainda utilizadas para fins profanos. Um quinto problema (este já bastante mais conhecido) é a presença militar turca de mais de 30.000 efectivos. Será crível que a República de Chipre vá invadir militarmente a «KKTC», ou será que a UE não dá garantias de protecção da minoria cipriota turca? Mas, sendo assim, como se poderá explicar a vontade de adesão da Turquia?

Tinha o Plano Annan uma solução justa para estes problemas? Naturalmente que uma solução justa não significa exactamente o mesmo para os cipriotas gregos (e para a Grécia) e para os cipriotas turcos (e a Turquia). Ambos tendem, embora por razões díspares, a verem-se como injustiçados pela comunidade internacional (por exemplo, os cipriotas turcos, secundados pela Turquia, afirmam-se vítimas do isolamento internacional pelo não reconhecimento da «KKTC», considerando que já fizeram o seu papel nas concessões feitas nas negociações do Plano Annan sobre uma federação de Estados constituintes soberanos e no voto favorável do mesmo no referendo de 2004). O que não deixa muitas dúvidas é que, na óptica cipriota grega, foi esmagadoramente entendido que não era uma solução justa (permitia o voto dos «imigrantes»/colonos no referendo, permitia a permanência de uma parte significativa destes no futuro Estado

Conclusão

constituinte cipriota turco, não previa a restituição integral das propriedades aos seus proprietários, legitimava, na prática, grande parte dos resultados da invasão turca de 1974, etc., etc.).

Para além da intrincada ligação entre factores internos e externos, o que torna particularmente difícil (e frustrante) a questão de Chipre é o impasse a que tende a levar a equação (cipriotas gregos + Grécia) x (cipriotas turcos + Turquia). Analisada a questão sob o prisma da conformidade face ao Direito Internacional Público, parece-nos claro que são os cipriotas gregos (aos quais podemos juntar para efeitos desta análise a Grécia) a parte que tem, nas questões essenciais, as razões legais do seu lado (há uma proclamação ilegal da independência da «KKTC», há uma força militar turca que ocupa a parte Norte em desrespeito dos apelos contidos em diferentes resoluções do Conselho de Segurança e da Assembleia Geral das Nações Unidas, há uma vandalização injustificável do património histórico religioso e uma ocupação de casas e propriedades em contravenção com o dispositivo do Direito Humanitário contido nas Convenções de Genebra, há decisões do Tribunal Europeu dos Direitos do Homem a condenar a Turquia...). Assim, é também perfeitamente compreensível que qualquer solução para a reunificação da ilha que não tenha na devida conta o cumprimento dos disposições legais internacionais anteriormente referidas (ou outras, como os princípios contidos na Carta das Nações Unidas sobre a soberania dos Estados) seja (res)sentida pela população como injusta.

Mas a questão de Chipre, como acontece tipicamente com as questões internacionais onde há interesses importantes em jogo, desenrola-se também no plano do poder, no sentido mais amplo da palavra (ou seja, envolvendo as dimensões militar, política, económica, cultural, estratégica etc.). Aqui, os principais argumentos, ou mais exactamente, os trunfos, porque de facto se trata de um jogo estratégico, estão do lado dos cipriotas turcos, ou mais exactamente, da Turquia, porque é esta quem patrocina a sua causa e (tudo o indica) quem tem o poder real de decisão nas questões de fundo. Esta balança de poder dá-nos uma imagem quase na perfeição simétrica da balança dos argumentos jurídicos atrás referidos, que pendia para os cipriotas gregos e a Grécia. A Turquia pesa mais na NATO que a Grécia; tem uma posição geopolítica mais importante (que valeu no contexto da Guerra Fria e continua a ser relevante no pós-11 de Setembro, sobretudo devido à presença norte-americana no Afeganistão e no Iraque e às rotas logísticas e de abastecimento energético); tem uma dimensão demográfica e de mercado muito superior (mais de 70 milhões de turcos + 240 mil cipriotas turcos, contra 11 milhões de gregos + 700 mil cipriotas gregos...); tem um «clube muçulmano» do qual é membro fundador, a OCI, no qual encontra uma crescente solidariedade islâmica para a «KKTC» (o único «clube cristão» onde teoricamente a Grécia e os cipriotas gregos poderiam obter similar conforto, a UE, não só não se fundamenta dessa maneira, pois não há quaisquer referência ao Cristianismo no Tratados, como ainda fica culpabilizado com essa acusação da Turquia...); e, *last but not the least*, tem apoios relevantes dentro da própria UE, sendo apenas o caso mais óbvio o do Reino Unido, onde há uma certa convergência de interesses estratégicos (a qual facilita, por exemplo, a manutenção do anacrónico papel de «Potência Garante» a ambos, e leva a que as bases de Akrotiri e Dekhelia não sejam um foco de reivindicação dos cipriotas enquanto estiverem absorvidos com a partição da ilha...). Isto acaba por permitir à Turquia manter uma atitude confrontacional de não reconhecer a República de Chipre, de não abrir os seus portos e aeroportos ao tráfego cipriota e de manter na «KKTC» uma força militar desproporcionada, sem ser excessivamente penalizada nas negociações de adesão à UE.

A quem beneficia o arrastar no tempo deste conflito até agora sem uma solução, em termos de reunificação da ilha? A resposta é difícil de dar pois o futuro pode trazer sempre consigo acontecimentos susceptíveis de alterarem o rumo dos acontecimentos que uma projecção linear do presente não pode prever. Todavia, parece-nos poder-se afirmar com alguma certeza que, salvo esse acontecimento excepcional que altere o rumo do que é previsível, a lógica da *taksim* (partição), tende a consolidar-se com o passar do tempo. Isto porque se enraíza a transformação demográfica operada na «KKTC», porque os sobreviventes da migração forçada para Sul (e em menor escala para Norte) tendem a desaparecer, porque as suas casas e outras propriedades abandonadas sofrem transformações cada vez mais difíceis de reverter, porque a clivagem económica, devido a uma parte Sul muito mais próspera que a parte Norte, gera uma óbvia fractura, porque também cada vez existem menos falantes bilingues e pessoas com hábitos de vida com a outra comunidade em comum. Embora este não seja um processo necessariamente irreversível (numa óptica positiva e optimista até se pode argumentar que o decurso do tempo pode esbater a hostilidade e

Conclusão

que as gerações mais novas estarão mais propícias ao entendimento), parece-nos incontornável que existirão novas dificuldades, tendo a dose de boa vontade política e de concessões de ser ainda maior. O problema é também que o decurso do tempo não deixa todos insatisfeitos, nem à espera que este apague os ressentimentos do passado para negociar uma reunificação. Se no quadro de opções de solução o «óptimo de Pareto» for o reconhecimento *de iure* da situação de partição actualmente existente *de facto* (como era o caso tradicionalmente da liderança cipriota turca e, de alguma maneira, da própria Turquia), esta demora pode ser um aliado bem vindo.

Por último, impõe-se uma referência à União Europeia. Esta tem todo o interesse em liderar o processo de negociações e de resolução do problema da reunificação de Chipre. Isto não por um mero altruísmo para com os cipriotas (ainda que isso em si mesmo fosse louvável), mas por razões bem mais interesseiras relacionadas com os objectivos de esta-bilidade no interior das suas fronteiras e de presença internacional e de influência no rumo das grandes questões mundiais. Como ser um actor de primeira grandeza em questões internacionais importantes como, por exemplo, o programa nuclear iraniano, o conflito no Darfur ou a questão israelo-palestiniana, quando, «dentro de casa», se deixam transparecer óbvias dificuldades político-diplomáticas disfarçadas pela cómoda posição de manter o *dossier* da reunificação entregue às Nações Unidas e o con-tingente da UNFICYP no terreno? Mais: aceitariam os EUA, a Rússia ou a China forças de manutenção de paz das Nações Unidas no seu território? (Imagine-se a sua credibilidade internacional no dia em que o fizerem...). Para além disso, se entretanto não for obtido um acordo de reunificação que supere as deficiências do Plano Annan, encontrando uma nova plataforma satisfatória para ambas partes, e as negociações em curso com a Turquia avançarem efectivamente no sentido de uma adesão à União Europeia, o veto da República de Chipre e/ou da Grécia a esta adesão poderá ser uma possibilidade, não meramente teórica, mas bem real. Este é um cenário que não pode ser de antemão excluído e que, a concretizar-se, provocará certamente uma crise grave e potencialmente fracturante no seio da União, com consequências imprevisíveis no futuro europeu e no conflito de Chipre.

Postfácio

Após termos concluído esta investigação sobre a questão de Chipre e já estar efectuada a redacção final do texto para publicação, ocorreram alguns desenvolvimentos relevantes, como as eleições presidenciais de 17 e 24 de Fevereiro de 2008. Sendo estas eleições, por razões óbvias, um acontecimento político com repercussões no problema em análise, impôs-se efectuar uma adenda que permitisse dar uma visão o mais actualizada possível sobre este assunto. Recordam-se, então, os factos. Na primeira volta, efectuada a 17 de Fevereiro, os três principais candidatos obtiveram as seguintes votações: 1º) Ioannis Kasoulides 150.996 votos (33,51%); 2º) Demetris Christofias 150.016 votos (33,29%); 3º) Tassos Papadopoulos 143.249 votos (31.79%)[1]. Este resultado, que foi relativamente surpreendente face às previsões da maioria das sondagens, teve por consequência o afastamento das possibilidades de reeleição do Presidente em exercício. Na segunda volta, disputada a 24 de Fevereiro, Demetris Christofias venceu as eleições com um vantagem de cerca de 30.000 votos, obtendo 53.37% dos sufrágios contra 46.63% de Ioannis Kasoulides[2]. Desta forma, pela primeira vez na sua história, a República de Chipre tem um presidente do AKEL. Um rápida análise dos resultados mostra que o líder do partido comunista cipriota obteve uma vitória clara sobre o ex-Ministro dos Negócios

---

[1] Cfr. BBC, *Cypriot president ousted in poll*, http://news.bbc.co.uk/2/hi/europe/7249126.stm

[2] Cfr. eKathimerini, *Christofias win sparks hope for reunification*, http://www.ekathimerini.com/4dcgi/_w_articles_politics_100002_25/02/2008_93708

Estrangeiros, Ioannis Kasoulides (o candidato de centro-direita do DISY). Isto após ter previamente afastado Tassos Papadopoulos (apoiado pelo DIKO e EDEK) da possibilidade de uma nova presidência. A grande interrogação que naturalmente se coloca é a de saber que consequências o resultado desta eleição poderá ter no futuro das negociações para o processo de reunificação de Chipre.

Na imprensa internacional – e dentro da própria União Europeia –, o afastamento do ex-Presidente foi largamente visto como uma oportunidade para o relançamento do processo negocial[3], com os cipriotas turcos (e a Turquia), e para se chegar de vez a um acordo para a reunificação da ilha. Todavia, uma interrogação ocorre de imediato: será este optimismo fundamentado, ou será esta percepção sobre as possibilidades reais de acordo exagerada? O problema com esta visão imbuída de optimismo – bem como de muitas análises efectuadas pelos diferentes *media* europeus e ocidentais sobre Chipre –, é que, não invulgarmente, se baseiam em pressupostos algo simplistas e entendimentos superficiais do conflito. Na maior parte das análises e comentários tende a ser subestimada a extrema complexidade técnica e política do processo negocial e a enorme sensibilidade de várias questões para as diferentes partes que, directa ou indirectamente, estão envolvidas no processo. Recorda-se que estas não são apenas os cipriotas, nem envolvem só a Grécia e a Turquia – como o observador mais superficial poderá eventualmente pensar –, mas também o Reino Unido, as Nações Unidas, a UE, os EUA, a NATO, a Rússia... O Plano Annan e o referendo de 2004 são talvez o melhor exemplo desta atitude, a qual agora voltou a reemergir, e que se baseia em fornecer explicações relativamente simples à opinião pública, mas que, na realidade, são essencialmente simplistas e tendem a gerar equívocos de percepção. Embora haja de facto

---

[3] Cfr. Timesonline, *Cyprus reunification back on agenda after presidential poll favours moderates*, http://www.timesonline.co.uk/tol/news/world/europe/article3386576.ece; The Independent, *Shock defeat opens door to united Cyprus*, http://www.independent.co.uk/ news/europe/shock-defeat-opens-door-to-united-cyprus-783552.html; Radio France Internationale, *L'élection présidentielle relance l'espoir d'une reunification*, http://www. rfi.fr/ actufr/articles/098/article_63121.asp; Público, *Presidente Papadopoulos eliminado na primeira volta das eleições em Chipre*, http://ultimahora.publico.clix.pt/noticia.aspx?id=131 9921

espaço para algum optimismo – como, por princípio, deverá haver sempre que se abre um novo processo negocial com vista à resolução de um conflito –, este é provavelmente mais estreito de que a maioria dos comentários sugerem. As razões são várias e resultam de uma análise alargada das dinâmicas em curso que não subestimem a complexidade de um acordo de reunificação. Uma observação atenta mostra que, paralelamente às eleições presidenciais cipriotas, ocorreram outros desenvolvimentos internacionais com possíveis (e prováveis) reflexos na questão de Chipre. Os mais notórios são a proclamação unilateral da independência do Kosovo – por coincidência efectuada no mesmo dia da primeira volta das eleições em Chipre (17 de Fevereiro) –, e a evolução da situação interna na Turquia. Esses desenvolvimentos contêm em si mesmos, tanto quanto se pode antever neste momento, potenciais efeitos negativos nas negociações. No pior cenário podem até vir a anular o nova dinâmica negocial lançada por um presidente «pragmático» (Demetris Christofias) da República de Chipre. Importa notar que a Turquia – um dos primeiros Estados que reconheceram o Kosovo (território que durante vários séculos foi otomano) –, vê alguns paralelismos entre a questão kosovar[4] e a questão cipriota. Oficialmente, este argumento não está a ser utilizado pela diplomacia turca, mas percebe-se, pelo debate interno, que há uma expectativa de que a independência do Kosovo possa servir para impulsionar um *up-grade*, do *status* internacional da «KKTC»[5]. Ora, o problema é que, se esta atitude vier a prevalecer na diplomacia, vai alimentar mais uma lógica de consolidação do *statu quo* do que propriamente de reunificação, o que só pode dificultar as negociações e quebrar a confiança entre as partes.

Há ainda que ter em conta a situação de crise política constitucinal a que a Turquia tem vivido nos últimos tempos. Tenha ou não o AKP de Recep Tayyip Erdoğan e Abdullah Gül uma agenda paralela islamista, a

---

[4] A posição oficial turca continua a ser a de que a invasão de 1974 foi uma operação humanitária destinada a proteger os cipriotas turcos (ou seja, algo que seria comparável à situação dos albaneses do Kosovo face aos sérvios e que justificou a intervenção da NATO, em 1999).

[5] Ver o artigo de Elif Özmenek publicado no Turkish Daily News (19 de Fevereiro), *The road from Kosovo to Cyprus*, http://www.turkishdailynews.com.tr/article.php?enewsid=96719

verdade é que o procurador da república, Abdurrahman Yalçinkaya, interpôs uma acção contra esse partido que actualmente governa a Turquia – por actividades contra a Constituição e os alicerces seculares do Estado –, aceite por unanimidade pelos juízes do Tribunal Constitucional[6]. Embora a decisão do Tribunal Constitucional não tenha levado à dissolução do AKP, como pedia a acusação do procurador, foi um processo jurídico com grandes implicações políticas, que tornou o governo da Turquia centrado nas questões internas. Todo este clima de tensão dificulta muito qualquer avanço negocial (não só na questão de Chipre, como nas próprias negociações de adesão à UE). Note-se que um acordo implica necessariamente alguma cedência e compromisso das partes envolvidas. Todavia, enquanto se mantiver esta situação, quaisquer avanços diplomáticos que envolvam novos compromissos e/ou cedências arriscam-se a alimentar, ainda mais, as tensões políticas internas[7]. Por outro lado, é completamente irrealista pensar-se que poderá ser obtido um entendimento para este conflito sem o envolvimento directo da Turquia. Desde logo, pela razão óbvia da presença de algumas dezenas de milhares de soldados no Norte da ilha, mas também pelo próprio teor dos próprios acordos tripartidos que levaram à independência de Chipre em 1960 e tornaram a Turquia numa «Potência Garante».

O acordo efectuado a 21 de Março de 2008 entre Demetris Christofias e Mehmet Ali Talat, onde ambos concordaram em reiniciar o processo negocial para reunificação[8] é, sem dúvida, um facto político importante e

---

[6] Cfr. Turkish Daily News (17 de Março), *AKP installs Shariah by using democracy, prosecutor says*, http://www.turkishdailynews.com.tr/article.php?enewsid=99170; ver ainda o Libération (31 de Março), *Un juge contre le parti de l'islam*, http://www.liberation.fr/actualite/monde/318486.FR.php?rss=true&xtor=RSS-450

[7] Ver o artigo de Gareth Jenkins no Eurasia Daily Monitor (24 de Março), *Cyprus: toward reunification or a more cordial separation?* http://www.jamestown.org/edm/article.php?article_id=2372911

[8] A 23 de Maio e em 1 de Julho de 2008, Christofias e Talat voltaram a encontrar--se. Nesses encontros ficou estabelecido que a base da negociação seria uma federação bizonal e bicomunal, com uma soberania, cidadania e personalidade jurídica únicas face ao Direito Internacional. Ficou também estabelecido que isso seria implementado num quadro onde haveria igualdade política entre as duas comunidades, tal como definido nas resoluções relevantes do Conselho de Segurança das Nações Unidas.

Postfácio 209

motivador de alguma esperança na solução deste conflito deveras intrincado. Também existe uma inegável importância simbólica na abertura da passagem da rua Ledra, uma das principais artérias do centro histórico de Nicósia, fechada desde os conflitos intracomunitários de 1964, e na sua travessia a pé efectuada por Mehmet Ali Talat (este fez até algumas compras do lado cipriota grego, num gesto de boa vontade política[9]). Todavia, convém não perder de vista que, por muito flexíveis ou próximas ideologicamente que possam ser as actuais lideranças cipriota grega e cipriota turca (ambas oriundas de partidos de esquerda e com um passado de proximidade nas lutas sindicais), há não só todo o já referido condicionalismo que as ultrapassa, como existem aspectos particularmente críticos da negociação para as duas comunidades. Esse é o caso da restituição das propriedades, das indemnizações pelos danos da invasão e partição, do regresso dos refugiados, do repatriamento dos «imigrantes»/colonos, das competências do governo federal e dos Estados federados, etc. Assim, um eventual acordo que possa ser obtido pelo(s) líder(es), mas não seja percebido como justo e equilibrado pela população, arrisca-se a não ser sufragado pela própria comunidade que este representa. Infelizmente, foi isso que acabou por acontecer com o Plano Annan a 24 de Abril de 2004.

---

[9] Cfr. BBC, *Symbolic crossing of Cyprus zone*, http://news.bbc.co.uk/go/pr/fr/-/2/hi/europe/7343103.stm .

Anexos

Anexo 1

As disposições relativas a Chipre do Tratado de Lausana[1] de 24 de Julho de 1923

ARTIGO 15.º

A Turquia renuncia a favor da Itália a todos os direitos e títulos sobre as seguintes ilhas [do Dodecaneso]: Stampalia (Astrapalia), Rodes (Rhodos), Calki (Kharki), Scarpanto, Casos (Casso), Piscopis (Tilos), Misiros (Nisyros), Calimnos (Kalymnos), Leros, Patmos, Lipsos (Lipso), Simi (Symi), and Cos (Kos), as quais estão agora ocupadas pela Itália, bem como aos ilhotes dependentes destas, e ainda à ilha de Castellorizzo.

ARTIGO 16.º

A Turquia por este meio renuncia a todos os direitos e títulos e a tudo o que respeite aos territórios situados fora das suas fronteiras traçadas no presente Tratado e das ilhas para além daquelas cuja soberania é reconhecida pelo dito Tratado [...].

ARTIGO 20.º

A Turquia pelo presente Tratado reconhece a anexação de Chipre proclamada pelo Governo Britânico, a 5 de Novembro de 1914.

---

[1] O texto do Tratado em língua inglesa está disponível na Harold B. Lybrary da Brigham Young University em http://net.lib.byu.edu/~rdh7/wwi/1918p/lausanne.html.

ARTIGO 21.º

Os nacionais turcos ordinariamente residentes em Chipre a 5 de Novembro de 1914 vão adquirir a nacionalidade britânica, sujeitos às condições estabelecidas pela lei local e vão em consequência disso perder a nacionalidade turca. Todavia, estes podem optar pela nacionalidade turca, dentro de dois anos a contar da data de entrada em vigor deste Tratado, estabelecendo-se que estes devem deixar Chipre dentro de doze meses, após terem feito essa opção [...].

Anexo 2

O Tratado de Estabelecimento de 16 de Agosto de 1960[1]

Assinado em Nicósia, a 16 de Agosto de 1960;
Entra em vigor na data de assinatura de acordo com o Artigo XII.

O Reino Unido da Grã-Bretanha e da Irlanda do Norte, o Reino da Grécia e a República da Turquia, de uma parte e a República de Chipre de outra parte.

Desejando efectuar provisões que dêem efeito à Declaração feita pelo Governo do Reino Unido a 17 de Fevereiro de 1959, durante a Conferência de Londres, de acordo com as subsequentes Declarações feitas na Conferência pelos Ministros dos Negócios Estrangeiros da Grécia e da Turquia, pelo Representante da Comunidade Cipriota Grega e da Comunidade Cipriota Turca;

Tomando nota dos termos do Tratado de Garantia assinado hoje pelas Partes deste Tratado;

Acordaram no seguinte:

ARTIGO I

O território da República de Chipre compreende a ilha de Chipre juntamente com as ilhas adjacentes à sua costa, com a excepção das duas áreas definidas no Anexo A deste Tratado, áreas que permanecerão sob a soberania do Reino Unido. Estas áreas são referidas neste Tratado como a Área Soberana da Base de Akrotiri e a Área Soberana da Base de Dhekelia.

---

[1] Tradução feita a partir do texto em língua inglesa publicado por Joseph S. Joseph (1985 [1997], pp. 138-140).

216 *A Questão de Chipre*

ARTIGO II

1. A República de Chipre concede ao Reino Unido os direitos estipulados no Anexo B deste Tratado.

2. A República coopera plenamente com o Reino Unido para assegurar a segurança e a efectiva operacionalidade militar das bases situadas na Área Soberana da Base de Akrotiri e na Área Soberana da Base de Dhekelia, bem como o plena fruição pelo Reino Unido dos direitos conferidos por este Tratado.

ARTIGO III

A República de Chipre, a Grécia e o Reino Unido comprometem-se a consultar-se e a cooperar na defesa comum de Chipre.

ARTIGO IV

As disposições relativas ao estatuto das forças na ilha de Chipre são as contidas no Anexo C deste Tratado.

ARTIGO V

A República de Chipre deverá assegurar a quem quer que esteja sob a sua jurisdição direitos humanos e liberdades fundamentais similares às estabelecidas na Secção I da Convenção Europeia para a Protecção dos Direitos Humanos e Liberdades Fundamentais, assinada em Roma a 4 de Novembro de 1950, bem como do Protocolo a essa Convenção, assinado em Paris a 20 de Março de 1952.

ARTIGO VI

As Disposições relativas à nacionalidade das pessoas afectadas pelo estabelecimento da República de Chipre são as que estão vertidas no Anexo D deste Tratado.

ARTIGO VII

A República de Chipre e o Reino Unido aceitam tomar as responsabilidades para as necessárias disposições administrativas e financeiras que resolvam as questões decorrentes do término da administração britânica sobre o território de Chipre. Estas disposições constam do Anexo E deste Tratado.

ARTIGO VIII

1. Todas as obrigações e responsabilidades do Governo do Reino Unido a partir de agora, e na medida em que estas possam ser aplicáveis à República de Chipre, serão assumidas pelo Governo de Chipre.

2. Os direitos internacionais e benefícios no passado usufruídos pelo Reino Unido em virtude da sua aplicação ao território da República de Chipre serão a partir de agora gozados pelo governo da República de Chipre.

ARTIGO IX

As Partes deste Tratado aceitam e assumem realizar que as disposições relativas ao comércio e negócios e outros assuntos que constam do Anexo F deste Tratado.

ARTIGO X

Qualquer questão ou dificuldade relacionada com a interpretação das provisões deste Tratado, deverá ser da seguinte maneira:

1. Qualquer questão ou dificuldade que possa resultar dos requisitos de operação militares do Reino Unido, ou relativa às disposições deste Tratado na medida em que afectem o *status*, direitos e obrigações das forças associadas a eles nos termos deste Tratado, ou das forças gregas, turcas ou cipriotas, deverão ser resolvidas pelo Quartel-General Tripartido da República de Chipre, Grécia e Turquia e pelas autoridades das forças armadas do Reino Unido.

2. Qualquer questão ou dificuldade sobre a interpretação das provisões deste Tratado sobre as quais um acordo não possa ser alcançado por negociação entre as autoridades militares nos casos supra descritos, ou noutros casos, por negociação entre as Partes envolvidas, através de canal diplomático, serão arbitradas por um tribunal designado para o efeito que será composto por quatro representantes, nomeando o Governo do Reino, o Governo da Grécia, o Governo da Turquia e o Governo da República de Chipre um cada, em conjunto com um presidente independente nomeado pelo Presidente do Tribunal Internacional de Justiça. Se o Presidente for um cidadão do Reino Unido ou das colónias, ou da República de Chipre, ou da Grécia, ou da Turquia, a designação deverá ser feita pelo Vice--Presidente; e se ele for também um cidadão nas circunstâncias anteriores caberá ao juiz seguinte, mais antigo do Tribunal.

ARTIGO XI

Os Anexos a este Tratado entram em vigor e têm efeito como partes integrais deste Tratado.

ARTIGO XII

Este Tratado entra em vigor com a assinatura de todas as Partes mencionadas nele.

Anexo 3

O Tratado de Garantia de 16 de Agosto de 1960[1]

Assinado em Nicósia, a 16 de Agosto de 1960;
Entra em vigor na data de assinatura, de acordo com o artigo V.

A República de Chipre, de uma parte, e a Grécia, a Turquia e o Reino Unido da Grã-Bretanha e da Irlanda do Norte, de outra parte.

1. Considerando que o reconhecimento e a manutenção da independência, integridade territorial e segurança de Chipre, tal como estabelecido e regulado pelos Artigos Básicos da Constituição, são do seu interesse comum,
2. Desejando cooperar para assegurar o respeito pela situação criada pela nova Constituição, acordaram o seguinte:

ARTIGO I

A República de Chipre compromete-se a assegurar a manutenção da sua independência, integridade territorial e segurança, tal como o respeito da sua Constituição.

Compromete-se a não participar, no todo ou em parte, em nenhuma união política ou económica com nenhum outro Estado. De acordo com este compromisso declara proibida qualquer actividade para promover, directa ou indirectamente, a união com qualquer outro Estado ou a partição da ilha.

---

[1] Tradução feita a partir do texto em língua inglesa publicado por Joseph S. Joseph (1985 [1997], pp. 141-142).

ARTIGO II

A Grécia, a Turquia e o Reino Unido tomando nota dos compromissos da República de Chipre plasmados no Artigo II do presente Tratado, reconhecem e garantem a independência, a integridade territorial e a segurança da República de Chipre e também a situação estabelecida pelos Artigos Básicos da Constituição. A Grécia, a Turquia e o Reino Unido comprometem-se desta forma a proibir, tanto quanto lhes disser respeito, qualquer actividade com o objectivo de promover, directa ou indirectamente, ou a união de Chipre com qualquer outro Estado ou a partição da ilha.

ARTIGO III

A República de Chipre, a Grécia e a Turquia comprometem-se a respeitar as áreas mantidas sob a soberania do Reino Unido na altura do estabelecimento da República de Chipre, e a garantir o uso e a posse pelo Reino Unido dos direito que lhe são assegurados pela República de Chipre, de acordo com o Tratado relativo ao Estabelecimento da República de Chipre, assinado em Nicósia nesta data.

ARTIGO IV

No caso de omissão nas disposições deste Tratado, a Grécia, a Turquia e o Reino Unido comprometem-se a consultar-se reciprocamente, em respeito com as representações ou medidas necessárias para assegurar a observância dessas provisões.

Se uma acção comum ou concertada se mostrar inviável, cada um dos três Poderes garantes reserva o direito de actuar com o único objectivo de restabelecer a situação criada pelo presente Tratado.

ARTIGO V

O presente Tratado entra em vigor na data da assinatura dos textos originais. Os textos originais do presente Tratado serão depositados em Nicósia.

As Altas Partes Contratantes procederão, tão cedo quanto possível, ao registo do presente Tratado junto do Secretariado das Nações Unidas, de acordo com o Artigo 102.º da Carta das Nações Unidas.

Anexo 4

O Tratado de Aliança de 16 de Agosto de 1960[1]

Assinado em Nicósia, a 16 de Agosto de 1960;
Entra em vigor na data de assinatura de acordo com o Artigo VI.

O Reino da Grécia, a República da Turquia e a República de Chipre,

1. No seu interesse comum de manter a paz e preservar a segurança de cada um,

2. Considerando que os seus esforços para preservação da paz e segurança estão em conformidade com os objectivos e princípios da Carta das Nações Unidas,

Acordaram no seguinte:

ARTIGO I

As Altas Partes Contratantes comprometem-se a cooperar para a sua defesa comum e consultar-se conjuntamente nos problemas levantados por essa defesa.

ARTIGO II

As Altas Partes Contratantes comprometem-se a resistir a qualquer ataque ou agressão, directa ou indirecta, dirigida contra a independência ou integridade territorial da República de Chipre.

---

[1] Tradução feita a partir do texto em língua inglesa publicado por Joseph S. Joseph (1985 [1997], pp. 143-145).

ARTIGO III

Para efeitos desta Aliança, e de forma a atingir o objectivo supra mencionado, um Quartel-General Tripartido deverá ser estabelecido no território da República de Chipre.

ARTIGO IV

A Grécia e a Turquia participam no Quartel-General Tripartido desta forma estabelecido com os contingentes militares indicados no Protocolo Adicional N.º I anexo ao presente Tratado.

Os referidos contingentes devem fornecer treino ao exército da República de Chipre.

ARTIGO V

O comando do Quartel-General Tripartido é assumido rotativamente por um período de um ano cada, por um oficial General grego, turco e cipriota que será indicado pelos Governos da Grécia e da Turquia e pelo Presidente e Vice-Presidente da República de Chipre.

ARTIGO VI

O presente Tratado entra em vigor na data da assinatura. As Altas partes Contratantes devem proceder, tão cedo quanto possível, ao registo deste Tratado junto do Secretariado das Nações Unidas, de acordo com o Artigo 102 da Carta das Nações Unidas.

PROTOCOLO ADICIONAL N.º 1

1. Os contingentes gregos e turcos que participam na Quartel-General Tripartido compreendem, respectivamente, 950 oficiais, oficiais não comissionados e efectivos gregos, e 650 oficiais não comissionados e efectivos turcos.

2. O Presidente e Vice-Presidente da República de Chipre actuando por acordo podem requerer aos governos grego e turco para aumentarem ou reduzirem os seus respectivos contingentes.

3. É acordado que os locais de acantonamento dos contingentes grego e turco que participam no Quartel-General Tripartido, o seu estatuto judicial, regalias e isenções relativas a impostos e taxas tal como outras imunidades ou privilégios e quaisquer outras questões técnicas e militares relativas ao Quartel-General supra mencionado são determinadas por uma Convenção Especial que não entrará em vigor mais tarde do que o Tratado de Aliança.

É igualmente acordado que o Quartel-General Tripartido entrará em funcionamento até um máximo de três meses após a conclusão das tarefas da Comissão Mista para a Constituição de Chipre e consistirá, num período inicial,

Anexos 223

num número limitado de oficiais, encarregados de treinar as forças armadas de Chipre. Os contingentes grego e turco supra mencionados chegarão a Chipre na data de assinatura do Tratado de Aliança.

PROTOCOLO ADICIONAL N.º 2

1. Será estabelecido um Comité composto pelos Ministros dos Negócios Estrangeiros da República de Chipre, da Grécia e da Turquia. Este constituirá o corpo político supremo da Aliança Tripartida e deverá tomar conhecimento de qualquer questão relativa à Aliança com a qual os Governos dos três países Aliados estejam de acordo em a submeter.

2. O Comité de Ministros reunirá em sessão ordinária uma vez por ano. Num assunto de urgência o Comité de Ministros poderá ser convocado para uma sessão especial pelo seu Presidente a pedido de um dos membros da Aliança. As decisões do Comité de Ministros serão tomadas por unanimidade.

3. O Comité de Ministros será presidido rotativamente, por um período de um ano, por cada um dos três Ministros dos Negócios Estrangeiros. Realizará as suas sessões ordinárias, a menos que seja decidido de outra maneira, na capital do país que preside ao mesmo. Durante o ano que detém o cargo, o Presidente presidirá às sessões do Comité de Ministros, ordinárias ou especiais.

O Comité poderá criar órgãos subsidiários se assim o julgar necessário para realizar a sua tarefa.

4. O Quartel-General Tripartido estabelecido pelo Tratado de Aliança será responsável perante o Conselho de Ministros na realização das suas funções. Submeterá, durante a sessão anual ordinária do Comité, um relatório com a descrição detalhada das actividades do Quartel-General.

Anexo 5

A Proposta de Emenda da Constituição de Makarios de 30 de Novembro de 1963[1]

Submetida ao Vice-Presidente Küçük, a 30 de Novembro de 1963.

Medidas Sugeridas para Facilitar o Regular Funcionamento do Estado e Remover Certas Causas de Fricção Inter-comunal [...]

1. O direito de veto do Presidente e do Vice-Presidente da República serão abandonados.
2. O Vice-Presidente da República substituirá o Presidente da República em caso de ausência temporária ou de incapacidade para cumprir os seus deveres.
3. O Presidente [cipriota] grego da Câmara dos Representantes e o Vice- -Presidente [cipriota] turco serão eleitos pela Câmara como um conjunto e não como no presente em que o Presidente é eleito pelos membros [cipriotas] gregos da Câmara e o Vice-Presidente pelos membros [cipriotas] turcos da Câmara.
4. O Vice-Presidente da Câmara dos Representantes substituirá o Presidente da Câmara dos Representantes em caso de ausência temporária ou de incapacidade para cumprir os seus deveres.
5. As provisões constitucionais relativas a maiorias separadas para a aprovação de certas leis pela Câmara dos Representantes serão abolidas.
6. Serão estabelecidos Municípios unificados.

---

[1] Tradução feita a partir do texto em língua inglesa publicado por Joseph S. Joseph (1985 [1997], pp. 146-147).

7. A administração da justiça será unificada.
8. A divisão das forças de segurança em Polícia e Gendarmes será abolida.
9. O número das Forças de Segurança e das Forças de Defesa será determinado por lei.
10. A proporção da participação de cipriotas gregos e turcos na composição do Serviço Públicos e das Forças da República será modificada em proporção do *ratio* de população de cipriotas gregos e turcos.
11. O número de Membros da Comissão de Serviço Público será reduzido de dez para cinco.
12. Todas as decisões da Comissão de Serviço Público serão tomadas por maioria simples.
13. A Câmara Comunal grega será abolida.

Anexo 6

O Acordo de Alto Nível entre Makarios e Denktaş de 12 de Fevereiro de 1977[1]

O texto do acordo entre o líder cipriota grego e Presidente da República de Chipre, Arcebispo Makarios, e o líder cipriota turco Denktaş, concluído a 12 de Fevereiro de 1977, durante um encontro sob os auspícios do Secretariado-Geral das Nações Unidas, Kurt Waldheim, é o seguinte:

1. Nós procuramos uma República independente, não alinhada, bi-comunal e federal.
2. O território sob a administração de cada comunidade será discutido à luz da viabilidade económica ou produtividade e da posse de terra.
3. Questões sobre princípios como a liberdade de movimento, a liberdade de estabelecer residência, o direito de propriedade e outros assuntos específicos estão abertos a discussão tendo em conta a base fundamental de um sistema bi-comunal federal e certas dificuldades práticas que podem surgir para a comunidade cipriota turca.
4. Os poderes e funções de governo central federal serão de forma a salvaguardar a unidade do país tendo em vista o carácter bi-comunal do Estado.

---

[1] Tradução feita a partir do texto em língua inglesa publicado por Andreas Theophanous (2004, p. 191).

Anexo 7

O Acordo de Alto Nível entre Kyprianou e Denktaş de 19 de Maio de 1979[1]

O texto do acordo entre o líder cipriota grego e Presidente da República de Chipre, Spyros Kyprianou, e o líder cipriota turco Rauf Denktaş, concluído a 19 de Maio de 1977, durante um encontro sob os auspícios do Secretariado-Geral das Nações Unidas, Kurt Waldheim, é o seguinte:

1. Foi acordado retomar as conversações entre as duas comunidades em 15 de Junho de 1979.
2. A base para as conversações serão as linhas acordadas entre Makarios e Denktaş a 12 de Fevereiro de 1977 e as resoluções das Nações Unidas relevantes para a questão de Chipre.
3. Deverão ser respeitados os direitos humanos e as liberdades fundamentais de todos os cidadãos da República.
4. As conversações lidarão com todos os aspectos constitucionais e territoriais.
5. Será dada prioridade à conclusão de um acordo para o restabelecimento de Varoxa/Varosha sob os auspícios das Nações Unidas, simultaneamente com o início da consideração pelos interlocutores dos aspectos constitucionais e territoriais de um acordo abrangente. Após o acordo sobre Varoxa/Varosha ter sido atingido, este será implementado sem se esperar pelos resultados das discussões sobre os outros aspectos do problema de Chipre.

---

[1] Tradução feita a partir do texto em língua inglesa publicado por Andreas Theophanous (2004, p. 193-194).

6. Ficou acordada a abstenção de qualquer acção que possa prejudicar os resultados das conversações e uma especial importância será dada, por ambos os lados, para iniciar medidas práticas que promovam a boa vontade, a confiança mútua e o retorno às condições normais.

7. A desmilitarização da República de Chipre será encarada e os assuntos relacionados com isso serão discutidos.

8. A independência, a soberania, a integridade territorial e o não alinhamento da República deverão ser adequadamente garantidos contra a união, no todo ou em parte, com qualquer outro país e contra qualquer de partição ou secessão.

9. A conversações entre as duas comunidades serão conduzidas de forma contínua e sustentada, evitando quaisquer atrasos.

10. As conversações entre as duas comunidades terão lugar em Nicósia.

Anexo 8

A Resolução n.º 367 do Conselho de Segurança das Nações Unidas, adoptada a 12 de Março de 1975[1]

O Conselho de Segurança,

Tendo considerado a situação em Chipre em resposta à queixa submetida pelo Governo da República de Chipre,

Tendo ouvido o relatório do Secretário-Geral e as declarações feitas pelas partes envolvidas,

Profundamente preocupado com a continuação da crise em Chipre,

Relembrando as suas resoluções prévias, em particular a resolução 365 (1974) de 13 de Dezembro de 1974 pela qual apoiou a resolução 3212 (XXIX) da Assembleia Geral adoptada unanimemente em 1 de Novembro de 1974,

Notando a ausência de progressos em relação à implementação das suas resoluções,

1. Apela uma vez mais a todos os Estados para respeitarem a soberania, a independência, a integridade territorial e o não alinhamento da República de Chipre e solicita urgentemente, a todas as partes envolvidas, que se abstenham de qualquer acção que possa prejudicar a soberania, a independência, a integridade territorial e o não alinhamento, bem como qualquer tentativa de partição da ilha ou de unificação com outro país;

---

[1] Tradução feita a partir do texto em língua inglesa disponível on-linc através do Centro de Documentação das Nações Unidas em http://www.un.org/documents/sc/res/1975/res367e.pdf

2. Lamenta a decisão unilateral de 13 de Fevereiro de 1975 declarando uma parte da República de Chipre passaria a ser «um Estado Federado Turco» como, *inter alia*, tendendo a comprometer a continuação das negociações entre os representantes das duas comunidades numa posição igual, o objectivo que deve continuar a ser atingido livremente e uma solução fornecendo um acordo político e o estabelecimento de um mútuo e aceitável acordo constitucional e expressa a sua preocupação por todas as acções unilaterais pelas partes, as quais comprometeram ou podem comprometer a implementação de soluções relevantes das Nações Unidas.

3. Afirma que a decisão referida no parágrafo 2 supra não prejudica a resolução política final do problema de Chipre e toma nota da declaração que esta não era a sua intenção.

4. Apela à urgente e efectiva implementação por todas as partes do disposto na resolução 3212 (XXIX) da Assembleia Geral, apoiada pela resolução do Conselho de Segurança 365 (1974).

5. Considera que novos esforços devem ser feitos para o reatar das negociações referidas no parágrafo 4 da resolução 3212 (XXIX), entre os representantes das duas comunidades.

6. Pede ao Secretário-Geral, em conformidade, que assuma uma nova missão de bons ofícios e para essa finalidade convoque as partes sob novos procedimentos acordados e que se coloque pessoalmente à sua disposição para que o reatar a intensificação e o progresso de negociações compreensivas empreendidas num espírito recíproco de entendimento e moderação, sob os seus auspícios pessoais e com a sua apropriada direcção possam por meio disso ser facilitadas.

7. Apela aos representantes das duas comunidades para cooperarem estreitamente com o Secretário-Geral na sua nova missão de bons ofícios e pede-lhes para darem pessoalmente uma elevada prioridade às suas negociações.

8. Apela a todas as partes envolvidas para se absterem de qualquer acção que possa prejudicar as negociações entre os representantes das duas comunidades e para darem passos que possam facilitar a criação do clima necessário ao sucesso dessas negociações.

9. Pede ao Secretário-Geral para manter o Conselho de Segurança informado dos progressos feitos em direcção à implementação das resoluções 365 (1974) e da presente resolução e para informar o Conselho quando considerar apropriado, em qualquer caso nunca depois de 15 de Junho de 1975.

10. Decide manter-se activamente empenhado neste assunto.

Anexo 9

A Resolução n.º 541 do Conselho de Segurança das Nações Unidas, adoptada a 18 de Novembro de 1983[1]

O Conselho de Segurança,

Tendo ouvido a declaração do Ministro dos Negócios Estrangeiros do Governo da República de Chipre;

Preocupado com a declaração feita pelas autoridades cipriotas turcas a 15 de Novembro de 1983, com o propósito de criar um Estado independente no Norte de Chipre;

Considerando que esta declaração é incompatível com os Tratados relativos ao estabelecimento da República de Chipre e com o Tratado de Garantia de 1960;

Considerando, por consequência, que a tentativa de criar uma «República Turca de Chipre do Norte» é inválida e vai contribuir para deteriorar a situação em Chipre;

Reafirmando as suas resoluções 365 (1974) e 367 (1975);

Ciente de uma solução para o problema de Chipre baseada na missão de bons ofícios assumida pelo Secretário-Geral;

Assumindo o seu continuado apoio à Força de Manutenção de Paz das Nações Unidas em Chipre;

Tomando nota da declaração do Secretário-Geral de 17 de Novembro de 1983,

---

[1] Tradução feita a partir do texto em língua inglesa publicado por Joseph S. Joseph (1985 [1997], pp. 150-151).

1. Deplora a declaração das autoridades cipriotas turcas com o propósito de secessão da República de Chipre;

2. Considera a declaração supra referida legalmente inválida e apela à sua retirada;

3. Apela à urgente e efectiva implementação das suas resoluções 365 (1974) e 367 (1975);

4. Pede ao Secretário-Geral para prosseguir a sua missão de bons ofícios de forma a obter o mais cedo possível progressos em relação a um justo e duradouro acordo em Chipre;

5. Apela às partes para cooperarem plenamente com o Secretário-Geral na sua missão de bons ofícios;

6. Apela aos Estados para respeitarem a soberania, a independência, a integridade territorial e o não alinhamento da República de Chipre;

7. Apela aos Estados para não reconhecerem nenhum estado cipriota que não seja a República de Chipre;

8. Apela aos Estados e às duas comunidades em Chipre para se absterem de qualquer acção que possa exacerbar a situação;

9. Pede ao Secretário-Geral que mantenha o Conselho de Segurança completamente informado.

Anexo 10

O Plano Annan V na versão de 30 de Março de 2004 (Acordo Fundador da República Unida de Chipre)[1]

A. ACORDO FUNDADOR

ARTIGO 1.º
A nova situação

1. Este acordo estabelece uma nova situação em Chipre.

2. Os tratados mencionados neste acordo vinculam Chipre e a legislação anexa será aplicada com a entrada em vigor deste Acordo.

3. O Tratado de Estabelecimento, o Tratado de Garantia e o Tratado de Aliança mantêm-se em vigor e aplicam-se, *mutatis mutandis*, à nova situação.

4. Chipre será membro de pleno direito da União Europeia em 1 de Maio de 2004.

5. Chipre manterá laços especiais de amizade com a Grécia e a Turquia, respeitando o equilíbrio estabelecido em Chipre pelo Tratado de Garantia, pelo Tratado de Aliança e este Acordo, e, como Estado-membro da União Europeia, apoiará a adesão da Turquia à União.

6. Qualquer mudança da situação legal estabelecida por este Acordo, em particular a união de Chipre, no todo ou em parte, com qualquer outro país ou qualquer forma de partição ou secessão é proibida. Nada neste Acordo é de alguma forma constituído para transgredir estas disposições.

---

[1] Tradução feita a partir do texto em língua inglesa disponível no site da Força de Manutenção de Paz das Nações Unidas em Chipre (UNFICYP) em http://www.un.org/Depts/dpa/annanplan/annanplan.pdf

ARTIGO 2.º

A República Unida de Chipre, o seu Governo Federal
e os seus Estados Constituintes

1. O estatuto e formas de relacionamento da República Unida de Chipre, o seu governo federal, os seus Estados constituintes, são modelados pelo estatuto e formas de relacionamento da Suíça, do seu governo federal e dos seus cantões.

Conformemente:

a. A República de Chipre é um Estado independente sob a forma de uma parceria indissolúvel com um governo federal e dois Estados constituintes iguais, o Estado cipriota grego e o Estado cipriota turco. Chipre é um membro das nações Unidas e tem uma única personalidade legal e soberania. A República Unida de Chipre é organizada sob a sua Constituição, de acordo com os princípios básicos do governo da lei, democracia, governo republicano representativo, igualdade política, bi-zonalidade e igual estatuto dos dois Estados constituintes.

b. O governo federal soberano exerce os poderes especificados na Constituição, os quais asseguram que Chipre vai falar e actuar a uma voz internacionalmente e na União Europeia, vai cumprir as suas obrigações como Estado-membro da União Europeia e proteger a sua integridade, fronteiras, recursos e património cultural.

c. Os Estados constituintes têm um estatuto legal igual. Dentro dos limites da Constituição, estes exercem soberanamente todos os poderes não atribuídos pela Constituição ao governo federal, organizando-se livremente

2. Os Estados constituintes cooperarão e coordenar-se-ão entre si com o governo federal, quer através dos Acordos de Cooperação, quer através das Leis Constitucionais aprovadas pelo Parlamento federal e por ambas as legislaturas dos Estados constituintes. Em particular, os Estados constituintes participarão na formulação da política e relações externas e nos assuntos da União Europeia, dentro da sua esfera de competências e de acordo com os Acordos de cooperação modelados sob o exemplo belga. Os Estados constituintes poderão ter relações comerciais e culturais com o mundo exterior em conformidade com a Constituição.

3. O governo federal e os Estados constituintes respeitarão integralmente e não infringirão os poderes e funções de cada um. Não existirá hierarquia entre as leis federais e as leis dos Estados constituintes. Qualquer acto em contradição com a Constituição será nulo e sem efeito.

4. A Constituição da República Unida de Chipre será emendada por maiorias separadas de votantes de cada Estado constituinte de acordo com as provisões específicas da Constituição.

ARTIGO 3.º

Cidadania, Residência e Identidade

1. Há uma única cidadania cipriota. Uma lei federal aprovada por maioria especial regulará a elegibilidade para a cidadania cipriota.

2. Todos os cidadãos cipriotas usufruirão de uma cidadania interna do Estado constituinte. Essa cidadania será complementar e não substituirá o Estado cipriota.

3. Para além das eleições dos senadores, que serão eleitos por cipriotas gregos e turcos separadamente, os direitos políticos a nível federal serão exercidos com base na cidadania interna do Estado constituinte. Os direitos políticos do Estado constituinte a nível local serão exercidos através do local da residência permanente.

4. Para preservar a sua identidade, Chipre poderá adoptar medidas de salvaguarda específicas não discriminatórias em conformidade com o *acquis communautaire* e respeitando a emigração de cidadãos gregos e turcos.

5. Adicionalmente, durante um período transitório de 19 anos, ou até à adesão à União Europeia, conforme o que ocorrer mais cedo, Chipre poderá limitar o direito de nacionais gregos residirem em Chipre, se o seu número atingir 5% do número de residentes cipriotas possuindo a cidadania interna cipriota grega do Estado constituinte, ou dos nacionais turcos de residir em Chipre se o seu número atingir 5% do número de residentes cipriotas possuindo a cidadania interna cipriota turca do Estado constituinte.

6. Para preservar a sua identidade, um Estado constituinte pode adoptar medidas específicas não discriminatórias de salvaguarda em conformidade com o *acquis communautaire*, relativas ao estabelecimento da residência de pessoas que não detêm a sua cidadania interna de Estado constituinte.

7. Adicionalmente, durante um período de transição, um Estado constituinte, seguindo a lei constitucional, poderá limitar o estabelecimento da residência por pessoas originárias de outro Estado constituinte. Para este efeito, poderá estabelecer uma moratória até ao fim do quinto ano após a entrada em vigor do Acordo Fundador, após o qual as limitações são permitidas se o número de residentes originário do outro Estado constituinte tiver atingido 6% de uma aldeia ou municipalidade entre o 6 e 9 anos, 12% entre 10 e 14 anos e 18% da população do Estado constituinte até ao 19 ano ou à adesão da Turquia à União Europeia, conforme o que ocorrer primeiro. Após o segundo ano, tais limitações não se aplicarão aos antigos habitantes com idade superior a 65 anos, acompanhados de uma esposa ou irmãos, nem aos antigos habitantes de certas aldeias específicas.

ARTIGO 4.º

Direitos e Liberdades Fundamentais

1. O respeito pelos direitos humanos e liberdades fundamentais será consagrado na Constituição. Não existirá discriminação contra nenhuma pessoa

238   *A Questão de Chipre*

com base no género, identidade étnica ou religiosa ou da cidadania interna do estado constituinte. A liberdade de movimento e a liberdade de residência só poderão ser limitadas onde for expressamente permitido neste Acordo.

2. Os cipriotas gregos e os cipriotas turcos vivendo em aldeias específicas nos outros Estados constituintes deverão usufruir de direitos culturais, religiosos e educacionais e deverão estar representados nas legislaturas dos Estados constituintes.

3. Os direitos das minorias, nomeadamente da maronita, da latina e da arménia, deverão ser salvaguardados de acordo com os padrões internacionais e deverão incluir direitos religiosos, culturais e educacionais tais como representação no parlamento federal e nas legislaturas dos Estados constituintes.

ARTIGO 5.º

O Governo Federal

1. O Parlamento federal é composto por duas câmaras, o Senado e a Câmara dos Deputados, que exercerá o poder legislativo:

   a. Cada Câmara terá 48 membros. O Senado será composto por um número igual de cipriotas gregos e de cipriotas turcos. A Câmara dos Deputados será composta em proporção das pessoas que detêm a cidadania interna do Estado constituinte de cada Estado, contanto que a cada Estado constituinte não seja atribuído menos do que um quarto dos seus lugares.

   a. b. Decisões do Parlamento requererão a aprovação de ambas as Câmaras por maioria simples, incluindo um quarto dos votos dos Senadores de cada Estado constituinte. Para assuntos específicos, uma maioria especial de dois quintos dos Senadores de cada Estado constituinte será requerida.

2. O Cargo de Chefe de Estado é atribuído ao Presidente do Conselho, que exercerá o poder executivo:

   a. O Conselho Presidencial será eleito através de lista única por uma maioria especial no Senado e aprovado por maioria na Câmara dos Deputados por um período de cinco anos. Abrangerá seis membros votantes e poderá ter membros adicionais não votantes, se o Parlamento assim o decidir. A composição do Conselho Presidencial será proporcional ao número de pessoas detendo a cidadania interna de cada Estado constituinte, no entanto não menos do que um terço dos membros votantes e um terço de quaisquer membros não votantes do Conselho deverá vir de cada Estado constituinte.

   b. O Conselho Presidencial deverá esforçar-se por decidir por consenso. Quando não conseguir o consenso deverá, a menos que algo diferente seja especificado, tomar decisões por maioria simples dos membros, desde que isto abranja pelo menos um membro de cada Estado constituinte.

Anexos   239

c. Não obstante os direitos de voto, os membros do Conselho serão iguais. O Conselho decidirá da atribuição de Departamentos entre os seus membros. Os chefes de Departamentos dos Negócios Estrangeiros e dos Assuntos da União Europeia não terão origem no mesmo Estado constituinte.

d. Excepto se o Conselho Presidencial decidir de outra forma, deverá eleger dois dos seus membros não tendo origem no mesmo Estado constituinte, para alternarem todos os vinte meses nos cargos de Presidente e Vice--Presidente do Conselho. O membro com origem no Estado constituinte com a população mais numerosa será o primeiro Presidente em cada termo. O Presidente, e na sua ausência ou incapacidade temporária o Vice-Presidente, representará o Conselho como Chefe de Estado e Chefe de Governo. O Vice-Presidente acompanhará o Presidente nos encontros do Conselho Europeu. O Presidente e o Vice-Presidente não beneficiarão de voto de qualidade ou poderes de outra maneira acrescidos dentro do Conselho.

e. Os chefes de governo dos Estados constituintes serão considerados a participar sem voto em todas as reuniões do Conselho, nos primeiros dez anos após a entrada em vigor deste acordo e daí para a frente numa base periódica.

3. O Banco Central de Chipre, o cargo Procurador-Geral e o cargo de Auditor-Geral serão independentes.

ARTIGO 6.º
O Supremo Tribunal

1. O Supremo Tribunal deverá defender a Constituição e assegurar o respeito integral da mesma.

2. Será composto por um número igual de juízes de cada Estado constituinte, e três juízes não cipriotas até que a lei estabeleça de outra forma.

3. O Supremo Tribunal deverá, *inter alia*, resolver disputas entre os Estados constituintes ou entre um ou ambos e o governo federal resolver numa base provisória os impasses entre as instituições federais, se isso for indispensável para o correcto funcionamento do governo federal.

ARTIGO 7.º
Instituições Transitórias Federais e dos Estados Constituintes

1. As instituições federais entrarão em funcionamento após a entrada em vigor do Acordo Fundador e deverão desenvolver-se na sua actuação durante períodos de transição.

240   *A Questão de Chipre*

2. As legislaturas, os executivos e os órgãos judiciários de transição dos Estados constituintes deverão estar em funcionamento até à sua entrada em vigor em conformidade com este Acordo. Ao nível federal, o cargo de Chefe de Estado será desempenhado numa Co-presidência. O governo federal compreenderá um Conselho de Ministros de seis membros (três cipriotas gregos e três cipriotas turcos). Delegados de cada parlamento dos Estados constituintes integrarão o parlamento federal transitório (24 cipriotas gregos e 24 cipriotas turcos) e no parlamento Europeu (4 cipriotas gregos e dois cipriotas turcos).

4. Serão feitas eleições gerais ao nível dos Estados constituintes, federal e da União Europeia a 13 de Junho de 2004, após as quais os Estados constituintes e o governo federal actuarão regularmente, tendo ainda o Presidente e o Vice-Presidente de alternar rotativamente todos os 10 meses durante o primeiro mandato do Conselho Presidencial.

5. O Supremo Tribunal assumirá as suas funções após a entrada em vigor do Acordo Fundador.

ARTIGO 8.º

Desmilitarização

1. Tendo em mente que:

a. O Tratado de Garantia, aplicando-se *mutatis mutandis* à nova situação legal estabelecida neste Acordo e na Constituição, deverá cobrir, para além da independência, a integridade territorial, segurança e ordem constitucional da República Unida de Chipre, a integridade territorial, a segurança e a ordem constitucional dos Estados constituintes;

b. Será permitido o estacionamento de contingentes gregos e turcos sob o Tratado de Aliança, respectivamente no Estado cipriota grego e no Estado cipriota turco, tal como se indica:

    i) cada contingente não deverá exceder um total de 6.000 efectivos até 2011;

    ii) cada contingente não deverá exceder um total de 3.000 efectivos daí para a frente até 2018 ou quando a Turquia entrar para a União Europeia, conforme o que ocorrer primeiro;

    iii) o contingente grego não deverá exceder um total de 950 efectivos e o contingente turco de 650 efectivos, desta altura em diante, sujeito a uma revisão de três em três anos com o objectivo da sua retirada total;

c. As forças e armamentos gregos e turcos deverão ser deslocadas para locais acordados e ajustadas a níveis acordados e quaisquer forças e armamentos superiores aos níveis acordados deverão ser retirados;

d. Existirá uma força de manutenção de paz das Nações Unidas para monitorar a aplicação deste Acordo e usar os seus melhores esforços para

Anexos 241

promover a concordância com este e contribuir para a manutenção de um ambiente seguro, que se manterão até que o governo federal com o acordo de ambos os Estados constituintes não decida de outra forma.

e. O fornecimento de armas a Chipre será proibido de forma a que seja legalmente vinculativo quer para importadores quer para exportadores; e

f. Um Comité de Monitoria composto por representantes dos poderes garantes, do governo federal e dos Estados constituintes e chefiado pelas Nações Unidas deverá monitorar a implementação deste Acordo.

Chipre será desmilitarizado e todas as forças cipriotas gregas e cipriotas turcas, incluindo unidades de reserva, serão dissolvidas e as suas armas removidas da ilha em fases sincronizadas com a deslocação e ajustamento das forças gregas e turcas.

2. Não existirão forças paramilitares ou de reserva, nem treino militar ou paramilitar de cidadãos. Todas as armas, excepto armas licenciadas para desporto, serão proibidas.

3. Os Estados constituintes proibirão a violência e o incitamento à violência contra a República Unida de Chipre, o governo federal, os Estados constituintes, ou as potências garantes.

4. Chipre não colocará o seu território à disposição de operações militares internacionais sem o consentimento de ambos os Estados constituintes; até à adesão da Turquia à União Europeia, o consentimento da Grécia e da Turquia será também necessário.

5. O governo federal e os Estados constituintes cooperarão com a operação das Nações Unidas. A República Unida de Chipre suportará metade do custo da operação das Nações Unidas nos primeiros três anos e dois terços daí para a frente. Este dispositivo será revisto em 2010.

6. Estas provisões não prejudicam as provisões do Tratado de Estabelecimento, o Tratado de Garantia, o Tratado de Aliança, o Mandato da operação de paz das Nações Unidas e as provisões da Constituição na política federal e dos Estados constituintes e a Agência de Investigação conjunta.

ARTIGO 9.º
Fronteiras dos Estados Constituintes e Ajustamento Territorial

1. As fronteiras territoriais dos Estados constituintes deverão ser tal como são descritas no mapa que faz parte deste Acordo.

2. Áreas sujeitas a ajustamento territorial que legalmente são parte do Estado cipriota grego após a entrada em vigor deste Acordo serão administradas durante um período transitório pelo Estado cipriota turco. A administração será transferida sob a supervisão das Nações Unidas para o Estado cipriota grego em seis fases durante um período de 42 meses que se inicia 104 dias após a entrada em vigor

242 *A Questão de Chipre*

deste Acordo com a transferência da administração de zonas grandemente desabitadas, contíguas com o resto do Estado cipriota grego. A supervisão das Nações Unidas das actividades relacionadas com a transferência territorial serão reforçadas nos últimos meses antes da transferência das áreas traçadas neste Acordo.

3. Disposições especiais salvaguardarão os direitos e interesses dos habitantes actuais nas áreas sujeitas a ajustamento territorial e fornecerão uma recolocação ordeira e uma acomodação alternativa adequada em zonas apropriadas onde formas adequadas de ganhar a vida possam ser obtidas.

ARTIGO 10.º

Propriedade

1. As reclamações de pessoas que foram desapossadas das suas propriedades por acontecimentos anteriores à entrada em vigor deste Acordo serão resolvidas de uma forma compreensiva de acordo com a lei internacional, respeitando os direitos individuais dos proprietários desapossados e dos utilizadores correntes e o princípio da bi-zonalidade.

2. Nas áreas sujeitas a ajustamento territorial, as propriedades serão restituídas aos seus proprietários desapossados.

3. Nas áreas não sujeitas a ajustamento territorial as disposições para o exercício dos direitos de propriedade, pela via da restituição ou da compensação, terão as seguintes características básicas.

a. Os proprietários desapossados que optem pela compensação, tal como instituições, receberão uma completa e efectiva compensação pela sua propriedade na altura em que foram desapossados ajustado para reflectir a apreciação de valores de propriedade em localizações comparáveis. A compensação será paga sob a forma de títulos de dívida pública garantidos e certificados de avaliação.

b. Todos os outros proprietários desapossados têm o direito de reaver um terço do valor e um terço da área total da sua propriedade e receber uma compensação completa e efectiva pelos dois terços remanescentes. Todavia, estes têm o direito de recuperar a casa de habitação que tenham construído, o na qual tenham vivido pelo menos dez anos e até um *donum* da terra adjacente, mesmo que isso seja mais de um terço do valor total e da área das suas propriedades;

c. Os proprietários desapossados podem escolher qualquer uma das suas propriedades para serem restituídas, excepto propriedades que tenham sido trocadas pelo utilizador actual ou compradas com um significativa melhoria de acordo com este esquema. Um proprietário desapossado da sua propriedade que não possa ser recuperada, o que voluntariamente a cede ao utilizador corrente, tem direito a outra propriedade da igual

Anexos 243

tamanho e valor na mesma municipalidade ou aldeia. Pode vender o seu direito a outro proprietário desapossado do mesmo lugar, que pode juntá-lo ao seu próprio direito.

d. Os utilizadores correntes, sendo pessoas que têm a posse de propriedades de proprietários desapossados como resultado de uma decisão administrativa, podem solicitar e receberão um título, se estes concordarem em trocar ou renunciar ao seu título de propriedade, de similar valor ao qual foram desapossados e no outro Estado constituinte.

e. Pessoas que tenham feito significativas melhorias nas propriedades podem solicitar e receberão um título para estas propriedades, contanto que paguem pelo valor a propriedade no seu estado original; e

f. Os utilizadores correntes que são cidadãos cipriotas e lhe é requerido para deixarem devoluta a propriedade para ser devolvida, não será exigido fazê-lo até que uma acomodação alternativa adequada tenha sido disponibilizada.

4. As reclamações de propriedade serão recebidas e administradas por uma Comissão das Propriedades, imparcial e independente, regida por um igual número de membros de cada Estado Constituinte, bem como de membros não cipriotas. A Comissão das Propriedades será organizada em ramos de acordo com a boa prática económica. Não serão necessárias negociações directas entre os indivíduos afectados.

ARTIGO 11.º
Comissão de Reconciliação

1. Uma Comissão de Reconciliação independente e imparcial promoverá o entendimento, a tolerância e o respeito mútuo entre cipriotas gregos e cipriotas turcos.

2. A Comissão será composta por homens e mulheres, em número igual, de cada Estado constituinte, bem como pelo menos de um membro não cipriota que o Secretário-Geral das Nações Unidas é convidado a indicar após consulta ao governo federal e aos Estados constituintes.

ARTIGO 12.º
Actos Passados

1. Qualquer acto de qualquer autoridade de Chipre, seja de natureza legislativa, executiva ou judicial, anterior à entrada em vigor deste Acordo, é reconhecido como válido, desde que não seja inconsistente ou repudiável por qualquer disposição deste Acordo ou da lei internacional, e o seu efeito continuará após a entrada em vigor deste Acordo. Ninguém poderá contestar a validade de tais actos pela razão que ocorreram antes da entrada em vigor deste Acordo.

2. Quaisquer reclamações por responsabilidade ou compensação com origem em actos anteriores a este Acordo deverão, na medida em que não foram de outra forma reguladas por disposições deste Acordo, ser tratadas pelo Estado constituinte no qual o queixoso tem origem.

ARTIGO 13.º
Entrada em vigor e aplicação

1. Este Acordo entrará em vigor após a aprovação por cada parte separadamente, em referendos simultâneos conduzidos em conformidade com o Acordo, e a assinatura da Grécia, Turquia e Reino Unido nos assuntos relacionados com a nova situação legal em Chipre.

2. Até à entrada em vigor deste Acordo e do Tratado relacionado com a nova situação legal em Chipre, serão feitas cerimonias através da ilha nas quais todas as bandeiras para além da prescrita na Constituição serão baixadas, e as bandeiras da República Unida de Chipre e dos Estados constituintes içadas em conformidade com a Constituição e a legislação relevante, e os hinos da República de Chipre e dos Estados Constituintes tocados.

3. Até à entrada em vigor deste Acordo os Co-Presidentes informarão as Nações Unidas que daí para a frente os direitos e obrigações de Chipre nas Nações Unidas serão exercidos em conformidade com a nova situação legal. A bandeira acordada de Chipre será içada na sede das Nações Unidas.

4. Este Acordo será implementado em conformidade com os prazos vinculativos traçados nas várias partes deste Acordo e reflectidas no calendário da implementação.

ARTIGO 14.º
Anexos

Os principais artigos supra estão reflectidos numa linguagem legal detalhada nos Anexos que fazem parte integral deste Acordo.

Bibliografia

ANDERSON, BENEDICT (1983 [1991]), *Imagined Communities: Reflections on the Origin and Spread of Nationalism* (trad. port., 2005, Comunidades Imaginadas. Reflexões sobre a Origem a Expansão do Nacionalismo), Lisboa: Edições 70.

ANDERSON, M. S. (1964 [1974]), *The Eastern Question 1774-1923. A Study in International Relations*, London: The Macmillan Press.

ASMUSSEN, JAN (2003), *Patterns of Cypriot Identity or Why Cypriotism doesn't exist* (Paper presented at Culture in Common - Living Cultures in the Cypriot Communities, International Conference in Berlin, May), http://www.dzforum.de/downloads/020101007.pdf

BERTRAND, GILLES (2003), *Le conflit helléno-turc*, Paris: Maisonneuve & Larose/IFEA.

BEVAN, ROBERT (2007), *The Destruction of Memory: Architecture at War*, London: Reaktion Books.

BIRAND, MEHMET ALI (1985), *30 Hot Days*, Nicósia: K. Rüstem & Brother (uma parte do livro está disponível *on-line* sob o título «The Turkish Intervention, July-August 19974» em http://www.cyprus-conflict.net).

BLACK, ANTONY (2001), *The History of Islamic Political Thought. From the Prophet to the Present*, New York: Routledge.

BLONDY, ALAIN (1998), *Chypre*, Paris, Presses Universitaires de France.

BLOOM, HAROLD et. al. (1979 [2004]), *Deconstruction and Criticism*, London-New York: Continuum.

BOSTOM, ANDREW [ed.] (2005), *The Legacy of Jihad. Islamic Holy War and the Fate of Non-Muslims*, Amherst: Prometheus Books.

BREWER, DAVID (2001), *The Greek war of Independence. The Struggle for Freedom from Ottoman Oppression and the Birth of the Modern Greek Nation*, Woodstock-New York: The Overlook Press.

— (2000), «The Tourkokratia – Was it Really That Bad?» in *Athens News*, http://www.helleniccomserve.com/tourkokratia.html

BROWN, CARL [ed.] (1996), *Imperial Legacy: The Ottoman Imprint on the Balkans and the Middle East*: New York: Columbia University Press.

BRYANT, REBECCA (2004), *Imagining the Modern. The Cultures of Nationalism in Cyprus*, London-New York: I. B. Tauris.

246   *A Questão de Chipre*

CASTELLAN, GEORGES (1991), *Histoire des Balkans (XIVe – XXe siècle),* Paris: Fayard.

CASTELLS, MANUEL (1997 [2003]) *The Power of Identity* (trad. port., O poder da Identidade. A Era da Informação, Economia, Sociedade e Cultura, Vol. II, 2003), Lisboa: Fundação Calouste Gulbenkian.

ÇAĐLAR, ALKAN (2007), «Why are some diaspora Cypriots living in a time of warp?» in *Turkish Daily News* (7 de Agosto).

– (2006), «Proselytism and Crypto-Christians in Cyprus» in *Toplum Postasi* (5 de Maio), http://www.toplumpostasi.net/printa.php?col=85&art=965

CHRYSOLARAS, NIKOS (2004), *Orthodoxy and Greek National Identity. An analysis of Greek Nationalism in light of A. D. Smith's Theoretical Framework,* http://www.ksg.harvard .edu/kokkalis/GSW7/GSW%206/Nikos%20Chrysoloras%20Paper.pdf

CLARK, BRUCE (2006), *Twice a Stranger. How Mass Expulsion Forged Greece and Turkey,* London: Granta Books.

CLOGG, RICHARD (1992), *A Concise History Of Greece,* Cambridge: Cambridge University Press.

CONSTANTINOU, COSTAS M. (2006), *Aporias of Identity and the «Cyprus Problem»,* http:// www.st-andrews.ac.uk/intrel/cpcs/papers/Cyprus-aporia.pdf

COPEAUX, ÉTIENNE (1997), *Espaces et temps de la nation turque. Analyse d´une historiographie nationaliste 1931-1993,* Paris: CNRS Éditions.

— (2000), *Une vision turque du monde à travers les cartes de 1931 à nos jours,* Paris: CNRS Éditions.

COPEAUX, ÉTIENNE e MAUSS-COPEAUX, CLAIRE (2005), *Taksim! Chypre divisée, 1964-2005,* Lyon: Ædelsa éditions.

COUFOUDAKIS, VAN (2006), *Cyprus. A Contemporary Problem in Historical Perspective,* Minneapolis: University of Minnesota.

DORSAN, KAYA [ed.] (2006), «The Islamic Conference: Reform and representation» in *Diplomat,* Junho, http://www.diplomat.com.tr/sayilar/s20/yazilar/s20-1.htm

DURREL, LAWRENCE (1957 [2000]), *Bitter Lemons of Cyprus,* London: Faber and Faber.

ELLUL, JACQUES (2005), «The influence of Islam» in *Andrew Bostom [ed.], The Legacy of Jihad. Islamic Holy War and the Fate of Non-Muslims* (texto originalmente publicado em 1984 sob o título *La Subversion du Christianisme*), Amherst: Prometheus Books, pp. 354-367.

ERTEKÜN, NECATI (1981 [1984]), *The Cyprus Dispute and the Birth of the Turkish Republic of Northern Cyprus,* 2nd edition, Nicósia, Rustem & Brother.

ETMAN, AHMED (1997), *History of Cyprus. The Island of Beauty and Pain From Antiquity to the Present Day* (trad. ingl., 2002), Cairo: edição do autor.

EVANS, RICHARD J. (1997 [2000]), *In Defense of History,* New York, 2nd edition, W.W. Norton.

FARRELY, COLIN (2004), *Contemporary Political Theory,* London: Sage Publications.

FATTAL, ANTOINE (1958 [1995]), *Le statut légal des non-musulmans en pays d'Islam,* 2ª ed., Beyrouth: Dar El-Machreq Éditeurs.

FERNANDES, JOSÉ PEDRO TEIXEIRA (2007), «O Fim do Império Otomano e a Troca de Populações entre a Grécia e a Turquia» in *História* 97 Maio, pp. 36-41.

— (2006a), *Islamismo e Multiculturalismo. As Ideologias Após o Fim da História,* Coimbra: Almedina.

— (2006b), «A Grécia Moderna e o Ocidente» in *História* 87 Junho, pp. 24-41.
— (2005a), *Turquia: Metamorfoses de Identidade*, Lisboa: ICS/Imprensa de Ciências Sociais.
— (2005b), «A memória otomana nos conflitos dos Balcãs» in *Nação & Defesa* n.º 112, Outono-Inverno, pp. 87-102.
— (2005a), «A Geopolítica da Turquia: um desafio às sociedades abertas da União Europeia» in *Relações Internacionais* nº 5, Março, pp. 47-60.
— (2004), «O que aconteceu aos Arménios?» in *História* nº 68, Julho/Agosto, pp. 28-38.
Foucault, Michel (1966 [2005]), *Les Mots et les Choses: une archéologie des Sciences Humaines* (trad. port., 2005, A Arqueologia do Saber), Lisboa: Edições 70.
Fregosi, Paul (1998), *Jihad in the West. Muslim Conquests from the 7h Century to 21st Century*, Amherst: Prometheus Books.
Fromkin, David (1989 [2001]), *A Peace to End All Peace. The Fall of the Ottoman Empire and the Creation of The Modern Middle East*, New York: Owl Books.
Gazioðlu, Ahmet C. (2002), «Was Cyprus Ever Really United?» in *Perceptions, Journal of International Affairs,* vol. VII, June-August (disponível *on-line* em http://www.sam.gov.tr/volume7c.php).
Gellner, Ernest (1992), *Postmodernism, Reason and Religion* (trad. port., 1994, Pós-modernismo, Razão e Religião), Lisboa: Edições Piaget.
— (1983), *Nations and Nationalism. New Perspectives on the Past*, reprint edition 2002, Oxford: Blackwell Publishers.
Gibbons, Harry Scott (1997), *The Genocide Files*, London: Charles Bravos Publishers.
Gramsci, Antonio (1971 [2000]), *Quaderni del carcere* (Selections from the Prison Notebooks, trad. ing. 1971, New York: International Publishers), edição *on-line* disponível em http://www.marxists.org/archive/gramsci/editions/spn/modern_prince/
Hall, Richard C. (2000), *The Balkan Wars 1912-1913. Prelude to the First World War*, Routledge: London-New York.
Hannay, David (2007), *Cyprus. The Search for a Solution*, London-New York: I. B. Tauris.
Hermet, Guy (1996), *Histoire des Nations e du Nationalisme en Europe* (trad. port., 1996, História das Nações e do Nacionalismo na Europa), Lisboa: Editorial Estampa.
Hicks Stephen (2004), *Explaining Postmodernism. Skepticism and Socialism from Rousseau to Foucault*, Phoenix: Scholargy Publishing.
Hitchens, Christopher (2007), «Facing the Islamist Menace» in *City Journal*, Winter, http://www.city-journal.org/html/17_1_urbanities-steyn.html
— (1984 [1997]), *Hostage to History. Cyprus from the Ottomans to Kissinger*, London: Verso.
Hobson, John Atkinson (1902 [2005]), *Imperialism: A Study*, New York, Cosimo Books.
Holland, Robert (1998), *Britain and the Revolt in Cyprus, 1954-1959*, Oxford: Clarendon Press.
Holland, Robert e Markides, Diana (2006), *The British and the Hellenes: Struggles for Mastery in the Eastern Mediterranean 1850-1960*, Oxford: Clarendon Press.
Inalcik, Halil (1997), «A Note on the Population of Cyprus» in *Perceptions, Journal of Internal Affairs*, vol. 2, June-August, http://www.sam.gov.tr/perceptions/Volume2/June-August1997/volIi2anoteonthepopulationofcyprus.pdf
— (1973 [2001]), *The Ottoman Empire: The Classical Age 1300-1600*, 2nd edition, Troy MI: Phoenix, Press.

INBAR, EFRAIM e SANDLER, SHMUEL (2001), «The Importance of Cyprus», in *The Middle East Quarterly*, vol. III: (2), Spring.

International Expert Panel (2005), «A principled basis for a just and lasting Cyprus settlement in the light of International and European Law» in *A Constitutional Convention for Cyprus* (Research Centre on Direct Democracy of the University of Geneva),http://www.aconstitutionalconventionforcyprus.ch/index.php?content =inner&linkid=30&head=Documentation&page_id=5

IRWIN, ROBERT (2006), *Dangerous Knowledge. Orientalism and its Discontents*, New York: The Overlook Press.

JANSEN, MICHAEL (2005), *War and Cultural Heritage. Cyprus after 1974 Turkish Invasion*, Minneapolis: University of Minnesota.

JOSEPH, JOSEPH S. (1985 [1997]), *Cyprus: Ethnic Conflict and International Politics. From Independence to the Threshold of the European Union*, 2nd edition, London: Macmillan Press.

KARSH, EFRAIM (2006), *Islamic Imperialism. A History*, New Haven-London, Yale University Press.

KARSH, EFRAIM e KARSH, INARI (1999 [2001]), *Empires of the Sand. The Struggle for Mastery in the Middle East, 1789-1923*, Cambridge-London, Harvard University Press.

KINROSS, Lord [John Balfour] (1977 [2002]), *The Ottoman Centuries. The Rise and Fall of the Turkish Empire*, New York: Perennial.

KISSINGER, HENRY (1999), *Years of Renewal* (trad. port., 2003, Anos de Renovação), Lisboa: Gradiva.

— (1994), *Diplomacy* (trad. port., 1996, Diplomacia), Lisboa: Gradiva.

KITSIKIS, DIMITRI (1994), *L 'Empire Ottoman* (trad. port, 2000, O Império Otomano), Porto: Rés-Editora.

KOLIOPOULOS, JOHN S. e VEREMIS, THANOS M. (2002), *Greece: The Modern Sequel. From 1821 to the Present*, London: Hurst & Company.

KORTEPETER, CARL MAX (1972), *Ottoman Imperialism During the Reformation: Europe and The Caucasus*, New York: New York University Press.

KOUMOULIDES, JOHN (1971 [1974]), *Cyprus and the War of Greek Independence, 1821-1829*, 2nd edition, Zeno: London.

KRASNER, STEPHEN D. (1999), *Sovereignty: Organized Hypocrisy*, Princeton-New Jersey: Princeton University Press.

KYRRIS, COSTAS P. (1991), «The Education of the Muslim Turks and the Christian Greeks in Cyprus, 1850-1905» in *J. J. Tomiak [ed.] Schooling, Educational Policy and Ethnic Identity*, Washington, New York University Press, pp. 343-368.

LACINER, SEDAT (2006), «Cyprus and Turkey's EU Process» in *Turkish Weekly* (20 de Junho), http://www.turkishweekly.net/editorial.php?id=31

LAL, KISHORI SARAN (1992), *The Legacy of Muslim Rule in India*, New Delhi: Aditya Prakashan.

LANDAU, JACOB M. (1981 [1995]), *Pan-Turkism. From Irredentism to Cooperation*, London: Hurst & Company.

LAWRENCE, THOMAS E. (1926 [1989]), *Seven Pillars of Wisdom* (trad. port., 1989, Os Sete Pilares da Sabedoria), Lisboa: Europa-América.

LEVTZION, NEHEMIA [ed.] (1979), *Conversion to Islam*, New York-London: Holmes & Meier Publishers.

LEWIS, BERNARD (1988 [2001]), *The Political Language of Islam* (trad. port., 2001, A Linguagem Política do Islão), Lisboa: Edições Colibri.
— (1961 [2002]), *The Emergence of Modern Turkey*, London-New York: Oxford University Press.
LOIZOS, PETER (2001), *Unofficial Views. Cyprus: Society and Politics*, Nicosia: Intercollege Press.
MACFIE, ALEXANDER LYON (1989 [1996]), *The Eastern Question 1774-1923*, London: Longman.
— [ed.] (2001), *Orientalism*, New York: New York University Press.
MAKARIOS IIII [Mihalis Christodoulou Mouskos] (1974), *Entrevista* (feita por Oriana Fallaci, em Novembro), http://www.cyprus-conflict.net
MALLINSON, WILLIAM (2005), *Cyprus. A Modern History*, London-New York: I.B. Tauris.
MCCARTHY, JUSTIN (1995), *Death and Exile. The Ethnic Cleansing of Ottoman Muslims, 1821-1922*, Princeton-Nova Jersey, The Darwin Press.
MÉNAGE, V. L. (1979), «The Islamization of Anatolia» in *Nehemia Levtzion [ed.], Conversion to Islam*, New York-London: Holmes & Meier Publishers, pp. 52-67.
Ministry of Foreign Affairs of the Republic of Cyprus (2006), *Aide Memoire: Turkish Settlement of Occupied Cyprus* (18 de Julho).
MORRIS, CHRIS (2002), «Shame of Cyprus´s looted Churches» in *BBC News*, http://news.bbc.co.uk/2/hi/europe/1768274.stm
NEVZAT, ALTAY (2005), *Nationalism Among the Turks of Cyprus: The First Wave*, http://herkules.oulu.fi/isbn9514277511/isbn9514277511.pdf
NEZIR-AKMESE, HANDAN (2005), *The Birth of Modern Turkey: The Ottoman Military and the March to WWI*, London-New York: I.B. Tauris.
O´ MALLEY, BRENDAN e CRAIG, IAN (2001), *The Cyprus Conspiracy. America, Espionage and the Turkish Invasion*, London-New York: I. B. Tauris.
OLGUN, ERGÜN M. (2001), «Confederation: The last Chance for establishing a new partnership in Cyprus», in *Perceptions*, vol. VI: (1), March, http://www.mfa.gov.tr/grupa/percept/
PALLEY, CLAIRE (2005), *An International Relations Debacle. The UN Secretary-General´s Mission of Good Offices in* Cyprus 1999-2004, Oxford-Portland: Hart Publishing.
PANTELI, STAVROS (2003), *Place of Refugee. A History of the Jews in Cyprus*, Elliot & Thompson: London & Bath.
— (2000), A *History of Cyprus. From Foreign Domination to Troubled Independence*, London-The Hague: East-West Publications.
PETERS, RUDOLPH (1996 [2005]), *Jihad in Classical and Modern Islam*, 2nd edition: Princeton-New Jersey: Marcus Wiener Publishers.
PFIRTER, DIDIER (2003), *Entrevista com Suleyman Erguclu na Kibris TV* (20 de Março), transcrição em língua inglesa publicada no site do The Cyprus Action Network, http://www.cyprusaction.org/projects/loizides/pfirter.php
PIPES, DANIEL (1981), *Slave Soldiers and Islam: The Genesis of a Military System*, New Haven-London: Yale University Press.
QUATAERT, DONALD (2000), *The Ottoman Empire, 1700-1922* (trad. port, 2003, O Império Otomano. Das Origens ao Século XX), Lisboa, Edições 70.
RASTEIRO, ALFREDO (1995), «Amato e os Nasci» in *Alberto Lourenço Marques [dir.] Medicina na Beira Interior. Da Pré-História ao Século XX*, Cadernos de Cultura nº9, Novembro, Castelo Branco: edição do autor, pp. 4-11.

250   A Questão de Chipre

Roux, Jean-Paul (1984 [2000]), *Histoire des Turcs*, 2 éme édition, Paris: Fayard.

Runciman, Steve (1968 [2003]), *The Great Church in Captivity. A Study of the Patriarchate of Constantinople from the eve of the Turkish Conquest to the Greek War of Independence*, 8th ed., Cambridge-New York: Cambridge University Press.

Smith, Anthony D. (1991), *The National Identity* (trad. port., 1997, A Identidade Nacional), Lisboa: Gradiva.

Smith, Michael Llewellyn (1973 [1988]), *Ionian Vision. Greece in Asia Minor 1919-1922*, London: Hurst & Company.

Spivak, Gayatri Chakravorty (1988 [1995]), «Can the Subaltern Speak?» in *B. Ashcroft, G. Griffiths e H. Tiffin [eds], The post-colonial studies reader*, London-New York: Routledge, pp, 24-28.

Stark, Rodney (1996 [1997]), *The Rise of Christianity. How the Obscure, marginal Jesus Movement Became de Dominant Force in the Western World in a few Centuries*, San Francisco: Harper Collins.

Stavrianos, Leften Stavros (1958 [2000]), *The Balkans since 1453*, 2nd edition, London: Hurst & Company.

Stavrinides, Zenon (2005), *A Long Journey Into Night. The Cyprus Republic´s Pursuit of a 'European' Solution to the Cyprus Problem*, http://www.cyprus-conflict.net/ www.cyprus-conflict.net/Table%20of%20Contents.html

Stevens, Robert (1966), *Cyprus: A Place of Arms*, London: Praeger.

Taymiyya, Ibn (sec. XIV [1999]), *Essay on Servitude* (trad. do árabe para língua inglesa por Abu Safwan Farid Ibn Abdulwahid Ibn Haibatan), Oxford: The Alden Group.

— (sec. XIV [1995]), *Lettre à un roi croisé* (trad. do árabe para língua francesa por Jean R. Michot), Lyon: Academia-Tawhid.

Theodoulou, Georghios (2005), *The origins and evolution of Church-State relations in Cyprus with special reference to the modern era*, Nicosia: edição do autor.

Theophanous, Andreas (2004), *The Cyprus Question and the EU. The Challenge and the Promise*, Nicosia: Intercollege Press.

Theophanous, Andreas e Tirkides, Yiannis [eds.] (2006), *Accession to the Eurozone and the Reunification of Cyprus Economy*, Nicosia: Intercollege Press.

Toye, Richard (2007), *Lloyd George & Churchill. Rivals for Greatness*, London: Macmillan

Tuncer Hüner (2002), «The Cyprus issue: recent developments» in *Perceptions, Journal of International Affairs*, vol VII, (3), September-November, http://www.mfa.gov.tr/ grupa/percept/

UNFICYP (2004), *Annan Plan (final version)*, http://www.un.org/Depts/dpa/annanplan/ annanplan.pdf

Varnaca, Andrekos (2005), «Punch and the British Occupation of Cyprus in 1878» in *Byzantine and Modern Greek Studies*, vol. 29, n°2, pp. 167-186.

Vincent, Andrew (1992 [1995]), *Modern Political Ideologies*, Malden-Oxford: Blackwell.

Vryonis, Speros, Jr. (1971), *The Decline of Medieval Hellenism in Asia Minor and the process of Islamization from the Eleventh through the Fifteenth Century*, Berkeley: University of California Press.

Windschuttle, Keith (1996), *The Killing of History. How Literary Critics and Social Theorists are Murdering our Past*, San Francisco: Encounter Books.

Wolin, Richard (2004), *The Seduction of Unreason. The Intellectual Romance with Fascism from Nietzsche to Postmodernism*, Princeton-Oxford: Princeton University Press.

YE´ OR, BAT (2001 [2003]), *Islam and Dhimmitude: Where Civilizations Collide*, New Jersey: Fairleigh Dickinson University Press.

– (1980 [2003], *Profil de l´ opprimé en Orient et en Afrique du Nord depuis la conquête arabe* (trad. ingl., 1985, The Dhimmi. Jews and Christians under Islam, 6th edition, 2003), New Jersey: Fairleigh Dickinson University Press.

YENNARIS, COSTAS (2003), *From the East. Conflict and Partition in Cyprus,* London & Bath: Elliot & Thompson.

YERASIMOS, STÉPHANE (1993), *Questions d´Orient. Frontières et minorités des Balkans au Caucause*, Paris: Hérodote-Éditions La Découverte.

ZÜRCHER, ERIK J. (1993 [2001]), *Turkey. A Modern History*, second revised edition, London-New York: I. B. Tauris.